KB169368

Lost Japan

사라진 일본

일본

아름다운 것들은 돌아오지 않는다

알렉스 커 지음

유영수·박경화 옮김

머리말

훗날 『사라진 일본Lost Japan』이라는 제목의 책으로 묶이는 이 글의 처음 몇 편을 쓰기 위해 책상 앞에 앉았던 1991년 1월 로부터 24년의 세월이 지났다. 그 후로 많은 것을 보고 배웠으므로 이제는 당시에 썼던 모든 주제에 대해 새로운 시각을 갖게 되었다고 말하고 싶다. 그러나 막상 뒤돌아 생각해보면 변한 것은 아무것도 없다.

24년이 지난 지금, 나는 1973년 이야祖谷 계곡의 산속을 하이킹하다 치이오리篾庵의 현관문을 밀어젖혔던 그곳에 변함없이 서 있다. 바닥에는 먼지 가득한 검은 마루가 펼쳐졌고, 머리 위로는 커다랗고 오래된 서까래들이 가로지르고 있었다. 아니다. 날짜를 잘못 계산했다. 그것은 이미 42년 전의 일이다.

너무 늦지 않게 치이오리를 발견해서 다행이었다. 그 뒤로 이어지는 세월 동안 나는 일본의 섬세한 자연경관, 그리고 목재와 기와와 대나무와 초가로 만들어진 오래된 마을들이 서서히 사라지는 것을 지켜보게 된다. 2000년대 들어 변화의 규모가 커지고 속도가 빨라지면서 이야 계곡과 치이오리는 사라진 세계의 유물이 되고 말았다. 나는 여전히 치이오리를 소유하고 있다. 수많은 세월이 지났어도 그 오래된 집에 들어가 이로리囲炉裏*의 연기 냄새를 맡으면 언제나 그랬던 것처럼 가슴이 뛴다. 옛 가옥들을 수십 채, 수백 채 봐왔지만 치이오리 같은 곳은 아직 보지 못했다.

* 마룻바닥의 한가운데를 사각형으로 파내어 난방 및 취사용으로 사용하는 일본 농가의 화로

　이 책도 줄곧 생명을 유지해왔다. 1993년에 나온 일본어 원작(『아름다운 일본의 잔상美しき日本の残像』)이 여전히 팔리고 있고, 영어판도 출판사가 바뀌었던 작년 한 해를 제외하면 꾸준히 쇄를 거듭했다. 영어 번역은 보디 피시먼의 신세를 졌다. 나는 1994년부터 직접 영어로 옮기려고 시도했으나, 단 한 단락도 만족할 만한 번역을 해낼 수 없었다. 원래 일본어로 글을 썼을 때는 일본 독자들만을 염두에 두었다. 일본 바깥의 독자를 만나려면 문장을 과감하게 수정해야만 했다. 수십 년의 세월 동안 타인을 위해 기꺼이 통번역 작업을 해온 사람으로서 정신이 확 드는 경험이었다. 내가 했던 말을 내가 번역할 수 없다는 당혹감에 나는 2년 가까

이 작업을 미뤄두었다. 마침내 1996년에 보디가 원작의 감상을 살린 번역을 갖고 와 나를 구원해주었다. 그의 번역을 내가 다시 수정하며 일부 장은 빼고 일부 장은 보강했다. 그 수정본을 보디가 다시 편집했다.『사라진 일본』은 그렇게 탄생했다.

이 책으로 인해 수천 명의 사람이 이야 계곡을 찾았고, 내게는 수많은 친구도 생겼다. 그 뒤로 20년이 넘는 세월이 지났고 몇 권의 책을 더 냈지만 이 책에 묘사된 세계는 여전히 나의 출발점이다.

바뀐 것이 있다면 1990년대에는 단지 꿈꾸고 떠들기만 했던 일들을 최근 들어 실행으로 옮길 기회가 생겼다는 점이다. 1980년대 말의 버블경제 시절 트래멀 크로 씨가 나를 자신의 부동산 투자 벤처사업에 끌어들여 비즈니스 경험을 얻도록 해준 덕분이다. 진짜 세상에서 일하며 보냈던 당시의 시간이 결국 나로 하여금 '밸런스'를 찾도록 해주었다.

2004년부터 나는 교토의 오래된 가옥인 교마치야京町家들을 복구하는 작업을 시작했다. 역사적인 전시물로서가 아니라 냉난방이며 번듯한 욕조와 화장실 등의 현대적 시설을 갖추어 요즘 사람들도 편안히 즐길 수 있는 시설로 리모델링하는 작업이다. 교토를 찾는 방문객들이 묵을 수 있도록 이 집들을 대여해준다. 그러고 나서 일본의 다른 농촌지역에 있는 가옥들을 복구하는 작업에도 착수했고, 2012년에는 마침내 치이오리도 그 대상이 되었다.

지금의 치이오리는 1973년과 전혀 다르지 않아 보인다. 리모델링 작업을 하면서 우리는 검은 마루판을 다 들어내고 하나하나 번호를 매겼다. 드러난 마루의 밑으로 배관, 가스, 배선, 절연 장치, 난방을 설치하고는 마루판을 원래 위치에 다시 깔았다. 집 뒤쪽의 복도에는 일본의 최신 기술을 동원한 변기와 이야 계곡에서는 상상도 할 수 없었던 종류의 멋진 삼나무 욕조를 갖춘 화장실이 생겼다. 이제 4세기째로 접어드는 치이오리가 초가지붕도 새로 얹고 완전히 현대화된 모습으로 새로운 세대의 방문객들을 반겨준다.

2004년에는 주로 옛 가옥과 관련된 사업을 하는 치이오리 신탁이라는 이름의 비영리 기구를 설립했다. 직원들은 도쿄와 그 외 대도시에서 온 젊은이들로, 점점 고령화되며 인구가 줄어들고 있는 이야 계곡을 위해 무언가를 하고 싶어하는 친구들이다. 내 오랜 이웃이자 친구인 오모는 2012년에 세상을 떠났다. 어떻게 하면 이야 계곡으로 새로운 커뮤니티를 불러들일 수 있는가 하는 것이 우리의 과제다.

이 책에서 묘사한 다른 세계들―가부키, 서예, 교토, 나라, 덴만구, 미술품 수집―은 예전과 크게 달라진 것 없이 계속되고 있다. 나는 여전히 교토 외곽의 가메오카시에 있는 덴만구 신사 초입에 살고 있다. 그곳에서는 6월이 되면 여전히 에메랄드 빛 개구리들이 뛰어논다. 나는 아직도 서예를 즐기고, 그중 일부를 이 책의 각 장 앞머리에 사용했다.

미술품 수집에 관해서 이야기하자면, 일본의 미술품 가격은 2000년 이후 급락했다. 이러한 변화 뒤에는 중국의 부상, 그리고 일본의 옛 물건이 가진 가치를 이해하는 마지막 세대가 세상에서 사라졌다는 배경이 있다. 나의 강박적인 미술품 수집도 그만둘 때가 되었다고 생각했을 무렵, 완전히 새로운 종류의 기회가 모습을 드러냈다. 18세기의 중요한 서예가의 작품을 담은 병풍 한 쌍이 이제 경매에서 구매자를 찾지 못해 헐값에 가져갈 사람을 찾는다는데 내가 어찌 거절할 수 있겠는가. 그래서 나는 여전히 수집을 계속하고 있다. 그래야만 하기 때문이다.

가부키의 온나가타 다마사부로는 이제 60대가 되어 살아 있는 국보로 지정되었다. 그러나 자연이 어떤 조화를 부렸는지 그는 내가 오래전 처음 보았을 때와 똑같이 마음이 녹아들 만큼 아름답다. 그렇지만 출연하는 레퍼토리에서 역동적인 작품을 점점 줄이고 있고 사기무스메鷺娘에서 그가 춤추는 모습은 더 이상 볼 수 없다.

다마사부로와 나는 나이가 들어도 우리가 만났던 괴팍한 멘토들처럼 되지는 말자고 한때 약속했다. 나에게 그것은 미국의 극비평가이자 '가부키의 구세주' 파비온 바워스였고 다마사부로에게는 유명한 온나가타 선배인 나카무라 우타에몬中村歌右衛門 6대였다. 파비온과 우타에몬은 새로운 세대에 대해 신랄하게 불평하며 말년을 보냈다.

하지만 적어도 나는 그 약속을 지킬 수 없었다. 2000년에 낸 『치명적인 일본Dogs and Demons』을 시작으로 그 뒤의 출판물들(일부는 일본어로만 출판되었다)을 통해 나는 내 주변의 소중한 장소와 사물들이 파괴되어가는 현상에 대해 계속해서 쓰고 이야기한다. '마지막 문인' 시라스 마사코白洲正子가 과거에 했던 말을 떠올리며 위안을 얻는다. 로산진北大路魯山人(1883~1959, 일본의 예술가)의 기모노 디자인이 형편없다고 그와 논쟁하다가 왜 주먹까지 흔들어댔는지 물었더니 그녀가 내게 했던 말이다. "무언가를 진정으로 사랑한다면 거기에 대해 분노할 줄 알아야 해요."

이 책은 가부키에 나오는 비유로 끝을 맺는다. 가부키 극「가사네累」의 남자 주인공이 죽어서 귀신이 된 가사네의 길고 앙상한 손가락들에 붙들려 무대로 다시 끌려나오듯 나도 계속해서 일본으로 되돌아오게 된다는 비유다.

요즘에는 새로운 비유가 떠올랐다. 이번에도 다마사부로가 연기했던 「야샤가이케夜叉ヶ池」라는 가부키 극에서 나온 것이다. 한 젊은 민속학자가 외딴 마을로 여행을 간다. 그 마을

에는 매일 저녁 해가 지는 순간 사원의 종이 울리지 않으면 연못에 사는 용이 물 밖으로 나와 마을을 물에 잠기게 할 것이라는 전설이 있다. 젊은 학자는 사원의 종 관리인의 집에 들어가 살다가, 결국 그의 딸과 결혼하게 된다. 어느 날 관리인이 갑자기 쓰러져 죽는다. 늦은 오후에 벌어진 일이다. 누군가가 그를 대신해 곧 종을 울려야 한다. 젊은 학자는 옛 미신 따위는 믿지 않는 도시 사람이었건만 종을 치러 간다. 그리고 스스로 종 관리인이 된다.

사실은 이 책을 쓴 이후로 크게 바뀐 일이 하나 있다. 세월이 흘러갔고, 옛 일본의 이야기들을 이해하고 전하던 사람들도 세월과 함께 갔다. 예술 애호가 데이비드 키드, 오모토大本의 교주 나오히出口直日, 파비온 바워스, 가부키 온나가타 자쿠에몬, 시라스 마사코, 오모, 예술품 수집가 호소미 미노루, 병풍과 족자의 표구 전문가 구사카—이들 모두가 세상을 떠나고 없다. 남은 이는 외국인인 나뿐이다. 나도「야샤가이케」의 젊은 학자처럼 전통의 일부가 아니었건만 종을 울리는 일에 붙들려 있다.

우리가 무언가를 진정으로 사랑해왔다면 그 기억을 다른 이들에게 전하는 일을 하고 싶을 것이라고 생각한다. 그것이 이 책이 여전히 나에게 이토록 소중한 이유다. 펭귄북스에서 이 책을 다시 내주어 기쁘다. 표지가 새로 바뀌고 각 장 첫 페이지마다 새로운 서예 글씨가 들어갔지만 내용은 크게 바뀐 것이 없다. 새로운 세대의 독자들이 이야 계곡의 안개와 치이오리에 처음 걸어 들어가던 순간, 처음 봤던 무대 위 젊은 다마사부로의 모습과 데이비드 키드의 재치, 이 모든 '영광 직전의 순간'을 경험할 수 있을 것이라 생각하면 기쁘기 그지없다.

알렉스 커, 2015

차례

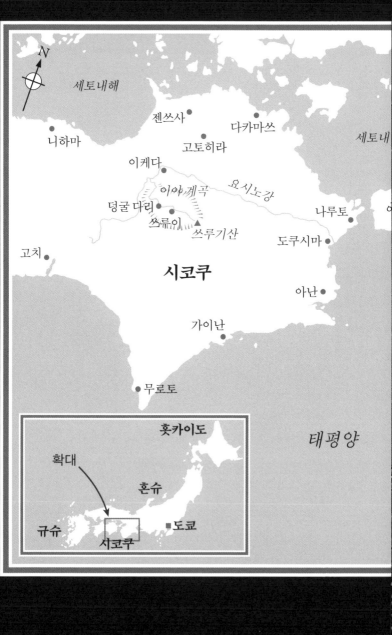

비와호

가메오카 ●

고베　　　　교토　　　　　　히코네

오사카　　　우지

오사카만

사카이　　● 나라

와카야마　　　사쿠라이

아스카 ●　　● 무로사

요시노　● 오우다

▲ 고야산

혼슈

이세 ●

나베

구마노 ●

구시모토 ●

0	10	20	30 miles
0	10	20	30 40 50km

1장

성채를
찾아서

지하 감옥의

탈결

여섯 살 무렵, 나는 성에서 살고 싶었다. 많은 어린이가 성에서 사는 꿈을 꾸리라 생각하지만, 그런 꿈은 나이가 들면 잊히게 마련이다. 하지만 내 경우에는 어른이 되도록 그 소망이 사라지지 않았다. 나의 아버지는 미 해군의 법무 장교였고, 우리 가족은 한때 이탈리아의 나폴리에서 살았다. 나폴리 어느 섬의 부두에 카스텔 델로보(달걀성)라는 이름의 성이 있었다. 전설에 의하면 베르길리우스*가 성에 _{고대 로마의 시인} 달걀을 선물했고, 그 달걀이 깨지면 성도 부서질 것이라는 예언을 남겼다고 한다. 하지만 오랜 세월이 지나도록 달걀은 지하 감옥에서 깨지지 않았고 카스텔 델로보도 멀쩡히 서 있었다. 나는 거기서 살고 싶었다.

거의 매일 아버지가 퇴근해서 집에 돌아오면 나는 뒤를 졸졸 따라다니며 '나는 성에서 살고 싶어'라고 계속해서 말했다. 내가 어쩌나 집요했던지 어느 날 아버지는 짜증을 참지 못하고 이렇게 말했다. "전 세계 성들은 모두 누스바움이라는 대지주가 갖고 있어. 나중에 크면 그 사람한테 한 채 빌리면 된다." 그때부터 나는 누스바움 씨를 만날 날을 애타게 기다렸다.

전형적인 해군 가족이었던 우리는 계속해서 이사를 다녔다. 아버지는 나폴리에서 하와이로 전근을 가게 되었고, 우리는 오아후섬의 바람 부는 해변에 살았다. 그곳에는 가끔 따개비로 뒤덮인 커다란 녹색 유리 공이 조류에 떠밀려왔다. 그물이 떠내려가지 않도록 일본 어부들이 사용하는 공이라고 아버지가 말해주었다. 폭풍우 때문에 그물에서 떨어져 나온 공들이 바다를 떠다니다 태평양을 건너 하와이까지 온 것이다. 이것이 내가 '일본'을 처음 경험한 사건이었다.

아홉 살이 되었을 때 우리는 워싱턴 DC로 이사를 갔다. 거기서 입학한 사립학교에서는 초등학교 학생들에게 라틴어와 중국어를 가르쳤다. 형편없이 시대에 뒤떨어져 있기도 했고 동시에 시대를 앞서나가기도 하는 학교였던 것이다. 중국어 선생님이었던 왕 여사는 엄격한 분이었다. 한자를 페이지당 수백 글자씩 정확하게 옮겨 쓰도록 시켰다. 대부분의 학생에게는 고역이었으나 나는 한자의 모양과 느낌이 좋았다. 왕 선생님은 우리에게 베이징이며, 산속 절벽에 자리 잡은 절들의 사진을 보여주기도 했다. 그러는 동안 이탈리아의 기억은 사라지고 내 몽상은 중국으로 향하기 시작했다.

워싱턴의 국방부에서 3년간 근무한 뒤 아버지는 일본으로 발령을 받아, 우리 가족은 1964년에 요코하마의 미 해군기지로 이사를 갔다. 내 나이 열두 살 때의 일이다. 1964년은 또한 도쿄 올림픽이 열렸던 해다. 지금 생각해보면 1964년은 일본에게 전환점이 되었던 한 해다. 그 전의 20년은 제2차 세계대전으로 폐허가 된 국가를 재건하는 세월이었다. 이후의 30년간 일본은 세계에서 가장 부유한 나라의 하나로 탈바꿈하면서 역사상 전무후무한 경제발전을 이룬다.

미군의 점령기는 1952년에 끝났지만, 암시장을 근절하기 위해 지급받은 특별통화(역대 대통령이 아니라 영화배우들의 얼굴이 인쇄되어 있었다)로부터 어딜 가도 있던 헌병들까지, 미군의 존재를 알려주는 풍경이 요코하마 도처에 널려 있었다. 군 기지 밖으로 나오면 요코하마에 장기 체류하고 있는 소수의 외국인이 자그마한 이주민 그룹을 형성하고 있었다. 그들은 대개 일본에서 수십 년 동안 살아온 사람들이었다. 환율은 달러당 360엔으로 달러 가치가 지금의 네 배에 달해, 외국인들은 풍족한 생활을 하고 있었다. 도쿄에 살고 있던 어머니의 어린 시절 친구인 린다 비치는 텔레비전에 출연하는 영어 선생님으로 크게 유명해졌던 사람이다. 스쿠버 다이

빙 복장을 하고 물속에 등장해 이렇게 소리치곤 했다. "나 빠져 죽어요drowning! 스펠링은 d-R(L이 아니고)-o-w-n-i-n-g입니다!" 린다는 초창기 'TV 외국인' 중 한 명이었다. 지금이야 이런 사람들이 일본의 공중파 방송에 넘쳐나지만, 요즘 도쿄의 외국인들이 좁디좁은 아파트에서 겨우겨우 생활을 유지하는 것과 대조적으로 린다를 비롯한 당시의 외국인 가족들은 해변 지역 미사키에 저택을 소유하고 있었다.

나는 워싱턴에서 배웠던 중국의 한자가 일본에서도 사용되고 있는 것을 알고 매우 기뻤다. 몇 주 만에 히라가나와 가타카나를 독학했고, 열차와 버스의 안내판을 읽을 수 있게 된 다음에는 요코하마와 도쿄를 혼자 돌아다녔다. 주말이 되면 우리 집 일을 도와주던 쓰루 씨가 도시락 가방을 챙겨주었다. 나는 그걸 들고 남쪽으로는 오다와라 성까지, 북쪽으로는 닛코까지 기차를 타고 갔다. 사람들은 일본어로 길을 물어보는 미국 아이에게 언제나 친절히 대해주었다. 중국에 대해 갖고 있던 내 관심은 서서히 일본으로 넘어왔다.

일본은 엄청난 경제성장을 시작할 태세를 갖추고 있었지만 여전히 오래된 일본이 눈에 띄던 시절이기도 했다. 도시 중심부까지 포함해 요코하마 전역에 푸른 언덕이 있었고 전통적이면서 오래된 동네 길이 많이 남아 있었다. 나는 기와 지붕들이 이루고 있는 바다와도 같은 모습에 특히나 매료되었다. 가을과 겨울에 전차를 타면 40대 이상의 여성 대다수가 기모노를 입고 있었다. 서양식 구두는 아직 혁신적인 물건이었고 나는 전차에 탄 승객들이 발에 신고 있는 것을 즐겨 관찰하곤 했다. 샌들과 게다(일본의 나막신)와 간혹 정말 멋진 자주색 플라스틱 슬리퍼들이 뒤섞여 있었다. 황혼이 지나고 나면 길거리에 게다의 발걸음이 또각또각 울려퍼지는 소리를 들을 수 있었다.

내가 제일 좋아한 것은 일본의 가옥이었다. 당시 요코하마와 도쿄에는 아직 화려한 옛 일본 가옥이 많이 남아 있었다. 린다 비치가 내 어머니를 나데시코회撫子會(패랭이꽃 모임)라는 여성 모임에 소개했다. 일본 여성들은 패랭이꽃처럼 사랑스러워야 한다고 해서 지어진 이름이다. 외국인과 어울리는 것이 아직 특별한 일이었던 시절이고, 나데시코회는 일본인 회원을 엘리트 집단에서 뽑았다. 회원들은 한 달에 한 번 서로의 집을 방문했다. 따라서 어머니와 동행할 수 있었던 나도 훌륭한 저택들을 살펴볼 기회를 많이 가졌다.

그렇게 방문했던 집 가운데 하야마의 거대한 저택이 있다. 미사키 근처의 휴양촌이던 하야마는 요코하마에서 한 시간 정도 남쪽으로 떨어진 곳에 있었다. 그 저택은 황실 소유라고 들었던 것을 기억한다. 하지만 지금 생각하면 미군정이 종료되고 그 기억이 희미해진 시절이라고 해도 황실의 별장을 미군 측 인사가 방문하도록 허락했을 리는 없다. 저택은 그저 황실 별장 근처에 위치하고 있었을 것이다. 하야마 저택에서 나는 처음으로 단정한 다다미 바닥을 보았다. 볕이 잘 드는 2층의 방들에서는 저 멀리 후지산이 어른거렸다.

또 하나의 훌륭한 저택은 도쿄에 있는 요시다 시게루吉田茂 전 총리의 집이었다. 매우 넓은 거실에 커다란 격자무늬 천장 밑으로 수십 장의 다다미가 깔려 있었다. 내가 가장 좋아하던 곳은 린다 비치와 그녀의 친구들이 모여 살던 미사키 해변의 작은 일본식 시골집 단지였다. 미사키 해안 절벽 위에 줄지어 있던 소나무들이 바닷바람에 흔들리던 모습이 지금도 생생하게 떠오른다.

오래된 일본의 대저택들은 그냥 저택이 아니었다. 각각의 집이 마치 두루마리를 펼치는 것처럼 여러 단계를 거쳐 스스로를 드러내도록 설계된 '프로그램'이었다. 나데시코회 회원의 집을 처음 방문했던 일을 기억한다. 바깥에서 보면 높은 담장이 둘러져 있어 안쪽에 무엇이 있는지 전혀 알 수 없게 되어 있었다. 문을 하나 열고 들어가서 정원을 하나 지나고, 계속해서 가면 문이 또 하나 나오고, 정원을 또 하나 지나고, 그제야 현관玄關(글자 그대로 '숨겨진 관문'이라는 뜻이다)에 도착한다.

현관에 도착했더니 놀랍게도 저택의 여주인이 무릎을 꿇

은 채 머리를 다다미 바닥에 대고 우리에게 인사했다. 귀족에게나 어울릴 법한 종류의 인사였다. 이 집에 들어가는 것이 대단한 일이구나라고 생각하게 만들어주었다. 안으로 들어가서 복도를 지났다. 그다음에는 작은 방이 하나 있었고 또다른 복도로 이어졌다. 마침내 도착한 널찍한 거실은 도코노마床の間*에 놓인 약간의 꽃을 제외하고는 완전히 텅 빈 공간이었다. 여름이라 복도와 거실로 가는 문들을 모두 떼어놓은 상태였다. 정원으로부터 들어오는 미풍이 한쪽 끝에서 반대

*벽의 한쪽을 파고 바닥을 올려 꽃꽂이나 족자 등 장식을 하는 공간

쪽 끝까지 집 전체를 통과해 지나갔다. 하지만 집을 감싸는 복도에만 정원으로부터 볕이 들어왔기 때문에 커다란 다다미방의 안쪽은 컴컴했다. 바깥세상으로부터 차단된 비밀의 공간. 그곳은 마치 내가 태어나기 훨씬 전인 먼 고대로 이동해온 듯한 느낌을 불러일으켰다. 그 저택이 나의 '성채'가 되었다. 나는 내가 살고 싶은 곳이 일본임을 알게 되었다.

1966년에 우리 가족은 워싱턴 DC로 돌아왔다. 1969년에 고등학교를 졸업하고 나는 예일대학의 일본학 전공 프로그램에 입학했다. 그러나 학과 과정은 내가 기대했던 것과는 달랐다. 당시의 일본학이라는 것은 대부분 경제발전과 메이지 이후의 정부, '일본인론'과 같은 주제만을 다루었다. 나는 마음 깊은 곳에서 일본이 정말 내가 살고 싶은 나라인가 하

는 의구심을 품기 시작했다. 의구심을 풀기 위해 1971년 여름, 북쪽의 홋카이도로부터 남쪽 끝의 규슈까지 일본 전역을 히치하이크했다.

　여행은 꼬박 두 달이 걸렸다. 그 기간 내내 나는 놀랄 만큼 좋은 대접을 받았다. 외국인이 일본에서 살기에 좋은 시절이었다. 일본인에게는 줄곧 외국인을 또 다른 우주에서 온 생명체처럼 대접하는 경향이 있었다. 일본이 점점 더 국제화되면서 외국인에 대한 그런 태도는 줄지 않고 오히려 더 복잡해진다. 그러나 당시만 해도 큰 도시 바깥으로 가면 오로지 외국인에 대한 끝없는 호기심만 있을 뿐이었다. 미국의 학교 시스템, 내 부모님, 가족, 내가 입고 있는 옷, 나를 둘러싼 모든 것에 대해 질문이 쏟아지곤 했다. 나이 많은 아주머니들은 내 팔에 난 털이 진짜인지 잡아당겨보았다. 내가 만난 가정의 남자들은 나를 어서 공중 목욕탕에 데려가서 외국인에 대해 들은 소문이 진짜인지 확인해보려고 했다. 두 달 동안 호텔에서 잔 날은 사흘에 불과했다. 나머지는 길에서 만난 사람들로부터 자기 집에 묵으라는 초대를 받았다.

　여행을 통해 일본인들의 친절에 깊이 감동을 받았던 것 외에 또 하나의 수확이 있었다. 그것은 바로 일본의 자연환경을 발견한 일이다. 현대화라는 공습이 1971년에 이미 지방을 잠식하고 있었지만 그래도 농촌지역은 도시와 비교하면 여전히 옛 모습을 간직하고 있었다. 도로는 많지 않았고 오래된 나무숲이 산을 가득 덮고 있었다. 계곡에서는 안개가 마법처럼 피어올랐다. 바람이 불면 가늘고 섬세한 나뭇가지들이 깃털처럼 떨었다. 그러는 와중에 바위의 표면이 모습을 드러냈다가 이내 다시 사라지곤 했다.

　일본은 위도상 온대 지방이지만 일본의 초목에는 열대우림의 특징적인 면이 훨씬 더 많이 보인다. 시코쿠와 규슈 지역의 산악지대를 하이킹해보면 알겠지만, 일본의 산들은 정글 같다. 어디를 가도 고사리와 이끼와 낙엽이 습하고 울창한 산비탈을 뒤덮고 있다. 포장되지 않은 구불구불한 산길을 걷고 있노라면 불현듯 수억 년의 세월을 거슬러 여행하고 있는 듯한 착각이 들곤 했다. 안개 속에서 언제 익룡이 튀어나와도 이상하지 않을 것 같았다.

　그 시절 일본 자연환경의 아름다움을 회상하고 있자면 눈에 눈물이 고여온다. 풍부한 '열대우림' 식생과 화산과 자생식물의 섬세한 잎사귀를 가진 일본은 어쩌면 세계에서 가장 아름다운 나라 중 하나였다. 그 뒤로 이어진 20여 년의 세월 동안 일본의 자연환경은 완전히 뒤바뀌었다. 오래된 숲의 나무들은 잘려나가고 그 자리에 삼나무를 가지런히 줄 맞추어 심었다. 삼나무 숲 안에는 죽음과도 같은 침묵이 흐른다. 살아 숨 쉬는 식물과 동물의 존재를 전혀 느낄 수 없는 사막이 되었다. 산을 깊숙이 파내어 도로가 건설되었고 산비탈에는 침식 방지용 콘크리트를 뒤덮어 바위의 아름다움을 가려버렸다. 협곡에서는 더 이상 안개도 피어오르지 않는다.

최근에 세계적으로 일본학 붐이 일고 있어 많은 대학생이 일본을 찾는다. 이들은 교토의 정원들을 보고는 모래를 고르게 갈퀴질하고 울타리를 가지치기한 이 창작물이 '자연'이라고 생각하게 된다. 그러나 일본의 자연은 훨씬 더 신비하고 환상적이어서 신들이 살고 있어도 이상하지 않을 만큼 성스러운 곳이었다. 신도神道에는 인간은 순수하고 신들은 언덕과 나무에 깃들어 있다는, '가미노요神の世'(신의 세계)라는 전통이 있다. 오늘날 그런 전통은 고대 일본의 시가를 공부할 때 역사적인 해설로 등장하거나 신도 사원을 방문할 때 나눠주는 팸플릿에서나 읽을 법한 내용으로 들린다. 그러나 비교적 최근인 1971년만 해도 원시적인 숲이 여전히 존재해 신의 존재를 느낄 수 있었다. 그런 자연환경은 이제 지나간 일이 되었다. 하지만 내가 여든 살 혹은 백 살까지 살더라도 일본의 산과 숲의 사라져버린 아름다움은 내 기억에서 결코 사라지지 않을 것 같다.

일본을 이루는 네 개의 주요 섬 중 가장 작은 시코쿠는 관광객들이 가장 적게 찾는 곳이기도 하다. 내 여름 여행의 코스에도 원래 들어 있지 않았다. 요코하마에서의 어린 시절 쓰루 씨가 나에게 시코쿠에 있는 신도 사원 곤피라金比羅에 대한 노래를 불러주곤 했다. 그리고 내가 히치하이크를 위해 처음으로 도쿄에서 차를 얻어 탄 사람이 우연히도 곤피라 사원의 부적을 선물로 주었다. 곤피라까지 순례를 가야 할 운명이라는 생각이 들어 여름의 끝자락에 시코쿠까지 여행을 했다. 나는 곤피라와 근처의 밀교 진언종眞言宗 사원인 젠쓰사善通寺에서 몇몇 친구와 시간을 보냈다. 여행의 마지막 날, 사원에서 만난 친구 중 한 명이 내가 틀림없이 좋아할 거라며 나를 어디론가 안내했다.

그의 오토바이를 타고 젠쓰사를 떠나 시코쿠의 중심부로 향했다. 섬의 중심부 근처에 있는 작은 마을 이케다를 찾아갔다. 도로는 거기서부터 요시노강의 둑을 따라 오르막이 된다. 계곡 양쪽의 벽이 점점 험준해졌고 도대체 나를 데리고 어디로 가는 것인지 의아해질 때쯤에야 이야 계곡의 초입에 도착했다. 거기가 최종 목표지인 줄 알았으나 친구가 이렇게 말했다. '여기서부터 출발이야.' 우리는 좁고 구불구불한 산길을 오르기 시작했다.

도쿠시마현과 고치현 경계에 위치한 이야 계곡은 일본에서 가장 깊은 협곡이다. 그날 봤던 풍경이 내가 일본의 지방들을 다니며 본 모든 풍경 중에서 가장 환상적이었다. 어렸을 때 매혹되었던 중국의 산들을 떠올리게 했다. 송나라 수묵화에 등장하는 산들의 모습과 똑같아 보였다.

도쿠시마 지역 특유의 초록색 셰일암으로 인해 강물은 에메랄드 빛을 띠었고 우뚝 솟은 절벽의 면은 옥을 깎아놓은 듯했다. 계곡 건너편의 산에는 일본인들이 다키노 시라이토滝の白糸(글자 그대로 폭포의 하얀 실이라는 뜻)라고 부르는 폭포가 마치 붓을 한 획 휘두른 것처럼 층을 지어 곧장 아래로 떨어지고 있었다. 이런 풍경을 배경으로 계곡 깊은 곳에 여기저기 흩어져 있는 초가집들은 꼭 신선들이 사는 곳처럼 보였다.

나는 나라마다 전형적인 '풍경의 패턴'이 있다고 믿는다. 이를테면 영국은 마을 광장이며 목초지며 대학 안뜰에 펼쳐져 있는 잔디밭이 그 핵심이다. 일본은 가옥이 군집해 있는 마을이다. 일본 마을의 집들은 보통 계곡이나 언덕 기슭에 넓은 논으로 둘러싸인 평지에 몰려 있다. 산속에는 살지 않는다. 고대에는 산속을 신들의 영역으로 여겨 금기시했다. 오늘날에도 일본의 산속에는 거의 아무도 살지 않는다.

이야 계곡은 다르다. 나중에 나는 예일대학으로 돌아와서 졸업 논문으로 이야 계곡을 연구했다. 그러면서 이야 계곡의 거주 형태가 일본에서도 매우 독특한 것이라는 사실을 알게 되었다. 이야의 집들은 강가의 저지대를 피해 높은 산비탈에 지어져 있다. 그 이유 중 하나는 강변을 중심으로 한 땅은 그늘이 져 농사짓기에 마땅치 않기 때문이다. 또한 산허리에서 분출되는 담수 샘물 덕분에 고지대가 거주에 훨씬 더 적합하기도 하다. 이야의 땅은 암석지대이므로 쌀농사에 맞지 않아 논이 거의 없다. 논을 경작하기 위해 사람들이 한군데 모여 살 필요가 없다. 따라서 서로 독립된 가구들이 산 여기저기에 흩어져 살게 되었다.

원나라의 화가 예찬倪瓚은 아무도 흉내 낼 수 없는 붓터치로 산을 그렸다. 그림의 구성은 항상 똑같다. 사람은 단 한 명도 등장하지 않는다. 드넓은 산악 지대 한가운데에 외로운 초가 오두막 하나가 기둥 네 개에 의지해 서 있을 뿐이다. 이야 계곡의 깊은 산속에서 나는 예찬의 그림에 표현된 인간의 외로움, 그리고 그에 상응하는 자연의 위대함과 같은 감정을 느꼈다.

그해 여름의 긴 여행은 오직 나를 이야 계곡으로 인도하기 위한 하나의 거대한 화살표였다. 나는 일본이 과연 내가 살고 싶은 나라인가 하는 질문에 대한 답을 얻었다. 도쿄의 게이오대학에서 교환학생으로 이듬해 한 해를 보냈다. 하지만 나는 대부분의 강의를 빼먹고 자주 이야 계곡의 산속으로 여행을 떠났다. 여행을 통해 서서히 그 지역과 거기 사는 사람들에 대해 알게 되었다.

중국과 일본을 여행하는 사람은 3과 5가 들어가는 수많은 지명을 마주치게 된다. 다섯 개의 유명한 산이라는 뜻의 오명산, 세 개의 유명한 정원이라는 뜻의 삼명원, 세 개의 절경을 삼경이라고 부르는 식이다. 자연스레 이런 작명법을 따라 일본에서는 삼대비경祕境을 지정해놓고 있다. 규슈의 고카노쇼五家莊, 기후현의 히다다카야마飛驒高山(가파른 초가지붕으로 유명함), 그리고 이야 계곡이 그것이다. 예로부터 이야는 은신처이자 바깥세상으로부터의 피난처였다. 이야 계곡에 대한 가장 오래된 문헌은 나라 시대까지 거슬러 올라간다. 수도를 탈출한 한 무리의 샤먼들이 근처의 산속으로 숨어들어 사라졌다는 이야기를 기록하고 있다. 훗날 12세기가 되면 헤이케平家와 겐지源氏 가문이 벌인 전쟁의 와중에, 패배한 헤이케 가문 사람들이 이야 계곡으로 숨어들었다. 그때부터 이야는 오치우도 부라쿠落人部落(피난민 부락)라고 알려졌다. 제2차 세계대전이 끝난 줄도 모르고 30년 넘게 필리핀의 정글에서 홀로 전투를 계속하며 살아오던 일본군 병사가 1970년대에 발견되어 세상을 놀라게 한 일이 있었지만 30년은 아무것도 아니다. 이야의 헤이케 가문은 1190년부터 1920년 무렵까지 줄곧 투쟁을 계속해왔다. 오늘날에도 이야의 가장 깊은 곳에 있는 아사阿佐라는 마을에 헤이케 가문 지도자의 후손들이 초가지붕으로 된 집에 살고 있다. 이들은 12세기 헤이케 가문의 붉은 깃발을 아직도 보관하고 있다.

14세기 중반 일본이 북조와 남조로 나뉘어 전쟁을 하던 시기에 이야 계곡은 남조의 부활을 위해 싸우던 게릴라들의 요새가 되었다. 에도 막부의 평화로운 시대에도 이야 계곡 사람들은 바깥세상에 통합되지 않으려고 투쟁했다. 이들은 수차례의 농민 반란을 일으켜 도쿠시마번의 다이묘 하치스카 휘하의 아와국阿波國에 편입되는 것에 거세게 저항했다. 그 결과 이야 계곡은 20세기 전까지 줄곧 사실상 독립 국가로 존재했다.

이야 계곡으로 통하는 첫 국도를 뚫는 작업은 1920년대 다이쇼 시대에 시작되었다. 하지만 사람의 힘으로 단단한 바위를 깎아 길을 내는 작업을 완성하기까지는 20년이 넘게 걸렸다. 요즘에야 이야 계곡으로 드나드는 길이 많이 있지만 내가 처음 방문했을 때만 해도 차가 다닐 수 있는 길은 다이쇼 시대에 낸 원래의 '고속도로' 하나뿐이었다. 고속도로라고는 해도 대부분의 구간이 좁은 비포장도로에 불과했다. 가드레일도 없어서 수백 미터의 절벽 아래로 흐르는 강물이 내려다보였다. 어느 날엔가는 계곡의 코너를 돌았더니 내 앞차의 타이어가 길 바깥으로 미끄러지는 것이 보였다. 운전하던 사람이 황급히 차에서 뛰쳐나왔고 차는 절벽 아래로 떨어져버렸다.

나는 그때부터 이야 계곡의 산길을 여기저기 걷기 시작했다. 돌이켜보면 너무 늦지 않아 다행이었다. 1972년의 이야 계곡에는 옛 삶의 방식이 아직 남아 있었다. 곧 사라질 운명이었지만. 사람들은 여전히 사무라이 영화에서나 볼 수 있는 짚으로 만든 우비를 쓰고 밭에서 일했다. 집 안에서는 마룻바닥을 파내어 만든 개방식 화로 이로리에서 요리를 했다.

강변을 따라 만든 다이쇼 도로 주위로 새집들이 생겨났다. 하지만 옛날 집들을 찾아가려면 도로 위로 좁은 산길을 따라 한두 시간씩 걷는 일도 대수롭지 않았다. 따라서 바깥세상과의 접촉은 매우 드물었다. 나이 많은 여성 중에는 자기가 사는 작은 동네에서 10년 넘도록 산밑으로 내려가보지 않은 사람도 있었다.

이야 계곡의 주민들은 외지인을 모두 '시모노히토下の人'(아래에서 온 사람)라고 불렀다. 나는 외국인이었기 때문에 특히나 낯선 시모노히토였지만, 도쿄나 오사카에서 온 일본인들도 이 호칭에 묶여들어갔다. 이 때문에 외국인에 대한 이야 계곡민들의 태도는 상대적으로 열려 있다. 그러나 내가 외국인이라고 하는 현실은 부정할 수 없는 사실이었다. 내가 아마 이 지역의 중심부까지 찾아 들어간 최초의 외국인일 가능성이 높다는 점 때문에 훨씬 더 그랬다. 어느 날 나는 한 마을로 가는 가파른 산길을 힘겹게 한 시간 정도 오르다 지쳐서 작은 사당의 돌계단에 앉아 쉬고 있었다. 10분쯤 지나서 아래쪽 산길에 있는 노파의 모습이 눈에 들어왔다. 노파가 사

당 쪽으로 다가왔고 나는 일어서서 길을 물었다. 노파는 내 얼굴을 힐끗 보더니 비명을 지르고는 산길을 줄달음쳐 내려 갔다. 나중에 마을 사람들에게 그 일에 대해서 물었더니, 노 파가 나를 잠깐 바람 쐬러 나온 사당의 신이라고 생각했다는 것이다. 전통적으로 신도의 신들은 길고 붉은 머리털을 하고 있으므로 노파 입장에서는 아주 논리적인 결론이었다. 노와 가부키 공연에서 신들이 불타는 듯한 갈기를 하고 등장하는 것을 보면 아직도 그때 일이 떠오른다.

20년 전의 이야 계곡 집들에는 여전히 신비로운 그림자가 가득 드리워져 있었다. 바위가 많은 계곡의 비탈은 벼농사에 전혀 적합하지 않았던 터라 전통적인 농업은 수수와 메밀과 미쓰마타三椏(삼지닥. 삼지닥의 섬유질은 1만 엔권 지폐를 만드 는 데 쓰인다) 같은 곡물 재배로 이루어졌다. 하지만 주작물 은 1600년대 초반 포르투갈인들이 일본에 들여온 담배였다. 최근까지도 가부키에서 창부가 긴 담뱃대를 입술에 대고 담 배를 한 줌 넣는 장면에 쓰이던 담배가 바로 이야 계곡의 잎 담배였다.

이야 계곡에는 항상 안개가 소용돌이치고 있었기 때문에 잎담배는 집 안에서 연기가 나오는 이로리 위의 서까래에 매 달아 말렸다. 그래서 이야 계곡의 집에는 천장이 없고 지붕 은 고딕 교회의 아치형 천장처럼 위로 치솟아 있다. 전통 이야 가옥에 처음 들어갔을 때 집 안이 온통 칠흑처럼 까만 것에 깜짝 놀라지 않을 수 없었다. 바닥도 기둥도 벽도 모두 개방식 이로리에서 피어오르는 오랜 세월의 연기로 인해 짙은 흑단색으로 물들어 있었다. 일본인들은 이것을 구로비카리 黑光(검게 빛난다는 뜻)라고 부른다. 시간이 조금 지나자 눈이 적응되어 초가지붕 아래쪽 짚더미의 모습이 서서히 눈에 들어왔다. 지붕을 이루는 짚 또한 옻칠을 한 것처럼 검게 빛나고 있었다.

이야 계곡은 언제나 몹시 가난했고 일본의 다른 시골과 비교하면 상대적으로 집의 크기가 작다. 히다다카야마의 집들은 몇 배나 더 크고 5층 혹은 그보다 더 높게 지어져 있다. 하지만 층마다 천장이 있기 때문에 들어가도 그렇게 넓다는 느낌은 들지 않는다. 반면 이야 계곡의 집들은 매우 어둡고 천장이 없기 때문에 굉장히 넓게 느껴진다. 집의 안쪽은 동굴과도 같고, 바깥쪽은 구름 위의 세상이다.

나는 지금도 이야 계곡을 다시 찾으면 속세를 뒤로하고 마법의 영역으로 들어온 듯한 느낌을 받는다. 계곡 아래의 마을과 평야는 모두 현대화되었지만 이야 계곡에는 별다른 변화가 없기 때문에 이런 느낌은 예전보다 더 강해졌다. 계곡 입구 근처에는 에도시대에 아와국 군주의 명으로 만든 비석이 서 있다. 거기에는 '이야, 아와의 무릉도원祖谷, 我阿洲之桃源也'

이라고 새겨져 있다. '무릉도원'은 중국의 옛 시에 등장하는 속세 바깥의 낙원을 일컫는 말이다. 이 비석이야말로 일본의 모든 곳이 아름답던 수백 년 전에도 이야 계곡은 샹그릴라처럼 독특한 존재로 여겨졌음을 보여주는 증거다.

지금까지는 이야 계곡의 아름다운 면에 대해서만 이야기했으나 에덴동산 같은 그곳에도 당시에 이미 뱀이 똬리를 틀고 있었다. 바로 인구 과소過疎의 문제다. 이 문제는 우리 가족이 요코하마에 도착했던 1964년에 시작되었다. 그해에 도농 간의 임금 격차가 임계점을 넘었고 일본 전역의 농민들은 시골을 버리고 떠났다. 벼농사를 짓던 평지의 마을들보다 훨씬 더 가난하고 훨씬 더 결집성이 약하던 이야 계곡은 마을 사람들이 도쿠시마와 오사카로 떠나며 특히 큰 타격을 입었다. 1970년 이후 인구 과소의 속도는 빨라졌고 이야 계곡에는 버려진 가옥이 넘쳐났다. 여기에 집을 한 채 사도 되겠다는 생각이 들었다.

요즘은 일본의 시골 전체가 하나의 거대한 실버타운이 된 듯한 인상을 준다. 당시만 해도 인구 감소의 물결이 이미 이야 계곡으로 들어오고 있었지만 마을에는 여전히 활기가 있었다. 버려진 가옥조차 훌륭한 상태를 유지하고 있었다.

나는 1972년 가을부터 6개월간 '빈집 사냥'에 나섰다. 이야 계곡뿐만 아니라 가가와현, 고치현, 도쿠시마현에서도 수십 채의 집을 보러 돌아다녔다. 나중에 세어보니 백 채도 넘는 집을 봤다. 버려진 흥미로운 집들을 찾아 친구들과 시골을 돌아다니다 그런 집이 보이면 염치 불구하고 안으로 들어갔다. 나무로 된 덧문을 살짝 열기만 하면 되는 일이었고 보통 잠겨 있지도 않았다. 믿을 수 없을 정도로 웅장했지만 버려진 채 그대로 썩어가고 있는 집들도 있었다. 쪽 염색을 하는 장소였던 도쿠시마 근처의 저택은 교토의 니조성에서나 볼 수 있을 법한 2미터 높이의 툇마루가 집 전체를 둘러싸고 있었다. 툇마루의 판자는 10센티미터 이상의 두께였고 귀한 느티나무를 사용해 만들었다.

　버려진 집들을 무단침입하는 과정에서 나는 책에서는 절대로 얻을 수 없는 수많은 경험을 했다. 전통적인 일본 삶의 방식을 내 눈으로 직접 볼 수 있었다. 한 집안이 집을 버리고 큰 도시로 떠날 때는 사실상 아무것도 가져가지 않는다. 짚으로 만든 우비며 대나무 바구니며 장작을 다루는 도구들이 오사카에서 무슨 소용이 있겠는가? 천년 동안 이야 계곡 삶의 일부이던 모든 것이 하룻밤 사이에 의미를 잃어버린다. 이런 집에 들어가보면 마치 거기 살던 사람들이 갑자기 사라져버린 것만 같다. 시간이 멈춰버린 스냅숏처럼 일상의 잔해가 그대로 놓여 있다. 모든 것이 제자리에 있다. 펼쳐진 신문, 프라이팬 위에 남은 볶은 계란 찌꺼기, 버려진 옷과 이불,

심지어 싱크대 안의 칫솔까지. 현대화의 영향이 이미 여기저기에서 드러나고 있었다. 겨울의 추위를 막기 위해 서까래에 천장을 만들었다거나, 알루미늄으로 된 문틀과 창틀을 설치했다거나 하는 경우가 있었지만 그래도 대부분 원래 상태대로의 집을 볼 수 있었다. 하지만 불과 몇 년 안 지나 인공 자재가 주류가 되어 천장뿐 아니라 바닥과 벽과 기둥까지 모두 뒤덮게 된다. 집 안쪽 본래의 모습은 플라스틱과 합판의 얇은 막 뒤로 사라졌다.

일본을 방문하는 서양 사람들은 일본이 도시의 유산과 자연환경을 무시하는 데 경악해서 항상 "일본인들은 왜 현대화를 하면서 동시에 소중한 것들을 보존하지 못하죠?"라고 묻는다. 일본이라는 나라에게 있어 과거 세계는 의미가 없어졌다. 이야 계곡 사람들이 버리고 간 짚으로 만든 우비나 대나무 바구니처럼 소용없어진 것처럼 보인다. 서양에서는 현대의 의상이나 건축이 유럽 문화로부터 자연스럽게 발전해왔다. 그렇기 때문에 '현대 문화'와 '고대 문화' 사이의 괴리감이 덜하다. 유럽의 산업혁명은 수백 년의 세월에 걸쳐 서서히 진행되었다. 그것이 영국이나 프랑스의 시골 풍경이 상대적으로 거의 파괴되지 않고 남아 있는 이유다. 수없이 많은 중세의 마을이 아직 존재하고 그런 역사적인 지역에 사는 사람들이 자신의 터전을 아끼고 존중하는 이유이기도 하다.

유럽과는 대조적으로 중국과 일본과 동남아에는 변화가 정말 급작스럽게 찾아왔다. 게다가 그 변화들이 완전히 낯선 문화권으로부터 들어왔다. 그 결과 중국과 일본의 현대 의상 및 건축은 아시아의 전통문화와 아무런 관계가 없다. 일본인들은 교토와 나라 같은 고대 도시를 동경하고 또 아름답게 여기지만, 마음 깊은 곳에서는 그런 도시들이 자신들의 현대적 삶과 아무 관련이 없다는 사실을 알고 있다. 심하게 말하면 이런 곳들은 환상 속의 도시, 역사 테마파크가 되었다. 동아시아에는 파리나 로마 같은 도시가 없다. 교토, 베이징, 방콕은 모두 콘크리트 정글로 뒤바뀌었다. 그러는 와중에 시골은 광고판과 전선과 알루미늄을 덧댄 가옥들로 넘쳐나게 되었다. 지하 감옥의 달걀이 깨진 것이다.

내가 지금 살고 있는 가메오카의 시립 도서관은 어린이들이 공부하러 오는 곳으로, 아직 운영 중인 도서관 중 세계에서 가장 오래된 곳인 옥스퍼드의 머튼칼리지 도서관과 크게 다르지 않다. 처음 머튼을 방문했을 때 놀란 것은, 거의 700년 전에 지어졌는데도 거기 있는 책과 책장과 의자와 심지어 '도서관'이라는 개념조차, 지난 수 세기 동안 거의 변하지 않고 그대로 이어져왔다는 점이었다. 가메오카시의 어린이들은 머튼 도서관에 가도 익숙함을 느낄 것이다. 그러나 이 아이들이 비단으로 싸여 있는 접이식 경전이 가득한 일본 사원의 불경 보관실이나, 두루마리와 족자가 늘어서 있는 문인의 작업실을 방문한다면 지금 보고 있는 것이 무엇인지 전혀 알 도리가 없다. 오늘날의 일본인들이 사용하는 물건과는 너무나 큰 괴리가 있기 때문에 다른 별에서 온 물건이라고 해도 될 정도다.

언젠가는 동아시아의 자연환경과 문화 전통이 한꺼번에 무너진 일이 20세기의 가장 큰 사건 중 하나로 여겨지는 날이 올 것이다. 막대한 부와 철저한 일 처리 방식을 자랑하던 일본은 여기서도 동아시아의 다른 나라들보다 앞서나가고 있다. 하지만 변화는 일본에만 그치지 않았고, 역사적인 관점에서 보면 아마 불가피했는지도 모른다. 아시아는 이런 길을 갈 운명이었던 것이다.

한 나라의 자생적 문화가 사라지면 '새로운 전통문화'가 생겨난다. 옛 형식과 현대의 취향이 뒤섞인 모습으로 발전하며 결국은 문화적인 프랑켄슈타인의 괴물이 되어버린다. 가장 충격적인 사례가 중국이다. 중국의 사원을 값싸게 복구하려는 시도는 원래의 형태와는 극적으로 다른 건물과 조각상들을 만들어냈다. 요란한 색깔과 기괴한 구성은 중국의 조각물에 깃든 정신에 대한 전면적인 부정이다. 불행히도 그런 것들이 관광객들이 가서 보는 전부이기 때문에 이제 그런 조잡한 창작물이 중국의 문화라고 여기게 된다.

그 정도로 극단적이지는 않지만 일본의 전통문화 또한 다시 만들어지고 있다. 일본 가옥들이 특히 그러하다. '새로운' 전통은 나름의 근거 없는 믿음에 기반하고 있고, 그중 하나가 다다미다. 대부분의 사람이 일본 가옥의 내부는 다다미 없이는 존재할 수 없다고 믿지만, 이는 사실이 아니다. 과거의 그림과 두루마리에서 볼 수 있듯이 헤이안 시대 전까지 궁궐의 바닥은 나무판으로 만들어졌다. 귀족들은 바닥 한가운데 살짝 올라와 있는 단상에 한 장의 다다미를 깔고 앉았다. 교토의 일부 선종 사원에 가봐도 여전히 이런 모습을 볼 수 있다. 평민들이 살던 가옥에서는 바닥을 무언가로 덮을 필요가 있으면 얇은 갈대 방석을 사용했다. 이야 계곡에서는 이런 방석을 이로리 주위에만 깔고, 나머지는 나무판 그대로 비워둔다. 나무판으로 된 바닥은 아침과 저녁에 한 번씩 하루에 두 번 물수건으로 닦는 것이 관습이다. 그러다보면 바닥은 노 무대의 바닥처럼 검은색 윤이 난다.

노의 무대, 신도와 선종 사원, 이야 계곡의 가옥들은 모두 다다미 이전의 시대부터 존재해왔다. 나무 바닥과 다다미 사이의 심리적 차이는 매우 크다. 나무 바닥은 '신들의 시대'부터 숲속 장대 기둥 위에 지은 동남아의 가옥에까지 그 유래가 이어진다. 말끔한 검은색 경계선의 다다미는 정교한 예절과 다도와 사무라이 예식이 지배하던 시절의 말기에 유행했다. 다다미가 있으면 평면도가 매우 분명해지고, 방이 좀더 작고 관리하기 쉬워 보인다. 검은 나무판으로 된 바닥에는 아무런 시각적 방해물이 없기 때문에 끝없는 공간이 펼쳐진 것 같은 느낌이 든다.

오늘날에는 다다미가 지배하고 있지만, 사실 일본 주택의 인테리어에는 각기 다른 시대로부터 전해 내려오는 두 종류가 있다. 일본 문화가 변화하는 전형적인 패턴도 이 두 종류의 바닥에서 관찰된다. 일본은 옛것을 새것으로 교체하지 않고 새것을 옛것 위에 올려놓는다.

다시 이야 계곡으로 돌아오자. 이곳은 서이야西祖谷와 동이야東祖谷로 나뉜다. 서이야는 상대적으로 접근하기 쉬워 매년 수만 명의 관광객이 명소인 가즈라바시蔓橋를 찾는다. 가즈라바시는 거대한 덩굴을 사용해 만든 현수교다. 주기적으로 다시 설치하는(최근에는 덩굴을 강철 케이블로 묶는다) 이 덩굴 다리의 유래는 헤이케 가문이 처음 이야 계곡으로 도망쳐 왔던 때까지 거슬러 올라간다. 지금은 시코쿠의 주요한 관광 명소 중 하나가 되었다. 하지만 관광객들이 가즈라바시 너머의 저개발된 동이야를 찾아가는 일은 드물다.

나는 동이야의 가장 깊숙한 산인 쓰루기산劍山으로부터 시작해 버려진 민가를 찾아서 이 마을에서 저 마을로 산행을 했다. 비어 있는 민가는 널려 있었지만 마음에 꼭 맞는 집은 좀처럼 찾을 수 없었다. 최근까지 사람이 살던 집들에는 천장이 설치되어 있거나, 콘크리트나 알루미늄으로 리모델링이 되어 있었다. 버려진 지 10년이 넘은 집들은 바닥이 기울고 기둥에 금이 가서 도저히 복구가 불가능한 수준으로 망가져 있었다.

1973년 1월에 나는 동이야에 있는 쓰루이釣井라는 마을을 찾았다. 마을 위원인 다케모토 씨 앞으로 된 소개장을 갖고 있었다. 다케모토 씨에게 근처에 버려진 집들이 있냐고 묻자, 그는 즉시 한 군데를 보여주겠다고 했다. 우리는 곧 어느 버려진 집 앞에 도착했고, 그 순간 나는 알 수 있었다. '바로 이거야.' 그토록 찾아 헤매던 성채가 내 눈앞에 있었다.

2장

이야 계곡

마을 사람들은 집이 정확히 얼마나 오래되었는지 알지 못했다. 하지만 마지막으로 거기 살았던 집안이 7대 이상 그 집을 차지하고 있었다고 하니 최소한 18세기까지 거슬러 올라간다. 집은 버려진 지 17년이 지났지만 대체로 좋은 상태를 유지하고 있었다. 검게 윤이 나는 바닥과 이로리는 수 세기 동안 변함없이 살아남았다. 하지만 초가지붕은 새 짚을 올린지 50년이나 지나서 이미 수명이 다해가고 있었다. 짚더미 사이사이에 고사리와 이끼와 심지어 소나무까지 제멋대로 자라고 있었고 비가 오면 여기저기 빗물이 샜다. 그런 것쯤이야 어떻게든 고칠 수 있을 것이라고 생각했다. 그 지붕 때문에 훗날 겪을 어려움은 상상도 하지 못했던 것이다!

집을 본 첫날 구매하기로 결심했지만 실제 협상은 넉 달이 넘게 걸렸다. 이는 내가 만든 일본 생활의 열 가지 법칙 중 여섯 번째 법칙을 보여준다. 이름하여 쓸데없는 복잡함의 법칙이다. 일본에서는 시간만 잡아먹는 논의를 거치지 않고는 아무런 일도 이루어지지 않는다. 논의는 언뜻 당면한 문제와 상관없어 보이지만 이 과정은 절대적으로 필요하다. 참을성이 부족한 수많은 외국 사업가들이 이 법칙을 무시했다가 안좋은 결말을 맞았다.

내 경우 협상이 이토록 오래 걸렸던 이유는 집을 파는 데 특별한 문제가 있어서가 아니라 주로 언어 소통 때문이었다. 표준 일본어만 알고 있던 나는 이야 계곡에서 사용하는 사투리를 전혀 이해할 수 없었다. 이 사람들은 전화가 울린다는 것

표준어는 '덴와가 낫 테이루'

을 '덴와 조 나리오루電話ぞなりおる'라고 말한다. 덴와(전화)는 20세기의 단어고, 나리오루는 시코쿠 사투리이며, 조는 헤이안 시대 궁정에서 사용하던 고풍스러운 조사다. 이야 계곡 사람들의 대화를 알아듣기가 너무 어려워서 결국 도쿄의 친구를 불러 협상을 도와달라고 했다.

우리는 다케모토 씨가 주재하는 가운데 마을 사람들과 저녁 늦게 둘러앉았다. 마을의 예절을 따라 나는 방 안에 있는 모든 남자로부터 사케를 한 잔씩 받아 마셔야 했다. 한 차례도 아니고 여러 차례였다. 집에 관한 열띤 토론이 끝도 없이 이어지는 듯해 머리가 핑핑 돌 지경이었다. 대화를 거의 따라

잡을 수 없었지만 도쿄의 친구가 나중에 자세한 내용을 설명해주리라는 생각에 안심했다. 마침내 저녁 모임이 끝났고 우리는 비틀거리며 밖으로 나와 칠흑 같은 어둠 속에서 좁은 산길을 걸어 내려가기 시작했다. 그때 친구가 내 쪽으로 몸을 돌리더니 큰 소리로 물었다. "저 사람들 아까 도대체 뭐라고 얘기한 거야?"

언어 소통의 어려움에도 불구하고 1973년 봄 우리는 마침내 합의에 이르렀다. 120평의 땅(약 400평방미터)을 38만 엔에 사고 집은 무상으로 딸려오는 조건이었다. 달러당 300엔의 환율로 계산하면 38만 엔은 대략 1300달러였다. 아직 대학생이던 내게는 그만한 돈이 없었지만 1960년대 요코하마에 살던 시절의 친구 가족이 그 돈을 빌려주기로 했다. 당시의 나에게는 엄청난 금액이었다. 다 갚는 데만 5년이 넘게 걸렸다. 번화한 도심에서 멀리 떨어진 이야 계곡의 인구는 그사이 절반으로 줄었고, 현지의 임업과 농업은 붕괴했다. 일본 전역의 땅값이 치솟는 와중에, 이야에 있는 내 땅은 비록싸게 사기는 했지만 현재 가치가 당시 지불했던 금액의 절반에도 미치지 못한다.

나는 쓸데없는 복잡함의 기간을 즐겼다. 마을에 대해 잘알게 될 기회였기 때문이다. 다케모토 씨가 마을의 신사에서 열리는 봄 축제에 나를 초대하면서 처음으로 정식 소개가 이루어졌다. 이 축제는 그 뒤로 몇 번 더 열리다가 사라진다. 20~30명의 주민들이 신사 울타리에 모였다. 캘리포니아의 레드우드만큼이나 큰 거대한 삼나무 아래였다. 하얀 칠로 분장한 소년들이 북을 쳤고 젊은 남자들은 신사 본당에서 신체神体를 짊어지고 나와 돌더미 위에 올려놓았다. 신관이 기도문을 읊조리는 동안 마을 사람들은 긴 코가 달린 밝은 빨간색 가면을 쓰고 행진했다.

하얀 분장을 한 소년 중 한 명인 열세 살의 에이지 도마이는 집을 사서 수리하기 시작했을 때 나를 찾아온 첫 손님이다. 까까머리에, 낚질과 뜀박질과 수영을 좋아하는 활발한 아이였다. 또 한 명의 손님으로는 가장 가까운 거리의 이웃인 오모尾茂가 있었다. 키가 작고 다부진 체격에 손재주가 뛰어났던 오모는 전형적인 쾌활한 나무꾼이었다. 우리 집에서 100미터 정도 떨어진 초가집에서 딸 넷과 함께 살았다. 그의 집 바로 밑에 있는 조금 작은 초가집은 그의 아버지와 의붓어머니가 '은퇴하고 사는 집'이었다. 나중에 오모는 나에게 이야 계곡에서 살아가는 법을 가르쳐주는 선생님이 된다. 훗날 초가지붕을 올리는 일을 포함해서 집에 관한 모든 일을 도와주었다.

나는 그해 6월 이야 계곡으로 입주했다. 친구이자 시인인 쇼키치에게 도움을 청했다. 쇼키치는 시인이었던 것 외에도 한국인 혼혈이었는데, 이로 인해 그는 일본 사회에서 눈에 띄는 아웃사이더였다. 쇼키치는 한 무리의 도쿄 예술가와 히피들을 데리고 나타났고, 거기다 외국인인 나까지 더하니 우리는 영락없이 이상한 패거리였다. 그러나 늘 이방인들의 은신처였던 이야 계곡에는 어쩐지 잘 어울렸다.

다케모토 씨가 걸음으로 땅의 경계가 정확히 어디까지인지 정하도록 도와주었다. 그러고는 쇼키치와 친구들의 도움을 받아 다시 사람이 살 수 있는 집이 되도록 청소와 공사를 시작했다. 우선 마룻바닥을 닦았다. 바닥이 5센티미터 두께의 검은 숯가루로 완전히 뒤덮여 있었기 때문에 말처럼 쉬운 일은 아니었다. 우리는 숯가루를 모두 긁어모아 마당에 쌓아놓고 태웠다. 그러나 연기가 피어오르기 시작하자 그게 숯이 아님을 퍼뜩 깨달았다. 숯이 아니라 담배였다! 서까래에 매달려 있던 잎담배가 집이 버려졌던 17년간 서서히 분해되어 바닥에 먼지처럼 소복이 쌓였던 것이다. 그날 아무것도 모르고 태워버린 귀중한 담배가 수 킬로그램에 달했다. 집을 사느라 빌렸던 돈을 모두 갚고도 남을 만큼의 양이었다.

집을 치우는 과정에서 가치 있는 골동품은 하나도 나오지 않았지만, 예전에 살던 사람들은 일상에 사용하던 물건들을 그대로 남겨두고 떠났다. 이를 통해 이야 계곡 사람들의 삶의 면면을 엿볼 수 있었다. 가장 놀라웠던 것은 1950년대에

조부모와 함께 이 집에 살던 젊은 여성의 일기였다. 일기에는 이야 계곡의 가난, 집 내부의 우울함과 어두움, 도시생활에 대한 절박한 동경이 솔직하고도 눈물 나게 기록되어 있다. 그녀가 18세가 되었을 즈음 일기는 돌연 멈춘다. 마을 사람들은 그녀가 가출했다고 얘기해주었다. 조부모는 종이에 '아이가 돌아오지 않는다こどもかえらず'라고 써서 문에 거꾸로 붙여놓았다. 그녀가 돌아오기를 바라는 마음을 담은 부적이다. 부적은 효험이 없었지만, 그 종이는 아직까지도 문에 붙어 있다.

청소를 끝낸 다음에는 전기와 수도를 설치하고 화장실을 지어야 했다. 에이지가 학교를 마치고 와서 땅을 치우고 대나무 잘라내는 일을 도와주었다. 당시 쓰루이에는 차가 다닐 수 있는 도로가 없었기 때문에 모든 자재를 다이쇼 도로에서부터 등에 짊어지고 한 시간가량 걸어 올라와야 했다. 나중에는 마을의 화물 운송 수단을 이용했다. 협곡을 가로지르는 철제 케이블에 허름한 나무 상자를 매단, 금방이라도 부서질 것 같은 일종의 스키 리프트였다. 나는 목재를 한 아름 실어 올린 뒤 두어 번 상자를 타고 다시 도로까지 내려오는 무시무시한 체험을 한 적이 있다.

어느 날 오모가 나와 도쿄 친구들('아래에서 온 사람들')이 일하는 것을 보러 왔다가 딱하다 싶었는지 전통적인 낫으로

53

수풀을 정리하는 법을 가르쳐주었다. 짙은 허연 눈썹에 말이 없던 오모의 아버지도 우리를 살피러 들르곤 했다. 오모의 아버지는 툇마루에 앉아 담배 주머니를 꺼내 가부키 극에 나오는 기다란 은담뱃대인 기세루를 뻐끔뻐끔 피웠다. 인근 가즈라바시 출신인 오모의 의붓어머니는 헤이케 문화에 자부심을 지닌 사람이었다. 그녀가 집의 종이 문에 31구로 된 와카和歌를 써넣어주었다.

쓰루이 마을의 다른 사람들도 하나둘 외국인을 구경하러 찾아오더니 집수리를 도와주었다. 외국인이라는 존재 자체도 드물었지만, 낡은 초가지붕 집을 수리하려는 외국인은 갑절로 기이한 존재였다. 노인들도 흥미를 품고 일부러 찾아와 내게 짚으로 신을 꼬는 방법을 알려주었다. 아침에 일어나 보면 누군가가 집 밖 현관에 두고 간 오이나 각종 농작물 꾸러미가 발견되는 일이 종종 있었다. 때로 누군가가 집 앞의 풀을 깎아주고 간 것을 알아차리기도 했다. 마을의 아이들은 문 앞에 붙어 있는 부적에도 불구하고, 혹은 어쩌면 부적 때문인지 매일 우리 집에 놀러 왔다. 밤이 되면 쇼키치와 그 친구들이 이로리의 으스스한 불빛 앞에서 아이들에게 귀신 이야기를 들려주었다.

공자는 '인자요산仁者樂山'이라고 했다. 나는 산악 지역이 평야 지대보다 친절한 사람들을 만들어낼 개연성이 있다고 생각한다. 비옥한 평야에는 인구가 더 밀집하게 되고, 특히 벼 농사 지역에서는 관개시설 때문에 집단적인 사회구조를 필 요로 한다. 벼농사 문명에서 탄생한 복잡한 인간관계에 대한 연구는 많이 있다. 마르크스는 심지어 자신이 '동양의 전제 정치'라고 이름 붙인 아시아 특유의 사회 형태의 근거로 벼 농사 문명을 들기도 했다. 반면 손바닥만 한 논 하나 만들 수 없는 바위 경사면으로 이루어진 이야 계곡의 사냥꾼과 나무 꾼들은 독립성이 강하고, 자유로우며 여유가 있었다.

이들은 동남아시아에서 온 일본의 뿌리와 관련된 오래전 문화의 층위가 아직 살아남아 있음을 보여준다. 수 세기에 걸친 봉건 정치, 19세기 말 20세기 초의 군국주의, 그리고 숨 을 옥죄는 현대 교육제도의 영향은 일본인들에게 비교적 경 직된 사고방식을 심어주었다. 하지만 그 전 시대의 문학작품 들을 읽어보면, 옛 일본인들에게는 오늘날 흔히 마주치는 조 심스러운 관료나 고분고분한 회사원과 공통점이 별로 없다 는 인상을 받게 된다. 8세기에 쓰인 만요슈萬葉集와 같은 초기 시가에는 이야 계곡 집들의 거칠게 다듬은 기둥과도 같은 활 력이 넘쳐난다. 이 시기로부터 비롯된 다른 유산으로는 '나 체 축제はだか祭り'가 있다. 늦겨울 사원에서 열리는 광적인 다 산 의식에 사타구니에 샅바(마와시回し)만 걸친 젊은 남성들 이 참가한다.

먼 옛날에 뿌리를 둔 또 다른 풍습으로는 요바이夜這い가 있다. 한때 일본 전역에 흔하던 이 민간 전통은 몇몇 외딴섬과 이야 계곡 같은 작은 마을을 제외하고는 모두 사라졌다. '밤에 숨어든다'는 뜻의 요바이는 마을의 젊은 남성들이 젊은 처녀들에게 구애하던 방식이다. 남자가 여자의 방에 숨어 들어가고, 여자가 거절하지 않으면 둘이 잠자리를 함께한다. 새벽이면 남자는 방을 나와야 하고, 일이 잘 풀리면 밤에 여자의 방에 정기적으로 들다가 결혼하게 된다. 어떤 마을은 요바이의 특권을 여행자들에게까지 주었는데, 어쩌면 이는 외딴 지역에서 지나친 근친교배를 막기 위한 방법이었는지도 모른다.

요즘 일본인 중에는 요바이라는 말이 무슨 뜻인지 모르는 사람도 많다. 따라서 내가 이야 계곡에 도착했을 때 그 풍습이 여전히 존재하고 있었다는 것은 기적에 가까웠다. 요바이는 수많은 마을 농담의 소재였고, 사람들은 나에게 언제 한밤의 모험을 시작할 것인지 능글맞게 물어보곤 했다. 당시에 나는 요바이가 그저 또 하나의 특이한 현지 풍습인 줄로만 알았으나, 나중에 거기에 더 큰 함의가 있음을 깨달았다.

헤이안 시대에 『겐지 이야기』 같은 소설에 묘사되어 아직까지 전해 내려오는 귀족들의 사랑 이야기는 요바이의 패턴에 기반하고 있다. 귀족 남성들은 밤에만 연인을 찾아갔다가

아침에는 떠나야 했다. 「아리아케노 쓰키有明の月」와 같은 고전 시가는 새벽에 헤어져야 하는 연인들이 애통해하며 부르는 노래다. 귀족들은 농민의 풍습인 요바이를 가져와서 세련되게 만들고, 거기에 서예와 향, 겹겹으로 된 옷과 같은 우아한 허울을 더했다. 그러나 근본적으로는 여전히 요바이였고, 밤의 어둠에 방점이 찍혀 있다. 평론가들은 이로부터 일본의 에로스와 로맨스 개념에 관한 수많은 이론을 만들어냈다.

요바이의 사례에서 알 수 있듯이, 일본의 원초적 거칢은 헤이안 시대를 지나며 예술과 사랑의 섬세함에 대한 감수성으로 상쇄되었다. 단순함과 우아함의 결합이 일어났고 수많은 일본 예술에서 여전히 그 흔적을 볼 수 있다. 그러다가 헤이안 시대 말기인 1100년대 후반에 일본 역사를 가르는 지질학적 균열이라고 할 만한 중대 사건이 일어났다. 수백 년에 걸친 궁정 귀족들의 지배가 끝나고 오랜 시스템이 무너졌다. 무인들이 정권을 잡고 수도를 교토에서 가마쿠라로 옮긴 뒤, 향후 600년간 일본을 다스리게 될 막부를 세웠다. 이런 무인 통치의 결과 중 하나가 요즘 우리가 보는 경직성이다. 이야 주민의 조상들은 무인 통치가 시작되기 직전 계곡으로 숨어 들어갔다.

무인 시대에 이뤄진 일이 모두 부정적인 것은 결코 아니다. 선禪, 다도, 노, 가부키 등 오늘날 일본 문화의 정점이라고 여겨지는 거의 모든 예술이 이 시기에 나왔다. 하지만 그 아래에는 더 깊은 층이 존재했다. 그곳은 안개와 바위와 거대한 야생의 나무둥치로 이루어졌고, 거기에 신도라는 종교가 탄생한 '신들의 시대'가 있었다. 그 세계가 내 마음을 가장 흔드는 곳이다. 쓰루이의 사람들을 만나지 않았더라면 그 존재를 알지 못했을 것이다.

집에 이름을 지어야겠다는 생각을 하기 시작했다. 내가 플루트를 연주하기 때문에 무언가 '피리의 집'을 뜻하는 이름이었으면 싶었다. 어느 날 밤, 쇼키치와 이야 계곡 아이 여럿의 도움을 받아가며 이름 찾는 작업을 시작했다. 피리를 뜻하는 정식 단어(쇼笙와 데키笛)는 너무 딱딱하게 들린다는 이유로 아이들이 퇴짜를 놓았다. 우리는 옛 중국 사전을 뒤져서 '대나무 피리'를 뜻하는 치籭라는 한자를 찾아냈다. 아름다운 글자였다. 글자의 윗부분은 '대나무', 가운데는 번영한다는 의미, 아래는 '호랑이'라는 뜻이었다. 아무도 이런 한자를 본 적이 없었지만, 아이들은 만장일치로 좋아했다.

이름의 '집'에 해당되는 부분에는 초가지붕 암자를 뜻하는 안庵이라는 한자가 제격이었다. 그러나 보통 다실의 이름에 쓰이는 글자이기에 '문화'의 어감이 지나치게 강했다. 이때 사전 덕분에 같은 한자에 '이오리'라는 덜 알려진 독음이 있다는 사실을 알게 되었다. 피리를 뜻하는 '치'와 합치면 장난스러운 느낌을 주는 '치이오리'가 된다. 쇼키치가 치이오리에 대한 시를 썼고 아이들에게 큰 인기를 끌었다. 치이오리는 마을에 있는 우리 집의 자연스러운 이름으로 자리 잡았다. 나중에 서예와 그림을 시작하면서 나는 치이오리를 낙관으로 사용했다.

미술품 거래 회사를 설립했을 때도 이 이름을 써서 치이오리 유한회사라고 불렀다. 이로 인해 끊임없는 말썽을 겪었는데, 아무도 '치篪'라는 오래된 한자를 본 적이 없고 아무도 '안庵'을 '이오리'라고 읽지 않았기 때문이다. 세금 신고 서류를 작성하기 위해 특수한 도장을 파야 했고, 그 한자들만을 위한 폰트를 컴퓨터에 따로 설치해야 했다. 그래도 내게는 이 이름이 소중하다. 지금은 일 때문에 도쿄와 교토와 오사카에 주로 머무르지만 회사의 문서들을 보기만 해도 이야의 기억이 떠오른다.

치이오리를 복원하면서 몇몇 기술을 익히게 되었다. 그중 하나가 가옥의 크기를 측정하는 기술이다. 옛날 중국에서는 건물의 크기가 기둥의 개수 혹은 구조물의 앞면과 옆면을 감싸고 있는 '칸'의 개수로 정해졌다. 일본도 이 방식을 차용했고, 한 칸의 폭이 다다미 한 장의 길이와 같도록 통일했다. 일본의 모듈식 건축은 이러한 칸과 다다미의 시스템으로부터 발전했다. 토지도 다다미의 개수로 측정했다. 모든 것이 미터법으로 전환된 오늘날에 쓰이는 표준 단위도 쓰보坪(평)다. 1쓰보는 1평방 칸 또는 다다미 두 장의 넓이에 해당된다(3.3평방미터). 우리 집이 지어져 있는 땅 면적은 120쓰보다. 땅 앞쪽에는 기다란 모양으로 뻗은 정원이 깎아지른 듯한 돌담 위로 갑자기 멈춰 있다. 이 돌담이 집의 경계선이다. 돌담 위에 서면 마치 성의 흉벽에 서 있는 것만 같다. 삼나무 숲 너머로 산봉우리들이 저 멀리까지 뻗어 있는 모습이 보인다. 집 바로 뒤는 웃자란 대나무로 가득한 비탈이고, 그 사이로 난 길을 따라가면 가장 가까운 이웃집들이 있다.

집은 가로 네 칸 세로 여덟 칸의 넓이다(대략 가로 7미터, 세로 4미터 정도). 가로세로 세 칸 크기의 커다란 마루 앞쪽에는 툇마루가 놓여 있고, 뒤쪽에는 도코노마와 불단이 나란히 배치되어 있다. 검은 판자만이 광활한 공간을 채우고 있는 이 마루는 거의 언제나 텅 비어 있는 상태다. 가로 두 칸 세로 두 칸 크기의 중간 방 가운데에는 바닥을 파서 만든 이로리가 있다. 이곳이 대부분의 집 안 활동이 이루어지는 장소다. 여기서 불을 피우고, 요리를 하고, 식사를 하고, 대화를 나눈다. 중간 방의 뒤쪽으로는 두 개의 작은 침실이 있다. 집에서 유일하게 천장이 설치되어 있는 장소다(잘 때 서까래로부터 떨어지는 재를 막기 위해서). 집의 반대쪽 끝에는 부엌과 작업 공간이 있으며, 거길 내려서면 흙바닥으로 된 입구다.

집의 아래쪽은 사각으로 반듯하게 다듬은 목재들로 만들어져 있고, 기둥이 일정한 간격으로 늘어서 있다. 하지만 머리 위 1미터쯤부터 그런 구조가 갑자기 바뀐다. 반듯한 선형이 유기적인 형태가 된다. 너무 거대해서 집 크기에 전혀 어울리지 않아 보이는 거친 통나무가 사각형으로 다듬은 기둥 위에 올려져 있다. 이는 사원의 벽에서도 볼 수 있는 아주 전형적인 일본식 전환으로, 완벽하게 매끄러운 회반죽 벽이 돌멩이가 어지럽게 뒤섞여 있는 바닥과 만나는 식이다. 집 안의 어느 선까지는 모든 것이 평평한 표면과 직각 구조로 이루어져 있다. 그 위로는 손도끼로 다듬은 뒤틀리고 매듭이 있는 통나무며 옆으로 눕혀놓은 거대한 나무의 몸통이 집의 한쪽 끝에서 반대쪽 끝까지 아치를 그리고 있다.

선반과 수납장과 문을 만들고 나무로 된 툇마루를 수리했다. 집을 수선하려면 목공 일은 물론 빼놓을 수 없는 작업이다. 하지만 일본에서 가장 중요한 것은 주어진 공간을 어떻게 활용할지 정하는 일이다. 이게 그토록 중요한 이유는 일본의 전통 건축물에 벽이 거의 존재하지 않기 때문이다. 지붕을 지탱하는 기둥들이 일정한 간격으로 설치되어 있을 뿐 나머지는 모두 부가물이다. 아무 데나 미닫이문을 설치하거나 철거할 수 있어 개방감과 시각적 자유가 허용된다. 일본의 가옥은 바람과 빛이 자유롭게 드나드는 야외의 정자와도 같다고 할 수 있다.

옛 가옥들은 놀라울 정도로 넓지만, 거기 사는 사람들은 종이로 된 쇼지障子나 후스마襖 미닫이문을 설치해 이를 곧잘 작은 방과 복도로 나누어 비좁은 생활 공간으로 바꾸어놓는다. 과거에는 겨울의 추위를 막고 대가족의 사생활을 보호하기 위해 필요한 일이었지만, 요즘에는 그런 칸막이가 별로 필요치 않다. 그래서 일본의 가옥을 리모델링할 때 제일 먼저 해야 하는 작업은 쇼지와 후스마를 철거하는 일이다. 복도와 툇마루가 안쪽의 방들과 합쳐져 공간을 극적으로 크게 만들어준다. 치이오리에 처음 입주했을 때는 너무 무거워서 꼼짝도 않는 검은 나무 문들이 방들을 가로막고 있었다. 이것을 걷어내자 어린 소녀가 일기에서 불평했던 숨 막히는 어둠이 상당 부분 사라졌다.

공간의 활용은 전적으로 빛에 달려 있다. 다니자키 준이치로谷崎潤一郞의『그늘에 대하여陰翳礼讚』는 현대의 고전이 된 책이다. 책에서 다니자키는 일본의 전통 예술이 사람들이 살던 어둠에서 비롯되었다고 주장한다. 이를테면 현대 인테리어에서 요란하게만 보이는 황금색 병풍은 일본 가옥의 어두침침한 실내를 힘겹게 뚫고 들어오는 마지막 한 줄기 빛을 살리기 위해 디자인된 것이다.

다니자키는 더 이상 그늘의 아름다움을 깨닫지 못하는 현대 일본을 애통해한다. 옛 일본 가옥에 살아본 사람이라면 누구든 마치 물속에서 헤엄칠 때 그렇듯 빛이 늘 얼마나 모자란지 알고 있다. 어둠의 이런 일상적인 압박 때문에 일본인들은 네온사인과 형광등의 도시를 만들게 되었다. 획일적으로 불을 밝힌 호텔 로비들과 요란한 파친코 업소에서 볼 수 있듯이, 밝음은 현대 일본의 근본적인 욕구다.

오래된 가옥을 복구하려면 형광등 조명을 자제해야 한다는 점은 두말할 필요도 없으나, 이게 일본인들에게는 그리 당연하게 와닿지 않는다. 전통적인 어둑함 속에서 자란 나이 든 세대는 오직 그 모든 그늘로부터 벗어나기를 원할 뿐이어서 형광등의 출현을 반겼다. 젊은 세대도 그다지 나을 바 없다. 서양에서는 보통 부엌과 업무 공간과 사무실에만 형광등을 사용하고, 거실과 다이닝 공간의 천장에는 백열등을 다는 것이 당연시될 정도로 일반적이다. 따라서 일본을 방문하는 서양인들은 가정집, 박물관, 호텔 어디를 가도 형광등의 밋밋하고 푸르스름한 밝은 불빛이 온전하고도 완벽하게 지배하는 환경에 무방비로 노출된다. 최근에 나는 인테리어 디자인을 전공하는 학생 그룹과 얘기하다가 본인 집 안의 조명에 대해 생각해봤는지, 형광등 불빛을 줄이기 위해 뭔가 조치를 취한 적이 있는지 물어보았다. 40명의 학생 중 딱 한 명만 그렇다고 답했다.

가부키 배우이자 영화에 출연하거나 연출도 하는 반도 다마사부로坂東玉三郎는 내게 이렇게 말했다. "서양 영화에는 색조에 따뜻함과 깊이가 있어. 음영이 풍부할 뿐만 아니라 음영 자체에도 색이 있지. 일본 영화에는 음영이 거의 없고, 색조가 밋밋하고 단조로워. 일본인들은 형광등 불빛 아래 살면서 색에 대한 감각을 잃고 있다네."

이야 계곡은 인구가 감소하면서 버려진 민속 수공예품의 보고가 되었다. 나는 오래된 톱, 바구니, 바가지, 반닫이, 대나무를 조각한 도구들로 집을 가득 채워, 치이오리를 일종의 민예품 박물관으로 만들었다. 그러나 이런 물건들이 아무리 훌륭해도 이 집은 무언가를 더 적게 놓을수록 더 아름다워진다는 사실을 깨달았다. 점점 물건들을 덜어내서 결국에는 윤이 나는 나무판으로 된 36평방미터의 마루를 완전히 비워두었다. 툭 트인 마루에 오로지 '구로비카리'만 남자, 집은 노의 무대와도 같은 위엄을 띠게 되었다.

치이오리의 이러한 개방적 트임은 일본의 전통 생활양식 중에 동남아와 폴리네시아로부터 기원한 부분을 드러낸다. 집 전체가 높은 지지대(사실상 나무 기둥 위에 균형을 잡고 서 있다) 위에 올려져 있는 방식이나 지붕의 기둥을 A 프레임 구조로 놓은 것도 동남아시아로부터 왔다. 하지만 이 중에서도 가장 특징적인 것은 '비어 있는 공간'의 기풍이다. 예전에 아버지와 함께 배로 타히티 근처의 섬들을 돌아다니는 여행을 한 적이 있는데, 사람들이 텔레비전 빼면 아무것도 없는 소박한 방에 앉아 있는 모습이 눈에 띄었다. 동남아를 여행할 때 태국과 미얀마의 오래된 가옥들을 보면 불단을 제외하고는 거의 아무것도 없었다.

중국과 한국과 티베트의 가옥은 이와 전혀 다르다. 이런 나라들에는 가난한 사람의 집일지라도 의자와 탁자로 채워져 있다. 중국에서는 가구의 배치가 그 자체로 하나의 예술 장르로 발전했다. 반면 일본의 가옥은 비어 있는 공간이라는 생활양식에 맞춰 지어졌다. 다다미 바닥과 윤이 나는 마룻바닥은 다른 물건을 거부한다. 비어 있고자 한다. 결국에는 모든 장식을 포기하고 빈 공간의 고요함에 투항할 수밖에 없다.

치이오리의 내부를 청소하고 복원하고 나자 다음은 비가 새는 지붕을 수선할 차례였다. 이때부터 나의 길고 긴 '초가지붕 대하드라마'가 시작되었다. 일본 가옥의 지붕에 쓰이는 짚은 칼날처럼 생긴 긴 잎과 섬세한 이삭으로 이루어진 키가 큰 풀로 만든다. 스스키(억새)라는 이름으로 알려져 있는 이 풀은 시인과 화가들이 사랑하는 '가을풀'로 수많은 병풍과 족자 그림에 등장한다. 이를 농가의 지붕용으로 잘라서 묶으면 가야※라고 부른다. 가야 짚은 벼로 만든 짚보다 내구성이 강해서 60년에서 70년까지 갈 수 있다.

초가지붕을 올리는 방법은 다음과 같다. 우선 오래된 가야를 걷어내 지붕의 목재 골조를 드러낸다. 그다음 목재 위에 대나무를 잘라 만든 프레임을 올린다. 프레임 위에 50센티미터나 그보다 좀더 두꺼운 짚더미를 올려서, 짚끈으로 목재에 묶는다. 듣기에는 간단하지만, 나는 엄청난 양의 가야 짚을 마련할 준비가 전혀 되어 있지 않았다. 지붕 올리는 작업을 태평스럽게 계획하고 있던 어느 날, 오모가 나를 잡아끌어 치이오리에 필요한 짚의 양을 계산해주었다. 처마 밑의 공간까지 포함해 집의 바닥 면적은 약 120평방미터였다. 지붕의 면적은 그 숫자의 세 배쯤 된다. 지붕의 평방미터마다 대략 네 묶음의 짚이 필요하므로 전체 짚의 양은 1440묶음이 된다. 한 묶음의 짚이 2000엔이니 짚 값만 해도 288만 엔이다. 요즘의 달러 가치로 환산하면 약 3만6000달러다!

38만 엔의 빚을 갚은 데 5년이 걸렸던 나에게 지붕 전체를 새 짚으로 다시 올리는 일은 불가능했다. 그 대신 오모가 걸어서 반시간쯤 떨어진 곳에 있는 버려진 집을 사도록 도와주었다. 5만 엔을 주고 그 집을 사서 마을 사람들과 쇼치키와 콜로라도에서 온 친구의 도움을 받아 해체했다. 지붕에서 짚을 걷어낸 다음 한 번에 네 묶음씩 등짐을 지고 산길을 걸어 우리 집까지 가져왔다. 오래된 짚이었기 때문에 걸음을 옮길 때마다 이로리 화롯불로 인해 수십 년간 켜켜이 쌓인 숯이 풀썩거렸다. 하루를 마치고 나면 우리는 모두 광부 행색을 하고 있었다.

1977년 여름 우리는 그 짚으로 집의 뒤쪽 지붕을 보수했다. 집 뒤쪽은 북향이라 항상 그늘이 져 습기 문제가 있었기 때문에 앞쪽의 지붕보다 상태가 훨씬 안 좋았다. 동네 지붕 장이는 계곡 깊숙한 곳의 아사 저택 초가지붕을 다시 올리는 일을 하느라 바빴다. 헤이케 지도자의 후손들이 살고 있는 거대한 농가였다. 마을 사람들과 친구들과 나는 축제 분위기 속에서 지붕 뒤쪽의 초가를 직접 올렸다. 오모는 오래된 짚이 이미 약한 상태라서 얼마 가지 못할 거라고 경고했지만 치이오리는 이로써 당분간 구원을 받았다.

그 뒤 몇 년 동안 이야에서의 삶은 행복하고 꿈만 같았다. 나는 가끔 친구들과 마을 아이들과 함께 산속 깊은 곳의 연못으로 수영하러 놀러 갔다. '연기가 자욱한 세계'라는 뜻의 군제부치燻世淵라는 이름으로 알려진 곳이었다. 오모의 어머니가 그곳에 대한 시를 썼는데 군제라는 이름으로 치이오리 내부의 자욱한 분위기를 암시하는 구절이 있었다. 연못까지는 제대로 된 길이 나 있지 않았고 에이지만이 그곳으로 가는 방법을 알고 있었다. 에이지가 가시덤불을 헤치고 나가면 우리는 바위를 기어 넘었다. 세 시간을 그렇게 가면 층을 지어 연못으로 떨어지는 폭포에 이른다. 물은 푸르고 차갑고 아주 깊어서 우리 중 바닥까지 잠수해본 이는 아무도 없다. 마을 사람들은 그곳에 용이 산다고 믿었다. 이들은 군제에서 발가벗고 헤엄치는 것을 용이 달갑잖게 여길 거라고 경고했지만 우리는 옷을 벗고 뛰어들어가 수영했다. 연못에서 물장구치며 오후를 보내고 나서 집으로 돌아올 때쯤 예외 없이 비가 쏟아졌다. 비의 신인 용이 분노를 드러낸 것일까.

저녁이 되면 우리는 마당으로 나가 별똥별을 바라보곤 했다. 별똥별은 아주 흔해서 한 시간에 일고여덟 개도 볼 수 있었다. 그러고는 집 안으로 들어가 귀신 이야기를 하고, 마루 한가운데의 초록색 모기장 동굴로 기어들어가 서로 한데 모여 잠들었다.

오래된 일본 가옥을 소유하는 것은 아이 키우기와 같다고들 이야기한다. 계속해서 새로운 옷을 사주어야 한다. 다다미 바닥을 갈아줘야 하고 미닫이문의 창호지를 새로 발라줘야 하고 툇마루의 썩은 나무를 바꿔줘야 한다. 아무것도 하지 않고 놔두어서는 안 된다. 치이오리도 물론 예외가 아니었고, 특히 지붕 문제는 쉽고 빠르게 해결할 수 있는 방법이 도무지 없었다. 1980년대 초가 되니 지붕 뒤쪽의 초가에서 다시 비가 새기 시작했다. 이제는 동네 지붕장이를 고용해 지붕을 완전히 새로 올리는 방법밖에 없다는 게 명확해졌다.

그렇게 짚을 구하기 위한 나의 두 번째 프로젝트가 시작되었다. 그러나 1980년대가 되자 사람들이 계곡을 버리고 떠나는 상황이 더 심각해졌고, 이야 계곡에 남은 사람들은 전통 생활 양식의 대부분을 버렸다. 오래도록 찾아 헤맨 끝에 나는 마침내 이야 계곡에 아직 남아 있는 마지막 스스키 재배지를 찾아냈다. 그 뒤로 5년에 걸쳐 1500묶음의 짚을 모았다. 그리고 그 과정에서 이야 계곡의 시골 문화에서조차 천연 소재를 다루는 복잡한 기술이 얼마나 크게 발달해 있는지 목격할 수 있었다. 예를 들면 짚에는 여러 종류가 있는데, 그중 하나는 시노篠라고 불린다. 이 짚은 마른 줄기에서 잎들이 모두 떨어지는 초봄에 베어들인다. 보통의 짚보다 밀도가 높은 시노는 지붕의 가장자리에만 쓰인다.

억새 짚 외에 트럭 몇 대분에 달하는 볏짚도 필요했다. 지붕장이는 지붕 가장자리 밑에 볏짚을 한 층 깔아 처마가 살짝 들려올라가는 곡선을 만든다. 각각 다른 각도로 자른 여섯 종류의 대나무도 필요했다. 이 대나무들은 시코쿠의 서로 다른 지역에서 구해야 했고, 벌레가 먹지 않도록 특정한 시기에 베어야만 했다. 거기다 세 종류의 밧줄과(서로 다른 무게의 두 볏짚과 야자 섬유 밧줄) 썩은 지붕 목재를 대체할 백 개의 삼나무 기둥, 처마에 놓을 삼나무 널빤지들도 필요했다. 마지막으로, 지붕을 얹을 때 쓰는 1미터에 달하는 강철 바늘과 같은 신기한 도구들이 있다. 지붕장이가 밧줄을 바늘코에 넣어 바늘을 짚더미 사이로 찔러넣으면 아래 있는 사람이 밧줄을 들보에 둘러 묶는다. 그리고 밧줄 끝을 다시 바늘코에 넣어 바늘을 위로 뽑아올린다. 지붕장이는 밧줄 끝을 묶어서 짚더미를 지붕 들보에 안전하게 고정시킨다.

두 번째로 치이오리에 지붕을 올리는 비용은 실로 어마어마한 부담이었다. 여비와 임금을 포함해서 1200만 엔에 달했다. 일본에서 유일하게 가치가 떨어진 부동산을 소유한 사람에게 대출을 해주려는 은행은 어디에도 없었다. 나는 친구와 가족에게 빌리는 돈에 기대어 전액을 현금으로 지불해야 했다.

지붕 올리는 작업은 1988년에 끝났다. 오모와 쓰루이 마을 사람들과 미국, 고베, 교토, 도쿄에서 온 친구들이 모두 참여한 6개월간의 작업이었다. 우리가 사용했던 스스키 밭은 작업이 끝나고 밤나무 밭으로 개간되었다. 늙어가는 마을의 지붕장이에게는 후계자가 없었고, 어쨌거나 그의 솜씨를 필요로 하는 일은 더 이상 없었다. 정부가 보물로 지정한 두 집을 제외하면 이야 계곡에는 이제 초가지붕을 올릴 예정인 곳이 없었다. 정부가 관리하는 집들은 수십 년 뒤 지붕을 다시 해야겠지만 그때가 되면 필요한 재료와 인력은 외부에서 들여올 수밖에 없다. 치이오리는 이야에서 재배한 짚으로 이야의 지붕장이가 지붕을 올린 마지막 집이었다.

잉글랜드 시골의 오두막부터 남태평양의 야자수 잎을 덮은 집들까지, 돌이나 금속 혹은 기와가 아니라 나뭇잎으로 지붕을 덮은 집들에는 독특한 매력이 있다. 다른 재료들은 대체로 인위적인 느낌을 주지만 나뭇잎은 자연에 더 가깝기 때문이 아닌가 싶다. 초가지붕 오두막은 사람이 지은 것 같지 않고 마치 이끼나 버섯처럼 땅에서 자라난 것처럼 보인다.

일본에서 초가지붕의 시대는 마지막에 와 있다. 사원이나 다실이나 정부가 보호하는 문화 시설, 그리고 아직 남아 있는 몇 안 되는 농가가 마지막 사례들일 것이다. 대부분의 지붕은 양철이나 알루미늄으로 덮였다. 시골길을 운전해서 가다보면 독특하게 높이 솟은 지붕의 형태 때문에 원래 초가지붕이 덮여 있던 집들을 쉽게 알아볼 수 있다. 그런 집들의 양철 지붕 아래에는 오래된 지붕의 들보가 있고 어떤 곳은 짚이 남아 있기도 하다.

초가지붕은 유지 보수가 힘들고 비싸다고들 한다. 초가지붕을 올리느라 개인적으로 심각한 재정 문제를 겪었던 나로서는 부정하기 힘든 사실이다. 하지만 여기서 전통 산업을 보전하는 문제에 관한 흥미로운 교훈을 얻을 수 있다. 초가지붕의 짚이 원래 비싼 것은 아니다. 전통적으로 모든 마을에는 억새밭이 있었고 마을 사람들이 겨울에 짚을 거둬들이는 것은 정기적인 농경 사이클의 일부였다. 거둬들인 짚을 다양한 종류의 대나무와 볏짚과 통나무와 함께 보관했다가, 지붕을 다시 올려야 할 집이 생길 때마다 그 재료들을 공동 자원으로 사용했다. 재료는 풍부했고 특별히 따로 주문할 필요가 없었다. 지붕장이는 연중 내내 일이 있었으므로 비싼 값을 청구할 필요가 없었다. 그러나 지붕 올리는 일에 대한 수요가 떨어지자 악순환이 생겼다. 짚이나 대나무 같은 평범한 재료의 값이 천정부지로 치솟았고, 그러자 그 비용을 내려 하거나 혹은 낼 수 있는 사람이 확 줄었다. 여기서 아이러니는 비싼 가격 때문에 초가지붕이 사라진 것이 아니라, 사라졌기 때문에 가격이 비싸졌다는 사실이다.

유럽에도 같은 현상이 있다. 초가지붕의 수가 줄어들자 가격이 올랐고, 요즘에는 초가지붕이 일종의 사치품이 되었다. 하지만 잉글랜드나 덴마크에는 여전히 수천 채의 초가지붕 가옥이 존재한다. 마을 전체가 초가집인 곳도 있다. 지붕장이들에게는 꾸준히 일거리가 있고, 짚을 계속해서 거둬들인다. 비용이 비싸기는 하지만 천문학적인 숫자는 아니다. 그 결과 초가지붕이 시골 경관에서 여전히 중요한 지위를 유지하고 있다.

일본이 초가지붕을 거부한 일은 비극적이다. 초가지붕이 일본의 문화 전통에서 대단히 중요한 자리를 차지하고 있었기 때문에 그렇다. 다른 많은 나라에도 초가지붕이 있었지만 그것은 농민들의 물건이었다. 중국에서 아일랜드까지, 교회와 궁궐과 부자들의 저택은 예외 없이 기와나 돌이나 금속으로 지붕을 덮었다. 하지만 일본에서는 헤이안 시대부터 짚이야말로 엘리트들이 선호하는 재료였다. 교토의 황궁은 삼나무 조각을 넣은 초가지붕으로 되어 있다. 신도의 가장 중요한 사원인 이세신궁은 가야로 지붕을 올렸다. 가장 유명한 다실들은 가야나 나무껍질로 지붕을 만든다. 그림이나 시, 종교나 예술에서 초가지붕은 우아함의 중요한 기조로 여겨졌다. 소박한 자연 소재를 세련되게 이용하는 능력은 일본의 전통을 규정하는 특성 중 하나였다. 그런 면에서 초가지붕을 잃는다는 것은 단순히 농촌의 개발로 생겨난 얄궂은 현상의 하나가 아니라, 심장을 때리는 아픔이다.

여기까지 생각하면 이야 계곡이라는 동화의 어두운 면을 들여다보지 않을 수 없다. 내가 처음 이야 계곡에 발을 들여놓았던 25년 전, 일본의 체계적인 환경 파괴는 이미 점점 눈에 띄게 드러나고 있었지만, 이 문제에 대한 대중의 저항이라든가 공적인 토론은 거의 존재하지 않았다. 파괴는 점점더 빠른 속도로 진행되었고 이제 일본은 세계에서 가장 추한 나라의 위치를 차지하고 있다. 외국에서 일본을 방문하는 내 친구들은 거의 예외 없이 실망한다. 하코네 공원 같은 보여주기식 공간들을 제외하면 일본의 시골은 철저하게 더럽혀

졌다. 친구들은 내게 이렇게 묻는다. "간판이나 전선이나 콘크리트가 안 보이는 곳을 가려면 어디로 가야 돼?" 나는 대답할 말을 찾을 수 없다.

3만 개에 이르는 일본의 강과 하천 중에 오로지 세 곳에만 댐이 설치되지 않았고 그마저도 강바닥과 강둑을 콘크리트로 씌워놓았다고 한다. 수천 킬로미터에 달하는 일본 해안선 중 30퍼센트를 이제 콘크리트 블록이 덮고 있다. 일본 정부는 생태 균형을 철저히 무시한 채 나라의 삼림을 관리하고 있다(일본의 숲에는 삼림감시원이 없다). 수억 달러를 쏟아붓는 정부 보조금은 모두 숲에다 조림산업을 하는 데 쓰이고 있다. 산림 토지의 소유주들에게 원시림을 똑바로 줄 맞춰 심은 삼나무 숲으로 대체하도록 장려한다. 이런 정책 탓에 가을 단풍을 보러 가려 해도 이제는 찾기가 쉽지 않을뿐더러 여기저기 흩어져 있다.

그리고 전깃줄을 어떻게 할 것인가! 일본은 전 세계 선진국 중에 마을과 도시의 전깃줄을 땅에 매설하지 않는 유일한 나라고, 이것이 일본의 도시들이 지저분한 시각적 인상을 주는 주된 이유다. 교외로 나가면 전깃줄 상황은 더 악화된다. 예전에 요코하마의 새 거주 지구인 고호쿠 신도시에 초대받아 구경 간 적이 있다. 어디를 봐도 거대한 철탑들과 그보다 작은 전봇대들이 여러 겹으로 뒤엉켜 있는 것이 놀라웠다.

머리 위로 전깃줄의 어지러운 거미줄이 하늘을 어둡게 가리고 있었다. 도시 개발의 모델로 여겨지는 곳이 이런 경관이라니. 좀더 시골로 가보면 전력 회사들은 그 어떤 제약도 받지 않고 아무 곳에나 철탑을 세운다. 이런 탑들이 언덕과 계곡을 뒤덮고 있는 효과가 압도적이라 마치 아름다운 경관을 해치기 위한 분명한 목적으로 세워진 게 아닌가 싶을 정도다.

영화감독 구로사와 아키라는 몇 년 전 인터뷰에서 이렇게 말했다. "최근 수년 동안 일본의 황야가 너무 황폐해져서 이제 영화를 찍기가 점점 힘들어지고 있습니다." 어느 정도냐 하면 단순한 리트머스 시험이 어떤 경관에든 어김없이 적용되는 수준에 이르렀다. 텔레비전이나 포스터에서 광활한 황야가 보이거든 콘크리트나 전깃줄을 찾아보라. 하나도 보이지 않는다면 그 장면은 세트이거나 혹은 해외에서 촬영되었을 가능성이 압도적으로 높다.

당나라의 시인 두보의 시에 다음과 같은 유명한 구절이 있다. "나라는 망해도 산하는 남아 있어國破山河在." 일본에서는 그 반대의 일이 벌어졌다. 나라는 번영하지만 산과 강이 실종되었다. 건축가 다케야마 세이竹山聖는 이러한 사태를 불러온 단 하나의 이유가 있다면 그것은 초점에 집중하는 일본인의 능력이라고 지적했다. 이것이 시인이 전 우주를 잊고 연못에 뛰어드는 단 한 마리의 개구리에 집중하는 하이쿠를 탄생시킨 능력이다. 불행히도 환경에서는 똑같은 능력이 일본인으로 하여금 한 조각의 예쁘고 푸른 논만 보고 그걸 둘러싼 산업단지는 알아차리지 못하게 한다. 최근에 내가 살고 있는 도시인 가메오카시의 청년상공위원회에서 연설을 한 적이 있다. 고속도로에서 밖을 내다보면 주변의 산 위로 우뚝 솟은 거대한 공공 철탑이 족히 60개는 넘는다고 말하자 청중은 크게 놀랐다. 이들 중 어느 누구도 그런 철탑에 주의를 기울여본 적이 없었던 것이다.

그러나 나는 일본인들이 헤이안 시대의 섬세한 감수성을 완전히 잃지는 않았다고 믿는다. 마음속 깊은 곳 어딘가에서 이들은 일본이 추한 나라가 되어가고 있다는 사실을 알고 있다. 이 문제에 대해 이야기하고 글을 쓰기 시작한 이후로 내 우편함은 이런 상황에 대해 나만큼이나 가슴 아파하는 일본인들이 보내온 편지로 가득 찼다. 나는 이것이 일본이 21세기에 마주해야 할 가장 중요한 문제의 하나라고 확신한다. 오랜 세월 동안, 심지어 외국인들 사이에서도 자연의 파괴가 '전기를 들여오는 것이 더 중요해'라든지 '경제적으로 필요한 개발이었어'와 같은 변명과 함께 묵살되어왔다. 하지만 세계에서 가장 잘나가는 경제 대국 중 하나에게 이런 말은 분명 모욕적이다. 일본인들은 더 이상 전기를 처음 경험해 흥분하는 가난한 농민들이 아니다. 다른 나라들은 전봇대를 처리하는 방법들을 개발해왔다. 예를 들어 스위스에서는 기둥의 숫자를 최대한 줄이기 위해 전봇대 여러 개를 하나로 묶도록 한다. 기둥은 초록색으로 칠하고 시야를 방해하지 않도록 능선보다 낮게 설치하게끔 되어 있다. 독일은 강둑에 풀과 곤충이 자랄 수 있도록 돌과 거친 콘크리트를 깔아서 생태계를 보호한다. 반면 일본은 이런 기술들을 완전히 무시해왔다.

그것이 국내 여행 산업에 미치는 영향은 이미 드러나기 시작했다. 해외여행은 사상 최대 호황인데 국내 여행은 줄어들고 있다. 국내의 추한 풍경에서 벗어나고자 해외로 여행하는 수백만 사람들의 뜻을 반영하고 있는 것이다. 그러나 대중의 경각심이 높아지고 있음에도 불구하고 일본의 환경 파괴는 더욱 가속화되었다. 간혹 시골길을 운전해서 가다가 불도저가 산을 밀어내고 있거나 강에 콘크리트를 덮고 있는 광경을 보면 공포를 느끼지 않을 수 없다. 일본은 거대하고 무시무시한 기계가 되었다. 자신의 땅을 강철 이빨로 찢어발기는 이 몰록˙을 막을 수 있는 방법은 어디에도 없다. 간담을 서늘하게 만들기에 충분하다.

고대 가나안과 북아프리카의 신

요즘 나는 치이오리를 거의 찾지 않는다. 다행히 집을 둘러싸고 있는 산들은 여전히 아름다움을 간직하고 있다. 하지만 이야 계곡으로 가는 길과 내해, 가가와현과

도쿠시마현은 철저하게 변형되어서 치이오리로 가는 여정 자체가 우울해지고 있다. 이야 계곡 내부에는 산림 사이로 길을 내다보니 이제는 외딴 군제부치 연못에까지 쓰레기와 폐기물이 차오르고 있다. 정원 가장자리의 석벽에서 내다보면 반대편 산자락에 점점이 콘크리트 보호벽이 보이고 이야 강의 둑에는 철로 된 전봇대가 늘어서 있다. 산을 좀먹어가는 기계가 쓰루이까지 닥치는 것은 시간문제다. 불편한 감정 없이 풍경을 바라볼 수가 없다.

이야 계곡의 집을 처음 발견했을 때는 산속 깊은 곳에서 사는 현자의 삶을 상상했다. 예찬의 신비한 그림에 등장하는 것처럼 구름 위로 높이 솟아오른 에메랄드 빛 바위 꼭대기에 자리 잡은 고독한 초가지붕 오두막에서 사는 삶 말이다. 그러나 내가 사랑하는 산속의 삶이 오래가지 않으리라는 사실은 점점 더 명확해졌다. 그래서 나는 이야 계곡으로부터 시선을 돌려 다른 곳에서 꿈의 세계를 찾기 시작했다. 1978년에 나는 가부키 배우 다마사부로를 만나 전통 예술의 세계로 초대받았다. 성에서 살고 싶다는 나의 꿈은 이야 계곡으로부터 장소를 옮겼다. 산꼭대기 성에서 무대 위의 성으로.

그해, 나는 산에서 내려오기로 결심하고 도쿄의 가부키 극장으로 향했다. 물론 이야 계곡을 완전히 단념한 것은 아니다. 그 뒤로도 수년 동안 나와 내 친구들은 치이오리에 지붕을 이는 프로젝트를 포함해 이야에서 다양한 경험을 계속했다. 거실의 노 무대에서는 수많은 공연이 이뤄졌다. 에이지가 오모의 막내딸과 옛 꼭두각시 인형 복장을 하고 나와 마을 사람들 앞에서 사무라이 이야기를 공연하기도 했다. 또 지금은 일본의 대표적인 부토舞踏 무용가가 된 쇼치키의 아내 세쓰코가 집 안의 검은 마루판에서 시작해 바깥의 눈밭에서 끝나는 황홀경의 춤을 선보이기도 했다. 한 사진가가 치이오리에 6개월 동안 살고 훗날 쓰루이의 삶을 포착한 사진집을 내기도 했다. 영국의 인류학자 커플이 여름 한철을 살고 가기도 했다. 이런 식으로 이야 계곡은 계속해서 은신처 역할을 했다.

이 지역에 대한 희망적인 조짐도 보인다. 부유한 현대 일본에서 이야의 남자들이 신붓감을 찾기 어렵다는 문제가 최근까지 있었다. 타지의 여성들은 이야 계곡과 같은 가난에 찌든 산골로 이사오고 싶어하지 않는다. 이에 이야 계곡은 1980년대에 필리핀에서 신부를 데려오는 새로운 계획에 착수했고, 전국적인 논란을 불러일으켰다. 결과는 성공적이었고 그 뒤로 다른 외딴 마을들도 이 계획을 따라 했다. 인구 과소 현상은 여전히 심각하지만 이로 인해 이야 계곡에 새로운 피가 공급되고 있고, 고대의 동남아 뿌리가 복원되고 있다. 많은 젊은이가 마을을 떠났지만, 가령 에이지는 10년간 외지에서 터널 설계자로서 번 돈을 갖고 계곡으로 돌아왔다. 그는 언덕 위쪽의 집에서 필리핀인 부인과 어린 아들과 함께 살고 있다. 또한 치이오리의 지붕이 새로 단장되고 이웃의 또 다른 집이 중요 문화재로 지정되고 나서, 쓰루이를 '특별 문화지역'으로 선정한다는 얘기까지 나오고 있다. 언젠가 실현될지도 모른다.

　1978년의 겨울은 지독히도 추웠다. 쓰루이에서 내려오던 날, 오모의 어머니는 나를 위해 이런 하이쿠를 지어주었다.

　아침녘의 산あさの山

　뒤에서 날 붙드네うしろがみひく

　눈단장하고雪化粧

3장

가부키

소금만이

남는다

1977년 여름 긴 대학생활이 끝나고 나는 교토 서쪽의 작은 도시 가메오카에 있는 오모토교大本敎라는 이름의 신도 재단에서 일하기 위해 일본으로 돌아왔다. 오모토교의 설립자는 '예술은 종교의 어머니'라고 말했다. 그리고 그 철학을 지키기 위해 여름마다 전통 일본 예술(다도와 노 공연 등) 세미나를 후원했고, 나도 1976년 거기에 참석했다. 오모토교에서 내가 맡은 일은 예술과 관련된 국제 활동을 돕는 것이었다.

하지만 가메오카에서의 처음 몇 달은 극도로 외로웠다. 오모토교에서 다도와 노를 공부할 기회를 제공해주기는 했지만, 형식으로 가득한 세계는 내 흥미를 끌지 못했다. 진지한 기질을 가진 사람에게 다실의 고요함과 노의 형식미는 영감의 대상일 것이다. 그러나 내게는 진지한 기질이 없음을 약간의 죄책감과 함께 솔직히 인정해야 했다. 나는 교토의 사원들을 돌아다니며 주의력를 분산시키려고 해봤지만 얼마 지나지 않아 갈퀴로 정갈하게 긁어놓은 모래밭에 진력이 났다. 모든 나무의 가지가 다듬어져 있으며 모든 제스처가 정해진 재미없고 형식화된 교토 말고 다른 게 필요했다.

그해 여름 오모토교의 교주에게 중요한 손님이 찾아왔다. 인도 시킴에 있는 사원의 주지인 티베트의 라마승 도모 게셰 린포체였다. 그는 신통력을 가진 것으로 이름이 나 있었다. 여름이 끝나가던 어느 날 우리는 가메오카의 어느 비어 가든에서 만났다. 도모 게셰의 신통력에 대한 명성을 알고 있던 나는 단도직입적으로 불쑥 물었다. "저는 무엇을 해야 합니까?" 그는 나를 훑어보고는 이렇게 말했다. "자네는 다른 세상을 추구해야 하네. 지구가 아니라면 달에서. 달이 아니라면 또 다른 어딘가에서. 올해 말이면 반드시 그 세상을 찾게 될 걸세."

도모 게셰는 교토의 자잘한 일을 비서인 게일에게 맡겨놓고는 미국으로 떠났다. 12월의 어느 날 게일이 나에게 가부키 공연을 보러 가자고 초대했다. 나는 어릴 때 가부키 공연에 끌려간 적이 있긴 하지만, 유일한 기억이라고는 못생긴 할머니들이 거칠고 쉰 목소리를 내던 것뿐이었다. 그것이 바로 온나가타女型·女方였다(여성의 역할을 하는 남자 배우). 초대가 크게 내키지는 않았지만 달리 할 일이 없었던 나는 공연을 보러 게일과 함께 교토의 미나미자南座 극장으로 향했다.

그 공연은 교토의 가오미세顔見せ(글자 그대로 '얼굴을 보인다'는 뜻)였다. 가부키의 대표 배우들이 도쿄에서 내려와 올해의 갈라 퍼포먼스에 서는 자리였다. 무대 옆으로 늘어선 박스석에는 화려하게 차려입은 게이샤들이 앉았고, 로비에는 교토의 세련된 부인들이 한데 몰려 서로 극도의 예를 주고받고 있었다. 하지만 우리는 그런 데 끼기에는 너무 가난했다. 구할 수 있는 가장 싼 티켓을 사서 천장 근처의 높은 객석으로 올라갔다.

'후지무스메藤娘'의 춤이 시작되고 나는 아가씨 역할을 하는 온나가타가 어릴 적 기억 속의 못생긴 할머니가 아니라 정말 그림처럼 사랑스러운 배우임을 알 수 있었다. 피리와 북의 연주가 빠르게 흘렀다. 미끄러지는 발과 불가능한 각도로 꺾이는 댄서의 목과 손목은 장난스럽고도 감각적이었다. 모두 어릴 때는 놓쳤던 것이다. 나는 무대에 완전히 반해버렸다.

춤이 끝나고 게일은 놀랍게도 내가 25세 정도라고 생각했던 온나가타가 당시 60세이던 베테랑 배우 나카무라 자쿠에몬中村雀右衛門이라고 알려주었다. 극장을 나서서 게일은 나를 가이카開化라는 근처 찻집으로 데려갔다. 찻집 주인이 내게 그날의 가오미세에 대해 어떻게 생각하느냐고 물었고, 나는 '자쿠에몬은 놀라웠어요. 60세의 몸이 그토록 완벽하게 감각

적일 수 있다니요'라고 답했다. 주인은 내 옆에 앉아 있던 여
인을 가리키며 말했다. '이 사람이 지금 자쿠에몬과 약속이
있어요. 따라가보지 그래요?' 그렇게 나는 어느새 미나미자
극장의 무대 뒤편에 가 있었다. 아까까지만 해도 저만치 아
래 무대에서 춤추던 광경 속의 자쿠에몬. 멀리서 바라보기만
할 뿐 만날 개연성이라곤 전혀 없던 그와 내가 지금 무대 뒤
에서 이야기를 나누고 있었다.

　여전히 분장을 하고 있던 자쿠에몬은 40세 정도의 교토
귀부인처럼 보였다. 하지만 그에게는 은밀한 미소가 있었
고, 붉은색과 검은색으로 라인을 그린 눈에서 요염한 곁눈질
이 언뜻언뜻했다. 나가시메流し目(글자 그대로 '흐르는 눈'이라
는 뜻)라고 불리는 이런 곁눈질은 옛 일본 미인의 대표적인
특징이었고 창부와 온나가타를 그린 수많은 판화에서 찾아
볼 수 있다. 나는 그걸 눈앞에서 보고 있었다. 검은 복장을 한
도우미가 작은 접시를 내왔고, 자쿠에몬은 거기에 하얀 분과
붉은 립스틱을 부드러운 손놀림으로 섞었다. 그는 그렇게 만
들어진 '온나가타 핑크'에 붓을 적셔서 네모난 시키시色紙 종
이에 꽃花이라는 한자를 써서 내게 주었다. 그러고 나서 가발
과 의상과 분장을 걷어내자, 검게 그을린 피부에 짧은 머리
를 한 남자가 거친 오사카 비즈니스맨 같은 모습을 드러냈다.
그는 걸걸한 목소리로 "또 봅시다"라고 무뚝뚝하게 내뱉고

는 흰 양복에 선글라스 차림으로 방에서 걸어 나갔다.

나에게 가부키 세계로 통하는 비밀의 문은 찻집 가이카였다. '탈바꿈'을 뜻하는 가이카는 1868년 메이지 유신 이후 일본에서 일어났던 분메이가이카文明開化(문명의 탈바꿈)를 가리킨다. 가이카의 주인은 원래 가부키 온나가타였고 찻집 내부는 메이지와 다이쇼 시대의 극장을 꾸몄던 장식으로 가득했다. 미나미자 극장과 가까이 있었으므로 가이카는 배우들과 전통 일본 음악 및 무용의 스승들이 서로 만나는 장소였다.

자쿠에몬의 공연을 본 뒤로 나는 다른 다양한 배우의 공연도 볼 기회가 있었다. 그중에는 가이카 주인의 어린 시절 친구인 가와라자키 구니타로河原崎國太郎도 있었다. 60대였던 구니타로는 세기의 전환기에 아버지가 긴자에서 도쿄 최초의 커피하우스를 운영했기 때문에, 메이지 '개화'의 진정한 총아라고 할 수 있다. 젊은 시절 구니타로는 전통 가부키에서 벗어나고자 했던 일군의 좌파 지식인들 모임에 가입해서 젠신자前進座라는 진보 극단을 공동 설립했다. 구니타로는 입이 거친 노파를 의미하는 아쿠바惡婆 역할에 특히 능숙했다. 신랄한 재담을 관객에게 '던져대는' 그만의 독특한 기교인 '스테세리푸捨て台詞'를 배우려고 다른 배우들이 그를 찾아오곤 했다.

나는 젠신자에서 시대에 매우 역행하는 온나가타와 같은

역할을 둔 이유가 궁금했다. 가부키는 원래 1600년대 초반에 여성만으로 이루어진 극단으로 시작되었다. 그러나 에도 시대를 거치면서 여성은 부도덕한 행위를 일으킬 위험이 크다는 이유로 가부키 무대에 출연이 금지되었다. 그 자리를 차지한 것이 온나가타다. 메이지 초기에 온나가타를 실제 여성으로 대체하려는 시도가 잠깐 있었으나 관객들이 거부했다. 당시의 가부키에는 온나가타의 예술이 완벽하게 자리 잡고 있어서 진짜 여성은 그 역할을 제대로 할 수 없었다. 메이지 시대가 지나고 여성들은 현대극 무대에서 자리를 찾았다. 그러나 온나가타는 젠신자나 일본 무용과 같은 뜻밖의 공간에서, 심지어 가부키 바깥에서도 계속 존재한다.

얼마 지나지 않아 나는 다마사부로라는 이름의 온나가타가 있다는 이야기를 들었다. 여느 온나가타들과 달리 그는 텔레비전과 포스터와 광고 같은 가부키 바깥의 세상에서 명성을 얻은 사람이었다. 1967년, 다마사부로는 17세의 나이에 「사쿠라히메 아즈마 분쇼櫻姬東文章」에 출연해 대중의 눈길을 사로잡았다. 미시마 유키오가 그를 위해 극을 쓰고 십대 소녀들이 극장을 에워쌌다. 한 세기 만에 처음으로 가부키 온나가타가 대중 스타가 된 것이다.

미나미자에서 있던 가오미세 다음 해의 2월, 나는 도쿄의 신바시 엔부조 극장에서 다마사부로가 연기하는 것을 처음

보았다. 가부키의 '백조의 호수'라고 할 수 있는 「사기무스메 鷺娘」였다. 「사기무스메」에서는 소녀가 하얀 백로의 모습으로 눈 속에서 춤을 춘다. 하얀색, 자주색, 붉은색의 옷으로 차례로 갈아입으며 그녀는 소녀 시기를 거쳐 청춘기와 첫사랑의 시기를 지난다. 그러다가 비통함을 맛보고 날개에(옷소매) 상처를 입는다. 정신을 놓고 눈 속을 미친 듯이 휘젓고 다닌다. 마지막에는 붉은 펠트 천으로 덮인 단상에 올라 고통과 분노로 일그러진 얼굴을 한 채 마지막 포즈를 취한다.

춤은 조용하게 시작한다. 새하얀 기모노를 입고 머리에 하얀 천을 덮어쓴 사기무스메가 무대 중앙에서 천천히 방향을 튼다. 움직임은 아주 부드럽고 완벽하게 통제되어 있어서 대리석 조각상처럼 보인다. 다마사부로의 얼굴은 천에 가려져 아직 보이지 않지만, 이미 고요하고 어둑한 눈 덮인 세상을 연상시키고 있다. 천이 떨어지면서 눈부시게 하얀 천사의 순결한 얼굴을 드러낸다. 관객들은 숨을 헉 들이마신다. 이 사람은 보통의 온나가타가 아니다. 형용하기 불가능한 다마사부로의 아름다움은 무지개나 폭포와도 같은 거의 하나의 자연현상이다. 마지막에 길고 검은 머리를 풀어헤친 채 붉은 단상에 올라 마법의 지팡이를 휘두르는 사기무스메는 하늘의 분노를 일깨우는 고대의 무녀 같다. 내 주변의 관객들은 울고 있었다.

나중에 가이카 주인의 친구 하나가 나를 무대 뒤 다마사부로의 분장실로 데리고 갔다. 분장을 지운 다마사부로는 전철에서 옆자리에 앉을 법한 누군가와 크게 다르지 않은 키 크고 마른 젊은이였다. 무대 위에서 보여주었던 슬픔이 서린 여성성과는 대조적으로 그는 똑부러지고 쾌활하고 재미있는 사람이었다. 당시의 그는 27세로 나보다 두 살이 많았다.

일본의 봉건적 과거 유산을 거의 완벽하게 보존하고 있는 가부키는 몇 안 되는 오래된 가문들이 장악하고 있다. 배우들은 귀족 체제의 남작이나 공작처럼 자신들이 물려받은 이름의 중요성에 따라 서열이 매겨진다. 가부키 가문에서 태어나지 않은 배우들은 평생 구로코黒子로 보낼 운명이다. 관객에게는 보이지 않는 것으로 하고 무대에 올라 소품을 건네주거나 배우의 복장을 벗기거나 매만지는 일을 하는 검은 옷차림의 역할이다. 이들은 기껏해야 줄지어 선 시녀나 시종 중 하나로 출연할 뿐이다. 하지만 간혹 외부에서 서열에 진입하는 사람들이 있는데 다마사부로가 그중 한 명이었다.

다마사부로는 가부키 가문에서 태어나지는 않았지만 네 살의 나이에 춤을 추기 시작했다. 여섯 살에는 가부키 배우 14대 모리타 간야守田勘彌에게 입양되어 반도 기노지라는 이름의 아역 배우로 무대에 섰다. 이때부터 그의 일생은 무대가 전부였다. 공부도 고등학교까지만 했다. 나를 만났을 때 그는 마침 첫 유럽여행에서 돌아온 직후여서 외국의 문화에 대해 누군가와 절실히 이야기하고 싶어하던 상태였다. 옥스퍼드를 갓 졸업했던 나는 그에게 이상적인 상대였던 것 같다. 나로서는 「사기무스메」 공연을 막 봤던 터라 그의 천재적 연기에 아직 매료되어 있었고 일본의 무대예술에 대해 물어볼 것이 많았다. 우리는 대번에 마음이 맞았고 빠르게 친구가 되었다.

그때부터 나는 오모토교의 일을 등한시하고 기회 될 때마다 가부키를 보러 기차를 타고 도쿄에 갔다. 자쿠에몬과 다마사부로는 내게 공짜로 무대 뒤를 둘러볼 수 있도록 해주었다. 다마사부로의 양어머니 간시에藤間勘紫惠는 일본 무용의 대가라서 종종 그녀의 수업을 참관하기도 했다. 5년여의 세월 동안 나는 가부키 극장에서 살았다.

내게 가부키는 일본 문화의 두 축인 관능성과 형식미 사이에서 완벽한 균형을 잡고 있다고 느껴진다. 한쪽에는 에도 시대의 요란한 우키요浮世(뜬 속세)를 탄생시킨 일본의 자유분방한 성문화가 있다. 창부, 화려한 목판화, 여장남자, 남장여자, '나체 마쓰리', 화려하게 장식된 기모노 같은 것이 여기에 속한다. 이는 고대 동남아가 일본에 끼쳤던 영향의 흔적이고, 베이징이나 서울보다는 방콕에 더 가깝다. 실제로 16세기 말 베이징에서 나가사키까지 찾아왔던 초기 예수회

사람들이 쓴 편지를 보면 일본인의 화려한 복장과 베이징 서민들의 길고 칙칙한 옷을 대조하고 있다.

동시에 일본에는 과도한 장식에의 경향이 있다. 예술이라고 하기에는 노골적인 값싼 관능에 대한 경향이다. 일본은 이를 자각하고 관능으로부터 멀어지려고 한다. 이들은 예술과 삶을 순수한 정수만 남을 때까지 다듬고, 정제하고, 늦추고, 줄이려고 한다. 이러한 반응으로부터 다도의 예식과 노와 선禪이 탄생했다. 일본 예술의 역사를 보면 이 두 경향이 서로 경쟁하는 것을 알 수 있다. 무로마치 말기에는 화려한 황금 병풍의 인기가 높아졌다. 그러다가 다도의 대가들이 출현하면서 갑자기 투박한 흙색 다기가 미학적인 것이 되었다. 에도 말기에는 중심추가 다시 창부와 유곽으로 돌아왔다.

오늘날에도 이 경쟁은 계속된다. 요란한 파친코 업소며 심야의 외설적인 텔레비전 프로그램이 있는가 하면, 그 모든 것에 대한 반작용으로 내가 '멸균 과정'이라고 부르는 것이 있다. 정원이란 정원은 모두 갈퀴로 긁어놓은 모래로 채우고 현대 건축물은 전부 평평한 콘크리트와 화강암으로 덮어야 하는 경향성이다. 그러나 가부키는 이 가운데서 완벽한 균형을 잡고 있다. 가부키는 대중 예술로 시작했고 해학과 날것의 감정과 성적 유혹으로 넘쳐난다. 동시에 그것은 수백 년의 세월을 거치면서 관능성 안에 시간을 초월한 '멈춤'이 존재하는 경지까지 느려지고 세련되어졌다. 일본만의 특별한 성취라고 할 수 있는 명상적 고요함이다.

다른 모든 극예술과 마찬가지로 가부키도 환영의 세계다. 극도로 다듬어진 의상과 메이크업과 가타型('형식'으로 정해진 동작)로 인해 가부키는 그중에서도 가장 극적인 환영을 보여준다고 할 수 있다. 우아한 귀부인의 분장을 지우면 오사카 비즈니스맨이 눈앞에 등장한다.

언젠가 어떤 영국인이 다마사부로에게 질문하는 것을 통역해준 일이 있다. "왜 배우가 되고자 했나요?" 다마사부로는 이렇게 답했다. "내 손이 닿을 수 없는 아름다운 세계를 동경했기 때문이지요." 나 또한 이 알 수 없는 환영의 세계에 마음을 빼앗겼다.

가부키 극「이리야入谷」에는 미치토세라는 여인이 오랜 헤어짐 끝에 연인과 재회하는 장면이 있다. 사무라이 연인은 경찰에 쫓기고 있지만 눈밭을 헤치고 그녀를 만나러 왔다. 그는 후스마 미닫이문 앞에서 기다리고 있다. 그가 왔다는 얘기를 듣자마자 미치토세가 방으로 뛰어 들어오고 두 연인은 재회한다. 다마사부로가 미치토세 역할을 맡았던 어느 공연에서 우리는 무대 뒤에 함께 앉아 있었다. 후스마 미닫이문 옆이었고 거의 무대 위나 마찬가지인 위치였다. 미치토세가 극적으로 방에 뛰어들기 직전이었다. 다마사부로는 나와 편하게 얘기하고 있었고 전혀 여성적으로 보이지 않았다. 무대 의상을 완전히 갖추고는 있었지만 아주 평범한 남성의 모습이었다. 그러다 무대에 뛰어 들어갈 시간이 되자 그가 일어나 웃으며 "자, 그럼 가볼까!" 하고는 후스마 너머로 걸어 들어갔다. 옷 매무새를 가다듬고 후스마를 열어젖히는 순간, 그는 우키요에에서 그대로 튀어나온 듯한 미인으로 변했다. 관객의 가슴을 녹이는 낭랑한 목소리로 이렇게 울부짖었다. "보고 싶었어요, 보고 싶었어요, 너무나 보고 싶었어요!" 후스마의 한편에서 건너편으로 환영의 세계가 튀어나왔다.

　이러한 환영은 아마 세계에서 가장 고도로 발달했을 가부키의 연출 기법 때문에 가능해진다. 객석을 가로지르는 하나미치花道가 그중 특히 잘 알려진 예다. 배우들은 이 통로를 따라 무대를 오르고 떠난다. 하나미치 위에 있는 배우는 주무대에서 벌어지고 있는 일과 동떨어져서 배역의 내적 깊이를 마음 놓고 드러낼 수 있는 고독한 영역으로 들어간다. 예를 들어 「구마가이 진야熊谷陣屋」는 기리義理와 닌조人情에 관한 전통적인 이야기다(사랑과 의무 사이의 갈등). 구마가이는 자기 아들을 죽여서 참수한 머리로 주군의 아들인 것처럼 대신해야 한다. 계략은 성공했지만 구마가이는 회한에 사로잡혀 머리를 깎고 속세를 버린다. 그리고 하나미치를 통해 퇴장한다. 고 17대 나카무라 간자부로中村勘三郎가 구마가이 역할을 연기했을 당시 하나미치를 빠져나오며 개인적인 황폐함을 어찌나 잘 전달했던지 「구마가이 진야」가 기리-닌조가 아닌 일종의 반전극反戰劇으로 보일 정도였다.

가부키의 연출 기법은 때로 삶 자체를 상징하는 것처럼 보이기도 한다. 단마리黙り라 불리는 판토마임 신이 대표적이다. 단마리에서는 모든 주요 배역이 동시에 조용히 무대로 나온다. 마치 깜깜한 어둠 속에서 걷는 것처럼 이들은 서로의 존재에 무지한 채 천천히 움직인다. 서로에게 부딪히기도 하고 한 명이 떨어뜨린 물건을 다른 사람이 줍기도 한다. 단마리에는 특정 극과 아무 관련이 없는 으스스한 특징이 있다. 연인이 떨어뜨린 편지를 남자가 줍는다거나, 서로를 찾고 있는 두 사람이 모르는 채 지나쳐버리는 단마리의 장면을 보고 있노라면 한 치 앞도 알 수 없는 인간 존재의 맹목성을 느끼게 된다. 가부키의 특이한 연출 기법 중 하나로 시작했던 단마리는 훨씬 더 깊은 진실을 상징하게 되었다.

일본에서는 어떤 이유로 연출 기법이 이렇게 높은 수준까지 이르렀을까? 나는 여기서 지나친 단순화의 위험을 무릅쓰고 일본은 내면보다 외형이 종종 더 가치 있게 여겨지는 나라라는 점을 지적하고 싶다. 현대 일본의 많은 측면에서 이로 인한 부정적인 영향을 볼 수 있다. 예를 들어 일본 슈퍼마켓의 과일과 야채는 밀랍으로 만들어진 것처럼 색과 모양이 흠잡을 데 없지만 맛은 없다. 외형의 중요성은 일본에 대해 쓴 책에 빠지지 않고 등장하는 이야기인 다테마에建前(공식적으로 취하는 태도)와 혼네本音(실제 의도) 사이의 갈등에서도 볼 수 있다. 일본 국회에서 벌어지고 있는 토론을 듣고 있으면 다들 혼네보다 다테마에를 우선시하고 있다는 것을 아주 명확하게 알 수 있다. 그러나 표면을 중시하는 이러한 태도에는 긍정적인 면도 있으니, 가부키의 타의 추종을 불허하는 연출 기법이야말로 이처럼 외형을 소중히 여기는 데서 나온 직접적인 결과다.

가부키의 연출 기법으로부터 많은 것을 배웠지만 그중 내가 가장 매력적이라고 느낀 것은 찰나를 사로잡아 방점을 찍는 예술적 기법이다. 배우들이 눈을 가늘게 뜨고 팔을 쑥 내미는 극적인 동작을 취하는 미에見得가 가장 먼저 떠오르는 예다. 그러나 가부키의 다른 수많은 가타型도 같다고 할 수 있다. 예를 들어 여기 두 사람이 편하게 대화를 나누는 장면이 있다. 그러다가 대화의 어떤 디테일로부터 둘은 불현듯 서로의 진정한 감정을 이해하게 된다. 그 순간, 배우들은 말을 멈추고 얼어붙는다. 그리고 무대 왼쪽에서 박자목이 '밧타리ばったり!' 하고 소리를 낸다. 그리고 나서 둘은 아무 일도 없었다는 듯 대화를 이어간다. 그러나 '밧타리!' 하고 소리가 났던 그 순간 모든 것이 바뀌었다. 대부분의 극예술에서 내

러티브의 연속성을 유지하려는 반면, 가부키는 이처럼 멈췄다 가고, 갔다가 멈추는 중요한 순간들에 집중한다.

가부키 관객들이 감탄을 드러내는 방법 또한 같다고 할 수 있다. 서양의 연극이나 콘서트에서는 관객들이 마지막까지 기다렸다가 박수를 친다. 교향곡의 악장 사이에 박수를 치는 것만큼 무례한 일도 없다. 이와 대조적으로 가부키 극의 절정의 순간들에는 관객들이 배우들의 야고屋号(가문 이름)를 외쳐서 감격을 표현한다. 그리고 극이 끝나면 그냥 일어나서 가버린다.

야고를 외치는 행위는 그 자체로 하나의 예술이다. 아무 때나 외치지 않고 극적인 긴장이 있는 특정한 순간에만 그렇게 한다. 엉뚱한 때에 외치는 걸 보면 아마추어 관객임을 알 수 있다. 이걸 완벽하게 마스터하고 있는 오무코大向う('저 뒤에 있는 사람들')라 불리는 한 무리의 노년 남성들이 있다. 이들은 항상 내가 처음 가오미세를 봤던 저 위쪽 객석을 차지하고 있다. 거기서 야고를 외친다. 다마사부로에게는 '야마토야!', 간자부로에게는 '나카무라야!' 하는 식이다. '고다이메五代目!'(5대손!), '고료닌ご両人!'(거기 두 사람!) 또는 '맛테마시타待ってました!'(이걸 기다렸어!)처럼 변화를 주기도 한다. 당시 70세였던 전설의 온나가타 우타에몬이 유명한 창부 야쓰하시 역할로 나오던 것을 봤던 기억이 난다. 야쓰하시가 뒤

따라오던 농부에게 몸을 돌려 그의 인생을 망치게 될 미소를 지어 보이는 극적인 순간에 오무코들이 외쳤다. '햐쿠만 도루(100만 달러)!'

나는 평생 야고를 외쳐본 적이 딱 한 번 있다. 가부키에 빠져 있던 초기에 구니타로를 향해서였다. 그의 야고는 야마자키야였다. 나는 미리 연습하고 또 연습해두었다가, 적절한 순간에 위쪽 객석에서 나름의 최선을 다해 '야마자키야!'라고 외쳤다. 쉬운 일은 아니었다. 외치는 타이밍은 아주 중요해서 배우들이 거기에 맞춰 연기의 리듬을 유지해나간다. 나는 언젠가 다마사부로가 리허설을 하다가 결정적인 순간에 동작을 멈추더니, '야마토야!'라고 속삭이고 나서 춤의 다음 동작으로 미끄러져 들어간 것을 본 적이 있다.

'순간'에 집중하는 것은 일본 문화 전반을 가로지르는 특징이다. 중국의 시에서는 시인의 상상력이 꽃이나 강에서 시작했다가 갑자기 구천으로 뛰어올라 용을 타고 쿤룬산으로 가거나 신선들과 놀음을 한다. 일본의 하이쿠는 마쓰오 바쇼의 잘 알려진 시에서 드러나듯 평범한 순간에 집중한다. '오래된 연못/ 개구리 뛰어드는/ 물보라 소리古池や蛙飛び込む水の音.' 개구리는 천국이 아니라 연못으로 뛰어든다. 신선도 등장하지 않고 오직 '물보라 소리'가 있을 뿐이다. 하이쿠와 와카의 간결함을 통해 일본은 비할 데 없는 문학의 형식을 창조해냈

다. 반면 일본 문학의 역사에서 서사나 생각을 길게 풀어낸 시는 전무하다시피 하다. 긴 운문은 렌가連歌(와카를 연결한 것)처럼 진주를 하나씩 꿰어 길게 만드는 방식으로 생겨났다.

이러한 '순간의 문화'는 나중에 내가 도쿄의 부동산 업계에서 일할 때도 눈에 띄었다. 셀 수 없이 많은 상세한 건축 법규가 존재하나, 건물의 전체적인 디자인이며 세부 디자인이 거리나 스카이라인과 갖는 미적 관계는 무시된다. 그 결과 부주의하고 일관성 없고 추한 경관이 탄생한다. 고가도로 시스템의 안타까운 상황 또한 렌가식 사고방식의 결과다. 마스터 플랜이 없고 한 군데의 고속도로 구간을 건설할 연간 예산을 하나씩 꿰어갈 뿐이다.

가부키도 예외가 아니다. 극 요소들의 배치는 모호하고 서사는 종종 느닷없이 도약한다. 극적인 완결성을 기대하는 이들에게 가부키는 느슨해 보인다. 친구들 중 논리를 중시하는 이들은 예외 없이 가부키를 싫어한다. 하지만 하나의 순간이 가진 깊이에 대한 강조를 통해 가부키는 다른 극예술에서는 흔히 찾아볼 수 없는 강력한 흥분의 분위기를 연출한다. 다마사부로가 내게 이렇게 말한 적이 있다. "보통의 극에서는 스토리가 차근차근 전개되지. 얼마나 지루해! 가부키의 매력은 논리를 대담하게 뛰어넘는 데 있어."

가부키는 일본의 다른 모든 것과 마찬가지로 세련미와 쾌

락주의의 양극단 사이에서 갈등하고 있다. 여기서 쾌락주의
는 게렌外連(곡예적인 트릭)으로, 세련미는 배우들의 절제된
우아함으로 대표된다. 요즘의 가부키에서는 여러 번 의상을
갈아입고, 배우가 케이블에 매달려 날아다니고, 무대 위에
폭포가 등장하는 것이 대세다. 게렌의 인기는 오늘날 일본의
전통 예술 전반을 괴롭히고 있는 질병의 징후다. 죽음을 앞
두고 헐떡이는 일본의 황야와 비교하면 전통 예술은 상대적
으로 건강해 보일 수 있다. 사실 가부키의 흥행 성적은 지난
20년간 다시 오르고 있고 매진 사례도 드물지 않다. 그러나
가부키는 현대의 관객들이 경험할 수 있는 삶과 아무런 접점
이 없기 때문에 안으로는 문제가 생겨나고 있다. 가부키 무
대 위에는 오늘날의 젊은이들이 알아볼 수 있는 사물이 하나
도 없다. 무대 위의 배우들이 반딧불이나 가을 단풍을 노래
하지만 이제 그런 것들은 거대한 삼나무 농장이 되어버린 이
땅에서 신화 속에나 나올 법한 주제다.

  자쿠에몬이나 다마사부로와 같은 배우들은 기모노 염색
공들과 특정한 기모노의 자주색이 정확히 어떤 음영이어야
하는지, 6대 기쿠고로('위대한 6대')가 어떤 색깔을 썼는지, 에
도시대의 기준으로 무엇이 세련되었고 무엇이 세련되지 않
았는지와 같은 주제를 놓고 몇 시간이고 토론한다. 외부에서
들어왔기 때문에 절대 주요 배역을 맡을 수 없는 사람들 중

나이 많은 일부는 가부키의 이런 신비한 내용에 대해 믿기 어려울 만큼 방대한 지식을 축적하고 있다. 많은 경우 무대에 오르는 배우들보다 이런 사람들이 전통의 진정한 기수다. 이들은 6대 기쿠고로가 무슨 색깔을 사용했는지뿐만 아니라 그 이전 시대에 어떤 색깔이 사용되었는지까지 모두 머릿속에 넣어두고 있다.

다마사부로가 양아버지 간야로부터 물려받은 80대의 오랜 조수 야고로를 예로 들 수 있다. 야고로는 젊은 시절 전국을 유랑하던 작은 극단에서 주요 배역을 연기했다. 제2차 세계대전 이후 서구화의 물결이 일본을 휩쓸면서 이런 작은 극단들은 사라지거나 서서히 큰 극단에 흡수되었다. 요즘 우리가 보는 '그랜드 가부키'는 모두 도쿄에 근거지를 두고 있는 몇백 명의 배우(그리고 그 조수들)로 이루어져 있다. '그랜드'라는 말을 붙이기는 했지만 사실상 한때 전국 각 현에 걸쳐 수천 명에 달하던 더 큰 가부키 세계가 줄어들고 남은 것에 불과하다. 야고로는 그 커다란 가부키 세계를 알던 마지막 세대에 속한다.

야고로는 공연이 끝나면 무대 뒤의 방으로 와서 얼굴에 웃음을 띠고 앉는다. 그러면 다마사부로가 묻는다. "어떻게 생각하세요, 아버지?"(배우들은 서로를 '형님' '삼촌' '아버지'라고 부른다). 야고로는 이렇게 답한다. "6대는 은으로 된 부채를 썼지. 하지만 그건 키가 작았던 그를 커 보이게 만들어주었기 때문이야. 너한테는 어울리지 않아. 예전에 바이코가 그랬듯이 금을 쓰도록 해." 이들의 지식은 이런 식으로 전수되었다.

하지만 기모노에 대한 친숙함이 대략 미국인의 수준과 비슷한 관객 앞에서 공연하는 데 이런 세련됨이 다 무슨 소용이란 말인가? 섬세한 디테일을 눈치채지 못하는 관객은 게렌과 같이 뻔히 대중의 환심을 사는 장치를 선호한다.

또 다른 문제는 세대차다. 다마사부로의 세대를 포함해서 배우들의 수련은 혹독했다. 강도 높은 헌신을 요구했다. 자쿠에몬은 자신이 어떻게 극장으로 가는 기차에서 노래를 부르며 나가우타長唄(긴 서술형 가사)를 외우곤 했는지 내게 얘기해주었다. 어느 날 기차가 갑자기 멈췄고, 혼자 크게 노래 부르고 있는 자신을 다른 모든 승객이 줄곧 숨을 죽인 채 골똘히 쳐다보고 있더라고 했다. 그 시절 가부키는 형식화된 '전통 예술'이라기보다는 대중오락에 가까웠기 때문에 관객들은 지식이 더 풍부하고 더 까다로웠다. 연기를 형편없이 했다가는 오무코들이 '다이콘大根!'(큰 무!)이라고 외치는 소리에 영원히 잊을 수 없는 모욕을 당했다. 지금은 아무도 다이콘!이라고 외치지 않고, 관객은 연기가 제아무리 좋든 나쁘든 무릎에 손을 얹고 경건하게 앉아 있다. 가부키 가문에 태어나는 특혜를 입은 젊은 배우들은 쉽게 성공할 수 있다. 다마사부로는 이렇게 말했다. "러시아의 공산주의는 끔찍한 일이었지만 위대한 발레 무용수들을 탄생시켰어. 위대해지기 위해서는 자기만의 모스크바 같은 환경이 있어야 해."

가부키를 관람하기 시작한 이후로 나는 일본 무용과 신파新派(메이지 스타일 드라마)에도 눈을 떴다. 그러면서 '그랜드 가부키'는 빙산의 일각이라는 사실을 깨달았다. 가부키와 관련된 예술 장르들은 각각 자체적으로 왕성한 활약을 드러내고 있다. 일본 무용, 피리, 나가우타(긴 노래), 고우타小唄(짧은 노래), 사미센 등이 제각기 가이會라고 불리는 연주회를 끊임없이 개최한다.

가부키 극장에는 어김없이 외국인들이 있지만, 이런 연주회에서 나 말고 다른 외국인을 발견하는 일은 극히 드물었다. 하지만 수십 개의 유파를 보유하고 수천 명의 선생과 수백만의 생도를 보유하고 있는 일본 무용의 다양성을 생각하면 이는 가부키보다 훨씬 더 큰 세계다. 최상급 무용수들의 많은 수가 여성으로, 온나가타 이전 가부키 뿌리로의 회귀라고 할 수 있다. 이들 중 일부는 다케하라 한武原はん처럼 전설적인 인물이다. 오사카의 게이샤로 시작해서 게이샤 하우스의 은밀한 방에서 시작된 미묘한 춤의 하나인 자시키마이座敷舞의 최

고 대가가 되었다. 후지마류藤間流와 같은 가부키의 고전 춤
이나 자시키마이의 수없이 다양한 종류, 교마이京舞(교토 춤),
혹은 엔카演歌(현대 팝 댄스)까지 포함한다면 일본 무용만 보
면서 일생을 보낼 수도 있다.

　운명은 나를 가부키의 세계로 초대하면서 찻집 가이카와
다마사부로와의 만남만 준비했던 것이 아니라 파비온 바워스
라는 사람과 친구가 되도록 만들어줬다. 파비온은 제2차 세
계대전 이전에 학생 신분으로 일본에 와서 가부키에 매료되
어 수없는 밤을 위쪽 객석에 앉아 보내면서 오무코들로부터
배웠다. 그는 특히 전쟁 이전 시절의 배우인 우자에몬羽左衛門
의 팬이었다.

　전쟁 기간에는 통역 일을 했고 더글러스 맥아더 장군의 부
관이 되었다. 전쟁이 끝나고 맥아더는 본인이 상륙하기 전에
파비온을 며칠 먼저 보내 준비 작업을 시켰다. 아쓰기 공군
기지에 도착한 파비온과 그 일행이 처음으로 일본 땅을 밟은
적군이었다. 일본 관료와 언론의 대표단이 과연 미국의 첫수
가 무엇일지 두려워하며 긴장한 채로 이들을 기다리고 있었
다. 파비온은 언론 대표단에게 다가가서 이렇게 물었다. "우
자에몬이 아직 살아 있나요?" 긴장감이 순식간에 사그라들
었다.

　전쟁이 끝나고 미군정은 모든 '봉건적인' 관습을 금지시켰

고 사무라이의 충성을 주제로 하는 가부키 또한 금지되었다. 하지만 파비온은 스스로를 극장의 검열관으로 임명해 가부키를 부활시킬 수 있었다. 나중에 그 역사적인 역할을 인정받아 천황으로부터 상을 받기도 했다. 전전 가부키의 위대함을 보았고, 전후 가부키의 대표적인 인물인 바이코나 쇼로쿠, 우타에몬이 젊었을 때부터 그들과 가까웠던 파비온은 가부키에 관해서라면 누구도 따라올 수 없는 지식을 갖고 있었다.

우리 세대 동안 가부키는 중대한 변화를 겪었다. 예술 장르로서의 가부키는 지속되겠지만 우타에몬과 다마사부로와 같은 배우들은 다시 볼 수 없을 것이다. 외국인으로서 파비온과 나는 둘 다 다시는 되풀이되기 어려운 방식으로 가부키 세계에 접근할 수 있었다. 우리는 언젠가 우리의 지식을 함께 책으로 써서 미래 세대를 위해 남겼으면 한다.

하지만 파비온과 나는 모든 면에서 의견이 다르다. 예를 들어 나는 「주신구라忠臣藏(47인의 사무라이)」와 같은 역사극을 특별히 좋아하진 않는다. 그런 작품의 대부분은 기리-닌조의 이야기를 다루고 있고, 내게는 그보다 더 재미있는 주제가 많다. 윗사람에게 광적으로 복종하도록 교육받은 예전 세대 관객들은 주군을 위해 자기를 희생하는 이런 가부키 극들에 진실로 가슴이 벅차오른다. 회사에서든 군대에서든 그게 일본인들이 평생 매일같이 하던 일이었으니까. 「주신구라」에는 이런 장면이 있다. 주군이 할복하고 죽어가는데 가장 아끼던 부하인 유라노스케가 늦도록 오지 않는다. 마침내 도착한 그는 주군이 "늦었구나, 유라노스케"라고 말하며 숨을 거두는 것을 지켜본다. 유라노스케는 주군의 눈을 들여다보며 자신이 주군의 순교를 위해 복수해야 한다는 것을 말없이 깨닫는다. 나는 이 장면에서 나이 든 관객들이 주체할 수 없이 우는 것을 봐왔다. 하지만 나를 포함해서 문약하고 풍요로운 현대 일본에서 자란 사람들에게 개인을 희생한다는 것의 울림은 희미해져간다. 반면 파비온은 이러한 역사극이 가부키의 본질을 체현하고 있다고 주장한다. 그는 또한 내가 어린 시절 봤던 못생긴 할머니들이 진정한 온나가타의 전형이며, 다마사부로와 자쿠에몬의 아름다움은 지나치게 두드러져서 거의 '이단'이라고 생각한다.

파비온과 내 의견이 가장 크게 갈리는 주제가 바로 온나가타이기 때문에 여기서 온나가타란 진정 무엇인가 하는 까다로운 질문을 던지지 않을 수 없다. 분명히 온나가타는 드래그 쇼와 공통점이 있다. 영국의 판토마임부터 인도의 유랑극단까지 남자 배우가 여성으로 분장한 모습을 보고 싶어하는 욕구는 보편적인 것 같다. 중국과 일본에서는 태곳적의 드래그 쇼가 예술로 발전했다. 단旦(중국의 온나가타)은 거의 자취를 감추었으나(다시 돌아오고 있는 것 같기는 하지만), 그것은 대중이 점점 흥미를 잃었기 때문이 아니라 문화대혁명이 전통극에 결정적인 타격을 입혔기 때문이다. 단과 같은 전통은 한번 힘을 잃으면 재건하기 어렵다. 하지만 일본은 문화대혁명의 혼란을 겪지 않아도 되었으므로 그 전통이 건강한 형태로 살아남았다.

고급 예술로 발전했다는 것은 온나가타가 희극성보다 낭만성을, 물리적인 육체보다 여성성의 본질을 부각시키게 되었음을 의미한다. 이것이 파비온이 나이 많은 온나가타를 중시했던 이유다. 늙고 못생겼기 때문에 이들의 예술은 흔한 관능적 매력에 방해받지 않고 빛난다. 그에 따르면, "늙은 가부키 배우의 예술은 햇살에 오래 노출된 바닷물과도 같다. 나이가 들어가면서 물은 점점 증발하고 염도는 점점 높아진다. 종국에는 본질적인 소금만이 남는다".

옛 생활 방식의 자세한 부분까지 정확하게 보존하고 있기 때문에 가부키 극은 '살아 있는 박물관'처럼 보일 수도 있다. 안돈行燈(종이로 된 등불)에 불을 밝히는 법, 후바코文箱(옻칠한 편지함)를 여는 법, 간자시簪(머리핀)로 머리를 정리하는 법, 두루마리를 다루는 법 ― 이런 것들과 수없이 많은 다른 요령이 가부키에서 무대 소품을 다루는 방식 속에 살아 있다. 기모노 패션, 가게와 집들, 손발의 정해진 움직임, 절하는 법, 웃는 법, 사무라이 예절, 이외에도 서양 문화가 도래하기 전 존재했던 일본의 수많은 측면이 가부키라는 거울에 모두 반영되어 있다. 가부키는 과거에 대한 하나의 거대한 향수를 불러일으킨다. 나는 이처럼 철저하게 과거의 일상을 보존하고 있는 다른 극예술의 형태를 알지 못한다.

최근의 세월 동안 일본을 휩쓸고 있는 현대화를 생각하면 가부키의 세계는 특히나 가슴을 아프게 한다. 물론 후바코나 간자시는 더 이상 사용되지 않는다(교토의 가게에서 관광객에게 기념품으로 파는 것을 제외하고는). 이런 사물들이 자취를 감추는 것은 서양에서 치마를 불룩하게 만들던 틀과 가장자리에 솔을 단 우산이 자취를 감추는 것과 본질적으로 다르지 않다. 그러나 서양의 현대화는 급격하게 진행되기는 했어도 한때 삶이 어떠했는가를 상기시켜주는 모든 것을 앗아가지는 않았다. 일본은 도시와 시골을 가리지 않고 불도저로 밀어버렸다. 뒤에 배경처럼 보이는 나무들과 논밭조차 일상의 풍경에서 빠르게 사라지고 있다. 과거라는 꿈의 세상은 오로지 가부키에만 살아 있다.

처음 자쿠에몬을 만난 이후로 18년이 넘는 세월이 흘렀고, 그동안 나는 무대 뒤편의 문을 수없이 열고 들어갔다. 하지만 그 문으로 다가갈 때마다 지금도 여전히 긴장으로 가슴이 떨린다. 문지기가 나를 안 들여보낼까봐 두렵고 내가 가부키 무대 뒤에서 지켜야 할 격식을 소홀히 하고 있는 것은 아닌지 걱정된다. 일본의 전통 생활 방식을 엿보게 해주는 가부키라는 창은 무대 위에만 열려 있지 않다.

하급 배우들은 무대에 오르기 전 상급 배우들의 방을 돌며 무릎을 꿇은 채 예를 갖춰 인사하고 행운을 빌어주십사 부탁한다. 배우들은 요즘 사람들에게는 이상하게 들리는 호칭으로 서로를 부른다. 다마사부로와 같은 온나가타를 '와카단나 若旦那'(젊은 나리)라고 부르는 식이다('나리'라는 뜻의 '단나'는 중요한 배역을 맡은 배우에게 붙이는 호칭이지만, 온나가타는 아무리 나이를 먹어도 '젊은 나리'다). 무대 뒤 각각의 방은 귀족 가문의 문장紋章처럼 배우들만의 문양이 들어간 휘장으로 꾸며져 있다. 거기서는 항상 선물이 오간다. 부채, 손수건, 두루마리 천 같은 것이고 각각 상징적인 의미를 담고 있다. 이곳은 평범한 인간들의 세계와는 거리가 먼 진정으로 봉건적인 세계다. 언젠가 다마사부로에게 내가 무대 뒤편으로 갈 때마다 느끼는 긴장감에 대해 얘기한 적이 있다. 놀랍게도 그는 "나도 똑같은 기분을 느껴!"라고 답했다.

가부키가 나를 매료시켰던 이유는 극 자체가 아니고 그 뒤편의 삶이었던 것은 아닌지 가끔 생각한다. 무대 뒤편에 존재하는 환상과 현실 사이의 모호한 경계선은 참으로 놀랍다. 오페라의 연기는 무대 뒤편에서까지 이어지지 않는다. 배우들이 당신에게 아리아를 부르지도 않고, 아무리 예술가로서 유명한 배우라도 일단 의상을 벗으면 평범한 사람이 된다. 그러나 가부키 무대 뒤편에서는 환상이 이어진다. 단원 대부분이 기모노를 입고 있다는 사실만 해도 현대 일본에서 충분히 드문 일이다. 그리고 구로코는 검은색 기모노, 여타 진행 요원들은 패턴이 들어간 유카타(면 소재 기모노), 주요 배우들은 제대로 된 기모노를 입은 모습은 분명하게 사회적 계층을 드러낸다. 무대 뒤에서 보는 기모노들은 때로 무대 위에서 보는 기모노만큼이나 인상적이다.

가끔은 무대 뒤에서 실제의 극이 계속되기도 한다. 예를 들면 가부키의 정점으로 꼽히는 「주신구라」 공연 중에 배우와 진행 요원들은 무대 뒤에서도 특히나 진지한 자세를 유지하고 있다. 또 다른 사례는 「가가미야마鏡山」다. 극중 귀부인 오노에는 그녀의 가문을 파멸시키려는 이와후지에게 모욕을 당한다. 오노에는 깊은 생각에 잠긴 채 하나미치를 통해 천천히 퇴장한다. 자쿠에몬은 오노에 역을 맡아 이 장면을 연기했을 때 오노에가 다시 무대에 등장할 때까지 하나미치 끝에 있는 커튼 뒤 조그만 방에서 홀로 침묵 속에 앉아 있었다. 무대 위는 아니지만 그는 여전히 배역에 몰두해 있었다. 나중에 나는 이에 대해 자쿠에몬에게 물어봤다. 그는 그것이 오노에가 다시 무대에 오를 때까지 집중된 감정의 깊이를 흐트러지지 않게 하기 위한 가가미야마의 전통이라고 답해주었다.

파비온은 다른 극예술 배우에 비해 가부키 배우들이 삶의 훨씬 더 많은 시간을 무대 위에서 보낸다는 사실을 지적한 바 있다. 이들은 대여섯 살에 처음 무대에 서서 하루에 두 차례, 한 달에 25일 무대에 오르는 생활을 매달, 매해 거듭해나간다. 사실상 평생을 무대 위에서 보내는 것이다. 그 결과 노년의 배우들은 무대 위 페르소나와 현실의 자신을 구분하기 어려워하기도 한다고 파비온은 말한다.

우타에몬이 평소 보여주는 특유의 손놀림이나 목을 돌리는 동작은 무대 위 그의 보디랭귀지와 눈에 띄게 닮았다. 오노에 역할을 연기하고 나서 자쿠에몬은 몹시 지친다고 말했다. 왜 그런지 묻자 그는 이렇게 답했다. "오노에에게는 막중한 책임이 있어. 나는 오하쓰가 너무 걱정돼." 오하쓰는 극중 오노에가 돌봐주는 인물이고, 그 공연에서 마침 다마사부로가 연기했다. 오하쓰/다마사부로(둘 중 누구인지 명확치 않다)를 걱정하는 자쿠에몬에게 무대 위 세계와 무대 아래의 세계는 떼려야 뗄 수 없을 만큼 서로 얽혀 있었다.

가부키에서 다루는 주제들은 일본 사회에 대해 깊은 통찰을 제공한다. 예를 들어 많은 가부키 극이 주군과 신하의 관계, 혹은 연인 사이의 관계를 다루고 있지만, 친구 사이에 관한 것은 없다. 중국 문화에서 우정은 고대로부터 핵심적인 주제였다. 공자의 『논어』에 나오는 두 번째 문장은(멀리서 벗이 찾아오니 역시 기쁘지 아니한가有朋自遠方來不亦樂乎) 이 주제에 대한 중국인의 태도를 잘 보여준다. 하지만 일본에는 이런 사례가 드물다. 진정한 우정을 찾기 쉽지 않다. 일본에 장기 거주하는 외국인들은 10년이나 20년을 살아도 진정한 친구라고 여길 만한 일본인이 한 명이라도 있다면 다행이라면서 불만을 토로한다. 여기에는 외국인과 일본인 사이의 문화적 차이보다 훨씬 더 깊은 문제가 있다. 일본인들도 자신들끼리 서로 친구가 되기 어렵다는 얘기를 내게 종종 한다. "고등학교 때 만나서 평생 허물없이 지내는 사람들이 있긴 하죠. 하지만 그 뒤에 만나는 사람들은 아무도 믿을 수 없어요."

그 이유 중 하나는 전통적으로 일본의 교육 시스템이 사람들에게 속마음을 얘기하지 않도록 하기 때문일지도 모른다. 서로를 좀처럼 믿지 못해 우정을 어렵게 만든다. 사회의 위계 구조가 방해되는 것도 원인일 수 있다. 옛 일본 사회에서는 주군과 신하의 관계가 익숙한 것이었다. 동등한 사람 간의 관계는 익숙하지 않았다. 사회학자들이 연구해야 할 문제이기는 하지만 어찌되었든 가부키에서 우정의 문화는 놀라울 만큼 쏙 빠져 있다.

그럼에도 나는 결국 가부키를 통해 가장 친한 친구들을 사귀게 되었다. 오랜 세월에 걸쳐 나는 수많은 가부키 배우와 가까운 사이가 되었다. 어떻게 이런 일이 일어났는지 아직도 신기할 따름이다. 환상과 현실의 경계가 모호한 가부키의 세계는 매우 일본적이기도 하고 동시에 전혀 일본적이지 않기도 하다. 라마승 도모 게셰가 예언했듯이 이곳은 지구에 속한 세계도 아니고 달의 세계도 아니며, '손이 닿을 수 없는 세계'다. 그것이 내가 무대 뒤로 통하는 두려운 장벽을 넘어갈 때, 그곳이 환상의 세계임에도 편안함을 느끼는 이유다. 나의 좋은 친구들이 거기 있기 때문이다.

4장

미술
컬렉션

영광 직적의

순간

나는 1972년 가을을 이야 계곡과 도쿄를 왔다 갔다 하며 보냈다. 도쿄에서는 원래 교환학생으로 게이오대학을 다니고 있어야 했다. 그러나 사실 대부분의 시간을 린다 비치의 집에 있는 중국 탁자 옆에서 진을 마시면서, 미군정이 들어선 직후 일본에 왔을 때의 옛일에 대해 그녀가 유쾌하게 얘기하는 것을 들으며 보냈다. 어느 날 밤 대화의 주제가 중국 탁자로 옮겨갔다. "명나라 거야." 그녀는 대수롭지 않게 말했다. "고베 근처의 아시야에 있는 사람에게서 샀지. 한번 만나보면 좋을 거야. 이름은 데이비드 키드고 궁궐에 살아. 다음에 이야 계곡으로 갈 때 들러보도록 해."

그렇게 해서 치이오리를 발견하고 일주일도 채 지나지 않았던 1973년 1월, 나는 이야 계곡에서 돌아오는 길에 데이비드 키드의 집을 방문했다. 린다가 그의 이력에 대해 미리 간단하게 이야기해주었다. 데이비드는 전쟁 전에 베이징에서 살았고 중국 부잣집 가문의 사위가 되었다. 그가 살던 가문의 저택은 옛 베이징의 훌륭한 대저택 중 하나였지만 1949년 공산당이 집권하면서 모든 걸 잃고 데이비드는 부인과 함께 미국으로 피신했다. 뉴욕에서 짧은 시간을 함께한 뒤 둘은 이별했고 데이비드는 얼마 지나지 않아 일본으로 왔다. 그는 다시 바닥부터 시작해 미술품 거래상이 되어, 전후 일본인들이 버리고 간 중국의 보물들을 사들여 컬렉션을 구축했다.

데이비드의 집은 정말 궁궐이었다. 현관 입구에 서니 오른쪽에 불교 사원의 수호신 이다텐韋馱天의 중국 조각상이 보였다. 왼쪽으로는 린다의 집에 있는 것과 같은 명나라 탁자 위에 꽃꽂이가 놓여 있었다. 눈앞에는 은박을 입힌 넓은 미닫이문이 있었다. 문이 옆으로 열리더니 데이비드가 나타났다. 그는 나를 거대한 마루로 안내했다. 족히 다다미 60장 크기는 되어 보였고 바닥에는 청황색의 중국 용을 그린 양탄자가 깔려 있었다. 다양한 희귀 목재로 만든 황갈색, 갈색, 주황색, 자흑색으로 은은하게 빛나는 탁자와 소파와 스탠드들이 여러 개의 웅장한 도코노마 앞에 나란히 배치되어 있었다. 도코노마 안쪽에는 3미터 높이의 만다라 그림 앞에 금칠한 티베트 조각상이 서 있었다. 구석구석마다 신비한 물건들이 놓여 있었다. 물에 떠내려온 목재 조각을 모아놓은 듯한 탁자 같은 것들인데 각각의 목재 조각에는 금색 종이에 붓글씨로 쓴 라벨이 붙어 있었다. 나는 이런 물건들이 무엇인지 전혀 알 수 없었지만, 하나하나가 아름답고, 귀하고, 허투루 놓여 있지 않다는 점은 즉시 알아차릴 수 있었다. 그 거실로 걸어 들어갔던 날 나는 불가능이 가능하다는 것을 알게 되었다. 오후에 차 한잔 마시러 들렀던 것인데 사흘 뒤에야 그 집을 떠났다. 그 사흘간은 데이비드와의 길고 강렬한 대화로 가득했다. 그렇게 미술품 세계에서의 견습생활이 시작되었다.

아시아 미술에 대한 나의 애정은 어린 시절에 이미 자리를 잡았다. 할아버지와 아버지가 둘 다 해군 장교였고 일본과 중국으로 여행을 가면 많은 기념품을 갖고 돌아왔다. 자연스레 나는 아시아 미술이 있는 일상에서 자랐다. 벽에는 족자가 걸려 있었고 가끔 디너 파티가 있을 때는 식탁에 이마리 자기로 된 그릇이 놓였다.

요코하마로 이사 온 지 얼마 되지 않았던 어느 날 나는 어머니를 따라 번화한 상점가인 모토마치로 구경을 나갔다. 요즘의 모토마치에는 유명 브랜드 부티크가 가득하지만 당시에는 좀더 가정적이고 실용적인 분위기에서 작은 가게들이 케이크와 사무용품과 그릇 같은 것들을 팔았다. 한 도자기 가게로 들어가 어머니가 서툰 일본어로 주인에게 물었다.

"이마리 자기 있나요?" 어머니는 일본에 있는 도자기 가게라면 어디든 당연히 이마리 제품을 취급하리라고 여긴 것이다. 하지만 그것은 마치 울워스*에 들어가 리모주 도자기**를 찾는 것이나 다름없었다. 주인은 완전히 당황한 듯 보였지만 갑자기 무언가를 생각해내고 가게 뒤편으로 달려갔다. 그러고는 나무 상자를 들고 돌아와 설명했다. "이 물건은 전쟁 전부터 가게에 있던 건데요, 아무도 사려고 하지 않아 그냥 자리만 차지하고 있습니다만……."

호주의 체인 슈퍼
—
프랑스 서남부의 명품 도자기

주인이 박스를 열어 보였다. 안에는 가마에서 나올 때의 모습으로 짚끈에 묶은 열 개의 이마리 그릇이 들어 있었다. 나는 아직도 그 그릇 중 하나를 갖고 있는데, 연식으로 볼 때 19세기부터 창고에 있었을 수도 있다. 당시 겨우 열두 살이던 나는 짚끈을 풀고 그릇을 만져보고는 경외감에 휩싸였다. 3000년 만에 처음으로 투탕카멘 왕의 무덤을 열어본 사람이 된 느낌이었다. 인상이 너무 강렬했던 나머지 지금도 그 그릇들과 짚끈의 이미지가 내 기억 속에 선명하게 남아 있다.

어머니는 요코하마와 도쿄의 골동품 상점을 드나들기 시작했고, 2년 뒤 미국으로 돌아올 때는 병풍과 칠기와 도자기와 반닫이를 가득 싣고 왔다.

내가 처음으로 골동품을 산 것은 훨씬 뒤에 게이오대학에서 교환학생이던 시절의 일이다. 나는 고서적을 좋아해서 도쿄의 헌책방 거리인 간다神田에 자주 갔다. 한번은 일본 고서적 한 뭉치가 길가에 쌓여 있는 것을 보았다. 한 권에 100엔씩 팔고 있었다. 나는 일본학을 전공하고는 있었지만 진짜 옛날 목판활자로 인쇄한 일본 책을 그때까지 한 번도 본 적이 없었다. 호기심에 한 권을 꺼내 감청색 표지를 열어보았다. 그것은 1750년쯤 인쇄된 공자의 고전 『대학』이었다. 100엔에 처분하는 이 물건이 18세기에 펴낸 것이라는 사실이 놀라웠다. 손으로 새긴 활자의 서체는 놀랄 만큼 아름다웠고 글씨가 매우 커서 한 줄의 텍스트가 한 페이지를 채우고 있었다. 나는 중국어를 몰랐지만 일본어에 친숙했으므로 대략의 의미를 파악할 수 있었다. 내가 펼쳤던 페이지에는 이렇게 쓰여 있었다. '나라를 다스리고 싶으면 먼저 집안을 가지런하게 하라. 집안을 가지런하게 하고 싶으면 먼저 스스로를 수양해라. 스스로를 수양하고 싶으면 먼저 마음을 바르게 가져라.' 이 한 줄의 글이 나를 강하게 내리쳤고, 나는 처음으로 중국 철학의 매력을 느꼈다. 100엔짜리 『대학』이 나를 중국 고전의 세계로 이끈 것이다.

그 뒤로 나는 일본의 고서적을 진지하게 찾아다녔다. 정말 믿기 힘든 물건들을 발견할 수 있었다. 책들의 가치가 얼마나 형편없이 매겨졌던지 병풍이나 미닫이문에 바르는 용도로 표구상에 폐지 값에 팔렸다. 나는 『논어』 『주역』 『장자』
와 같은 중국 고전으로 시작했지만 서서히 일본 책에 관심을
갖게 되었다. 정방형의 일반적인 서체로 인쇄된 중국 고전과
는 달리 일본 텍스트에는 흘림체로 가득한 페이지들이 있었
다. 그걸 훑어보다가 일본의 전통 서예가 중국과 근본적으로
다르다는 사실을 깨달았고, 일본 서예에 대한 관심이 서서히
자라났다.

  그러는 한편 나는 이야 계곡을 다니며 민속 공예품과 오
래된 기모노들을 하나둘 모으기 시작했다. 한번은 이야 계
곡 가는 길에 도쿠시마시를 지나다가 그곳의 한 골동품 가게
에서 인형 의상으로 가득한 네 개의 커다란 바구니를 발견했
다. 아와지섬의 사라진 인형극장 오토메자乙女座가 보유하던
의상 세트가 거기 통째로 들어 있었다. 전쟁 기간에 이 상자
들을 따로 보관해두었다가 잊힌 듯했다. 나는 그것을 도쿄로
가져와서 나중에 예일과 옥스퍼드로 들고 다녔고 아직도 갖
고 있다.

  그러고는 데이비드 키드를 만나게 되었다. 그는 세상에서
대화술이 가장 뛰어난 사람 중 한 명이고 나처럼 야행성이다.
첫 만남 이후 나는 데이비드의 집을 꾸준히 드나들었다. 우
리는 달을 보는 테라스에 나가 앉아 데이비드가 낭독하는 구
양수의 「추성부秋聲賦」를 듣다가 새벽녘에 잠자리에 들어 이

른 저녁에 일어났다. 사실은 데이비드의 집에서 묵었던 첫 사흘 동안 햇빛을 보지 못했다. 때로는 거실의 캉炕(중국식 구들 소파) 위에 앉아 데이비드가 뛰어난 재치로 손님들을 즐겁게 해가며 함께 산수화의 섬세한 부분에 대해 토론하기도 했다. 데이비드는 "유머는 우주를 떠받치는 네 기둥 중 하나입니다"라고 말한 적이 있다. 그러고는 이렇게 덧붙였다. "나머지 세 개는 뭔지 잊어버렸어요." 혹은 양탄자 위에 누워 데이비드가 티베트 만다라의 비밀을 알려주는 동안 끊임없이 차를 마시기도 했다.

나는 미술품에 비밀이 있다는 사실을 그때 알게 되었다. 이를테면 티베트 만다라는 난해한 상징주의의 우주를 품고 있다. 각종 색깔과 방향과 부처들의 이름 및 특성으로 가득하다. 하지만 나무나 풀을 그린 가장 단순한 그림도 나름의 비밀을 숨기고 있다. 어느 날 밤 데이비드는 거실에서 여섯 폭짜리 황금 병풍 한 쌍을 펼쳐 보였다. 아치형 나무 다리 옆에 수양버들이 서 있는 전통적인 버드나무–다리 주제의 그림이었다. 그러나 특히나 오래된 이 병풍에는 후대의 물건에서는 보기 힘든 표현력이 있는 듯했다. 우리는 무엇이 이 병풍을 그토록 다르게 보이도록 하는지 토론하기 시작했다. 이야기하면서 보니, 마치 산들바람이 버드나무 사이로 지나가듯 왼쪽 병풍의 나뭇가지들은 곧게 매달려 있는데 오른쪽의 가지들은 흔들리고 있음을 알아차릴 수 있었다. 왼쪽에는 달이 있었고 오른쪽에는 없었다. 우리는 그제야 병풍이 밤에서 낮으로의 시간 변화를 묘사하고 있으며, 산들바람이 새벽의 첫 숨결임을 깨달았다. 그러자 누군가가 왼쪽의 나뭇가지에는 잎이 없고 오른쪽에는 어린 잎들이 싹을 틔우고 있다고 지적했다. 병풍은 또한 겨울을 지나 봄으로 접어드는 순간을 묘사하고 있었던 것이다. 다리가 있는 강에는 물레방아가 돌아가고 있었고 다리 자체는 감상자 쪽으로 굽어 있는 커다란 아치 형태였다. 일본에서 다리는 저세상으로부터의 전령이 도착함을 상징한다. 병풍에 그려져 있는 모든 것이 낡음에서 새로움으로, 어둠에서 밝음으로 탈바꿈하며 변화하고 있었다. 데이비드는 이렇게 결론 내렸다. "그래서 말인데요, 이 병풍들은 영광 직전의 순간을 그린 것입니다."

사물의 비밀을 밝혀내는 데는 관찰이 큰 역할을 한다. 어느 날 밤 데이비드는 비연호鼻煙壺* 세트 앞에 나를 앉히고는 말했다. "뭐가 보이는지 말해 봐." 내 눈에는 자기, 청금석, 철, 금, 은, 상아, 유리, 옻, 구리, 옥, 호박이 보였다. 재료를 알아보는 법에 대한 수업 같았다. 그러나 데이비드가 가르쳐준 핵심은 비연호들 사이의 관계, 이들이 하나의 세계관 안에서 서로 연결되어 있는 방식이었다. 그 뒤로도 나는 미술사적 관점에서 볼 때

코담배를 담는 정교한 공예용기

더 중요한 소장품을 갖고 있는 중국 미술품 수집가들을 만나
왔다. 그러나 그중 누구도 데이비드만큼 사물의 관계를 이해
하고 표현하지 못했다. 이는 데이비드가 베이징이 몰락하던
시절 오래된 저택에서 살았던 데서 기인한다. 일본도 20세기
에 많은 것을 잃기는 했지만 마오쩌둥 통치하의 중국은 훨씬
더 많은 것을 잃었다. 살아 있는 사람 중에 과거 중국 문인들
이 누리던 삶의 방식이 어떠했는지 이해하고 있는 이들은 한
줌에 지나지 않는다. 그런 의미에서 데이비드가 갖고 있던
지식은 이야 계곡만큼이나 연약하고 신비로운 독특한 자산
이었다.

예를 들어 중국의 가구는 취향에 따라 여기저기 멋대로 놓
는 물건이 아니다. 캉과 탁자는 대칭이 되는 축에 나란히 배
치해야 한다. 데이비드는 거실과 도코노마의 중앙에 맞춰 축
을 마련했다. 도자기나 조각상은 받침대 위에 놓여 있어야
하며, 그 각각의 세트는 뒤에 놓인 그림과 연관이 있다. 탁자
에 진열된 책과 옥 장식과 붓과 홋수拂子는 선비의 즐거움과
유희를 상징한다. 가령 내가 물에 떠내려온 목재라고 생각
했던 것은 희귀한 알로에 향목이었고, 근처에는 향을 피우는
데 필요한 은장도와 구리 젓가락과 청자색 버너가 있었다.

데이비드는 내가 미술사학자나 큐레이터들로부터는 한
번도 들어보지 못한 중요한 교훈을 알려주었다. 아름다움이

먼저라는 교훈이다. "오래된 물건이어야 하고 가치도 있어야 지." 그는 말했다. "하지만 먼저 스스로에게 던져야 할 질문 은 이거야. '이것은 아름다운가?'"

나는 이렇게 물었다. "내가 새로 산 물건이 아름다운 건지 아니면 그냥 내 마음이 끌린 건지 어떻게 압니까?"

데이비드의 대답이다. "두 가지 방법이 있네. 하나는 아름 다운 집을 소유하는 거야. 또 하나는 새로 산 물건 주위를 아 름다운 물건들로 둘러싸는 거지. 아름다운 물건이 아니면 거 기에 어울리지 못할 걸세."

그 뒤로 나는 골동품을 살 때마다 데이비드의 거실에 놓아 보고 어떤 느낌인지 살폈다. 대부분의 경우 내가 산 물건은 흉물스러운 것임이 드러났다. 그러나 한번은 교토에서 산 오 래된 중국 탁자를 데이비드의 집에 가져와서 아무에게도 말 하지 않고 도코노마에 놓아둔 적이 있다. 데이비드가 저녁 내내 탁자의 존재를 알아차리지 못하는 걸 보고 나는 그게 좋은 물건임을 알게 되었다.

데이비드의 소장품에 매료되기는 했어도 나는 스스로 옥 장식과 중국 자기들의 수집을 시작할 만한 형편이 전혀 아니 었다. 대신 고서적과 서예 수집을 계속했다. 1977년에는 가 메오카로 이사 가면서 교토의 골동품 가게들을 돌아볼 충분 한 시간을 갖게 되었다. 어느 날 고서가의 주인이 고풍스럽고도 세련된 스타일의 서예가 쓰여 있는 열 장의 시키시(정사각형 색지)와 단자쿠短冊(직사각형 종이) 세트를 보여주었다. 붉은색과 푸른색으로 물들인 종이들이 금과 은과 운모[•]로 섬세하게 장식되어 있었다. 주인은 그걸 나 _{광물의 일종} 에게 장당 5000엔에 팔겠다고 했다. 당시 물가로 20달러쯤 되는 돈이었다. 종이들을 뒤집어

보고 나는 충격을 받았다. 거기에는 '고노에 왕자近衛公子' '관백 니조二条關白' '좌대신 가라스마루烏丸中納言'와 같은 단어가 쓰여 있었다. 17세기 궁정 귀족들이 쓴 서예의 진품이었던 것이다! 그걸 그렇게 싼값에 살 수 있다니. 그러나 당시의 일본은 그런 물건에 관심이 아예 없었다. 그래서 나는 시키시와 단자쿠를 수집하기 시작했다. 수십 장을 모으고 나서 전체적인 스타일이 명확해지자 이내 호기심이 일었다. 사각 종이 위에 머리카락만큼 얇은 글씨로 우아하게 쓰인 서예는 그때까지 일본에서 본 무엇과도 달랐다. 나는 이 왕자와 대신들의 역사를 공부하기 시작했고 궁정 귀족인 구게公家의 세계를 알게 되었다.

구게는 헤이안 시대에 궁중생활의 모든 측면을 지배하던 후지와라 가문의 후손이다. 이들은 궁궐의 주요 관직을 모두 장악하고 천황을 꼭두각시로 만들었다. 나라 근처의 뵤도인과 같은 환상적인 사원을 만든 이도, 헤이안 시대를 유명하

게 만든 시와 소설을 쓴 이도 모두 후지와라 귀족과 그 친족들이다. 후지와라 가문의 지배가 수백 년간 이어지면서 친족들의 규모가 비대해지자 다양한 혈통을 구분할 필요가 생겼다. 사람들은 각각의 혈통을 교토의 거리 주소를 사용해 부르기 시작했다. 이를테면 니조 가문, 가라스마루 가문, 이마데가와 가문과 같은 식이었다. 시간이 지나면서 대략 백 개의 가문이 생겨나 이들을 구게라고 부르게 되었다. 이들은 천황과 비슷한 지위를 가진 것으로 여겨졌고, 사무라이 가문인 부케武家와는 엄격히 구별되었다.

12세기 말 사무라이 계급이 귀족 통치 체제를 전복하면서, 구게는 모든 토지와 수입을 잃었다. 일을 해야 했으나 400년 동안 달빛 아래에서 시만 써왔던 탓에 할 수 있는 것이라고는 예술 분야의 일밖에 없었다. 그래서 이들은 시와 서예와 궁중무용과 각종 예식의 선생이 되었다. 그러면서 서서히 일종의 세습 프랜차이즈 시스템을 개발했다. 각각의 가문이 오직 당주들에게만 전수되는 '비밀'을 소유하고 있다고 주장하는 시스템이다. 외부인이 이 비밀을 익히려면 이들에게 돈을 내는 수밖에 없다.

다음 단계는 당연히 비밀을 확장하는 것이었다. 구게는 비밀을 세분화하여 위계를 부여했다. 하위의 비밀은 초심자에게, 좀더 심오한 비밀은 상급생들에게 제공하는 식으로 하고 위로 갈수록 가격에 차등을 두었다. 이것이 오늘날 다도와 꽃꽂이와 무도의 세계에서 볼 수 있는 각종 '학파'의 원형이 된다. 이런 학파에는 보통 세습으로 자리를 물려받은 당주가 있고 학생들에게 부여하는 값비싼 호칭과 라이선스 시스템, 가라데나 유도의 갖가지 색으로 된 허리띠와 같은 등급도 존재한다.

1600년대 초반 에도시대가 시작되면서 평화와 번영이 찾아오자 교토에서 구게 문화의 부흥이 일어났다. 가문마다 자신들의 특기를 가르쳤다. 레이제이冷泉 가문은 시를, 지묘인持明院 가문은 황실 서예를, 와시오鷲尾 가문은 신도 음악을 전담해 가르치는 식이었다. 이들 모두가 공통으로 향유하던 예술은 섬세한 서예로, 다도회에서든 시 낭송회에서든 시키시와 단자쿠에 글씨를 쓰곤 했다.

구게는 황궁 주변을 둘러싼 마을의 비좁은 집에 살았다. 이들에게는 늘 돈이 없었다. 제2차 세계대전 직전까지만 해도 이런 이야기가 흔했다고 한다. 빚을 모두 갚아야 하는 시한인 새해 직전에 구게가 이웃집들을 방문해서 정중한 어조로 이렇게 말한다. "정말 미안합니다. 하지만 우리 가족은 연말까지 빚을 갚을 돈이 없습니다. 집에 불을 지르고 야반도주할 수밖에 없습니다. 당신들께 폐가 되지 않았으면 좋겠군요." 이것은 양해를 가장한 위협이었다. 빽빽한 교토시 중심의 집 한 채에 불을 지르면 구역 전체가 잿더미가 될 수 있었다. 이웃들은 돈을 걷어서 섣달그믐에 구게에게 가져다주었다.

　가진 것이라고는 세련된 헤이안 시대의 기억뿐이었던 가난한 구게들은 빈곤 속에서 우아하게 사는 법을 개발해냈다. 모든 구게 예술에서 그 사례들을 찾아볼 수 있고 이는 교토시 전체에 헤아릴 수 없는 영향을 미쳤다. 예를 들어 가쓰라이궁桂離宮과 같은 유명한 다실의 건축 양식이나, 다도에서 사용하는 도구들, 심지어 오늘날 상점 윈도에 보이는 운치 있는 디스플레이도 구게에 그 연원이 있다.

　교토를 찾는 사람들은 선禪과 다도에 관한 이야기를 수없이 듣는다. 그러나 교토에 선과 다도만 있는 것은 아니다. 교토는 또한 구게의 섬세한 감수성에서 발전해온 문화의 중심지이기도 하다. 1868년 수도를 도쿄로 옮기면서 많은 구게가 천황을 따라 이주했다. 황궁 주변에 있던 이들의 마을이 철거되면서 황궁을 둘러싸고 있는 지금의 넓은 공터가 생겼다. 이에 따라 구게의 역사를 보여주는 유형의 유물은 거의 남아 있지 않다. 이들의 문화는 관광지로 개발되지 않았다. 구게의 세계에 대한 문헌도 거의 없기 때문에 대부분의 사람은 그런 것이 존재했다는 사실조차 잘 알지 못한다. 하지만 구게의 낭만적이고 섬세한 감성은 와카, 향도香道, 게이샤의 춤, 신도의 예식 속에 살아남아 있다. 5000엔짜리 시키시 묶음을 즉흥적으로 사지 않았더라면 절대 발견하지 못했을 것이다.

교토에서의 세월이 늘어가면서 내 컬렉션의 범위도 늘어났다. 시키시와 단자쿠 다음은 족자였고 그다음은 병풍, 도자기, 가구, 불교 조각 등이었다. 컬렉션은 점점 일본 미술뿐 아니라 중국과 티베트와 동남아의 미술품으로도 확대되었다. 병풍이나 불교 조각상은 아무리 헐값이라고 해도 수백 엔이나 수천 엔으로는 어림도 없었으므로 컬렉션을 모으는 데는 진짜 돈이 들기 시작했다. 값을 치르기 위해 수집품의 일부를 친구들에게 팔거나 교환하는 일이 생기다보니 나는 어느새 미술품 거래상이 되어 있었다.

사업이 커지면서 나는 결국 교토의 미술품 경매에도 발을 들이게 되었다. 교토에서는 이러한 경매를 모임이라는 의미에서 '가이會'라고 부른다. 가이는 거래상들에게만 알려진 세계였다. 경매장이 수집품을 연구해서 사전에 카탈로그를 공개하고, 구매자들이 경매에 참가하기 전 물건을 여유롭게 살펴볼 수 있는 크리스티나 소더비 경매와는 전혀 달랐다. 교토의 가이에서는 아무런 정보를 제공하지 않고 물건을 가까이서 살펴볼 시간조차 주어지지 않는다. 누구의 언제 작품인지 얘기해주지도 않은 채 경매인이 긴 탁자 위에 두루마리를 요란하게 펼치면서 경매가 시작된다. 구매자들은 아주 잠깐 동안 작품에 찍힌 도장과 서명을 살펴보고 종이와 먹의 상태를 점검한 뒤 곧장 입찰해야 한다. 따라서 이런 경매에 참여하기 위해서는 다른 무엇보다 고도로 훈련된 눈이 필요하다. 처음에 나는 뭘 어떻게 해야 할지 전혀 알 수가 없었다.

나를 구원해준 것은 표구상인 구사카 씨였다. 80세인 구사카 씨는 교토의 경매에서 60년 가까운 경험을 쌓으며 수만 개의 병풍과 족자를 봐온 사람이다. 내 병풍 중 일부를 그에게 보내 수리를 맡긴 적이 있고 그 인연을 통해 그를 따라 가이에 참석할 수 있었다. 표구상으로서 구사카 씨는 종이와 먹의 상태를 판단하는 전문가의 눈을 갖고 있었고, 서명과 도장에 관해서는 백과사전적 기억의 소유자였다. "서명은 없지만 저건 가이호 유쇼의 도장이군요. 진품 같아요……"라든지, "글자에는 힘이 있지만 종이가 좀 미심쩍어요. 이건 입찰하지 않는 게 좋겠어요……" 같은 말을 중얼거리며 구사카 씨는 가이에서 나의 스승이 되었다. 나는 수십 년의 대학 교육으로도 배울 수 없는 지식을 이런 식으로 얻었다.

골동품에는 두 종류가 있다. 하나는 작가와 연대와 출처가 잘 기록된 채 양호한 상태로 미술계에서 유통되는 물건들이다. 다른 한 종류는 교토에서 우부産(글자 그대로 갓난아기라는 뜻)라는 이름으로 불린다. 우부는 미술계에 처음 등장하는 물건들이다. 오래된 창고에서 오랜 세월 묵은 경우가 많다. 구라藏라고 불리는 이런 창고들은 일본 미술시장의 독특한 성격을 규정해왔다.

일본의 가옥은 전통적으로 크기나 빈부에 상관없이 구라가 나란히 딸려 있었다. 이런 창고가 필요한 이유는 '빈 공간'을 추구하는 정신 때문이다. 일본의 가정에서 가구와 그림과 병풍과 접시와 탁자는 계절과 때에 맞춰 필요한 물건만 내놓는다. 언젠가 오카야마 산악 지대에 있는 유명한 가문의 구라를 구경한 적이 있다. 여주인은 세 종류의 칠기 쟁반과 그릇 풀 세트를 거기 보관하고 있다고 설명했다. 하나는 식구들을 위해, 하나는 손님을 위해, 또 하나는 귀한 손님을 위해 마련해두었다. 부유한 집안은 집과 분리된 곳에 이러한 물건을 보관할 장소를 필요로 했다. 구라는 독특한 건축 형태로 인해 눈에 띈다. 천장이 높고 반듯한 구조에 지붕이 뾰족하게 솟아 있다. 작은 창문이 몇 개 달려 있고 벽에는 회반죽을 두껍게 발라놓았다. 회벽은 일본의 골칫거리이던 화재와 지진으로부터 건물을 지켜준다.

일본에는 집주인이 아닌 이상 구라를 출입하면 안 된다는 강한 미신이 있다. 교토에서는 하녀들이 이런 식으로 자신의 지위에 대해 자랑하곤 했다. "내가 하녀 중에서 서열이 제일 높아. 구라에 들어가도 된다는 허락을 받았거든." 일본 문화가 대체로 유지되던 전쟁 전만 해도 구라 출입은 드물

었고 안에 있는 알 수 없는 물건들은 잊히곤 했다. 그리고 제
2차 세계대전의 문화적 충격이 지난 뒤에는 그 안에 보관되
어 있던 쟁반과 접시와 병풍을 찾을 필요성이 갑자기 사라졌
다. 구라의 나무로 된 거대한 문은 그렇게 영원히 닫혀버렸
다. 오늘날 구라의 소유주들은 현대화를 위한 속도전에 매
몰되어 구라와 그 안에 있는 물건들을 거의 완벽하게 쓸모없
는 것으로 여긴다. 오래된 저택을 철거해야 할 때가 오면 이
들은 골동품 업자(혹은 '수거업체')를 부른다. 구라 안에 있는
물건을 쓰레기 처분하듯 몽땅 사가는 사람들이다. 수거업체
는 모든 물건을 트럭에 싣고 경매장으로 가져간다. 나와 같
은 거래상은 경매에서 처음으로 이 물건들을 보게 된다. 이
런 것들이 우부다. 구라에서 오랜 세월 잠들어 있던 미술품
이 경매장에 도착하면 마치 역사 속에서 튀어나온 것처럼 보
인다. 때로 곰팡이와 습기와 벌레로 인해 뻣뻣해진 병풍을
열어보고 내가 이걸 한 세기 만에 처음 보는 사람일 수도 있
겠구나라고 깨닫는다. 그럴 때면 오래전 모토마치의 상점에
서 이마리 그릇의 짚끈을 풀던 어린 시절의 기억이 샘솟는다.

우부는 미술품 컬렉터에게 가장 위험한 도박 사업이다. 아
무런 보증도 없고 수선과 복원에 커다란 문제들이 뒤따른다.
하지만 바로 거기에 재미가 있다. 데이비드 키드는 내게 이
렇게 말한 적이 있다. "돈이 많아 그걸 갖고 세계적인 시장에

서 위대한 작품을 사들이는 일은 누구라도 할 수 있지. 돈이 없으면서도 여전히 위대한 작품을 살 수 있는 것이야말로 재미있는 일이야."

이제 데이비드와 내가 어떻게 '불가능한 것을 가능하게' 했는지 그 비밀을 얘기할 차례다. 우리 둘 다 처음에는 돈이 별로 없었지만 가진 것에 비해 어마어마하게 큰 미술품 컬렉션을 구축할 수 있었다. 그것도 가난에 찌든 제3세계 국가가 아니라 선진 경제 강대국에서 그런 성과를 이뤄냈다. 이게 가능했던 이유는 일본인들이 스스로의 문화유산에 대해 관심이 없었기 때문이다. 중국 미술품은 세계 시장에서 가치를 유지하고 있다. 중국인들은 부유해지면 우선 전통문화를 보여주는 물건에 투자하기 때문이다. 중국 미술품 컬렉터들 사이에는 거대한 커뮤니티가 존재한다. 전쟁 전의 일본에도 그런 커뮤니티가 있었다. 국내의 컬렉터들이 훌륭한 그림과 서예작품과 도자기들을 놓고 서로 경쟁하던 곳이었다. 구라에 물건을 쌓아놓던 이들이 바로 이 사람들이다.

전쟁이 끝나고 이 커뮤니티는 증발해버렸다. 오늘날에는 일본 예술품을 수집하는 영향력 있는 개인 컬렉터가 거의 존재하지 않는다. 유일한 예외가 다도가들이다. 다도의 세계는 여전히 매우 활발하기 때문에 찻잔이나 차 수저나 다실에 거는 족자 같은 도구들에는 높은 값이 매겨져 있다. 사실 과도

하게 비싼 경우가 많아 말도 안 되는 가격을 요구한다. 그러나 일단 다도의 세계를 벗어나면 일본의 미술품은 헐값에 팔리고 있다. 예를 들어 나는 꽤 많은 두루마리 컬렉션을 갖고 있는데 그중 일부는 다도가들이 격찬해 마지않는 서예가들의 작품이다. 두루마리는 옆으로 펼치게 되어 있고 다 펴면 10미터 혹은 20미터가 되기도 한다. 족자와는 달리 다실에 장식해두기 어렵다. 그렇기 때문에 두루마리는 족자와 최소한 비슷하거나 훨씬 더 큰 예술적, 역사적 가치가 있음에도 불구하고 형편없이 싸게 팔린다.

가부키 극 「주신구라」를 그린 두루마리를 손에 넣은 적이 있다. 1미터가 조금 넘는 높이에 10미터 길이에 달하는 거대한 작품이었다. 원래는 극의 11막을 각각 묘사했던 휘장으로 19세기 중반 어느 가부키 유랑극단이 사용했던 것으로 보인다. 조사를 좀 해보니 일본의 그 어떤 박물관에도 이에 필적할 만한 물건이 없었다. 어쩌면 나는 일본 전국에서 가장 완성도 높은 주신구라 두루마리를 갖게 된 것일지도 몰랐다. 하지만 젊고 가난했던 나는 그 작품을 팔아야만 했다.

우선 가부키 세계의 친구들에게 이야기해보았다. 하지만 이 배우들은 매일매일 가부키 세계에 파묻혀 사는 사람들이다. 주신구라 두루마리는 집에서 긴장을 풀고 쉴 때 옆에 두고 싶은 물건이 아니라고 했다. 일리 있는 말이었다. 이번에는 쇼치쿠松竹사에 팔아보려고 했다. 쇼치쿠는 영화를 제작하고 가부키 극단을 운영하는 거대 연예 회사다. 그들도 관심이 없었다. 일본에 있는 외국계 기업들은 흔히 로비에 황금 병풍이나 민속 예술품을 전시해놓기 때문에 일본 기업들에도 비슷한 수요가 있지 않을까 생각했다. 오피스 빌딩을 방문할 기회가 있을 때마다 공간을 유심히 둘러보았다. 그러나 어디를 가도 서양의 인상파 작품이 벽에 걸려 있을 뿐이었다. 일본 기업들은 자국의 전통 미술에 아무런 관심이 없다고 결론 내릴 수밖에 없었다.

다음으로는 일본의 미술관을 타진해보기로 마음먹었다. 그러나 얘기를 듣자마자 교토의 베테랑 미술 거래상 친구들이 나를 만류했다. 그런 미술관들이 제대로 된 소개를 거치지 않고 나 같은 젊은 외국인의 이야기를 들어줄 리 만무하다고 했다. 47인의 사무라이를 기념하기 위해 지어진 도쿄의 센가쿠사泉岳寺 같은 곳에 접촉해봤으나 전화로 무뚝뚝하게 거절만 당했다. 결국에는 한 미국인 친구가 말도 안 되게 낮은 가격인 4000달러에 두루마리를 샀고, 작품은 미국 노스다코타주의 파고로 가버렸다.

대부분의 사람은 일본의 문화유산이 19세기에 해외로 유출되었다고 생각한다. 보스턴 박물관의 컬렉션을 만들었던 어니스트 페놀로사와 같은 이들이 반불교廢佛 운동의 와중에 나라 시대의 조각들이 파괴되지 않도록 지켰던 것이 바로 19세기였다. 제2차 세계대전이 끝나고 절망적인 상황에 처해 있던 일본을 외국인들이 이용했다는 시각도 있고 어느 정도 사실이기도 하다. 그러나 문화유산의 해외 유출이 오늘날까지 계속되고 있다는 사실을 아는 사람은 거의 없다.

교토의 가이에 드나들던 초기에 오래된 미술품이 새것보다 훨씬 더 싸게 팔리는 것이 이상해 보였다. 19세기 말과 20세기 초의 요란한 그림들이 무로마치의 고전적인 수묵화보다 더 잘 팔렸다. 이런 현상은 현대미술의 모든 곳에 존재하기는 한다. 가령 모네와 반고흐의 그림은 유럽 옛 거장의 작품보다 몇 배는 비싼 천문학적인 가격에 팔린다. 하지만 일본의 상황은 극단적이다. 무로마치 시대의 수묵화와 에도 시대 문인의 서예가 어처구니없이 낮은 가격에 경매로 팔려나가고 있다. 덕분에 나는 약 15년에 걸친 기간 동안 그림과 도자기와 가구와 수백 점의 서예작품을 구매할 수 있었다.

예술품을 수집하고 거래하는 과정에서 나는 컬렉터들이 몇 가지 뚜렷한 유형으로 나뉜다는 사실을 발견했다. 가장 흔한 것은 아마 '우표 수집가' 유형일 것이다. 이 사람들은 비슷비슷한 작은 물건을 많이 모으려고 한다. 까치와도 비슷하다. 옛 동전이나 검의 코등이, 판화용 목판, 비연호 같은 것을 모으는 사람들이 이 우표 수집가 범주에 속한다.

그리고 '해바라기' 유형이 있다. 오로지 다른 이들에게 자랑하기 위해 미술품을 사는 개인이나 회사들이다. 쉽게 알아볼 수 있는 피카소나 반고흐와 같은 거장 미술가의 작품들이 인기 있는 이유가 여기에 있다. 도쿄의 야스다 화재해상보험 미술관*을 보고 나는 이런 유형에 '해바라기'라는 이름을 붙였다. 사실상 오로지 반고흐의「해바라기」한 작품만을 전시하기 위해 존재하는 건물이다. 1980년대에 막대한 비용을 내고 구매했다. 엄밀히 말하면 야스다 화재해상보험은 컬렉터가 아니다. 이들이「해바라기」를 소유하는 유일한 이유는 일본 대중에게 뽐내기 위해서다.

> 현재는손포損保미술관

나에게도 이 두 유형과 같은 성향이 있음을 부인할 수 없다. 예를 들어 수백 장의 작은 종이로 이루어진 나의 시키시와 단자쿠 컬렉션은 명백히 우표 수집가 유형에 해당된다. 시키시를 살 때면, 1500년에서 1900년까지 레이제이 가문의 모든 당주가 쓴 글씨를 찾는 식으로 특정 범주의 작품을 전부 모으려고 했다. 야구 카드의 풀 세트를 모으는 일과 크게 다르지 않다고 생각한다. 거장들에 관해서라면, 나도 유명 예술가의 작품을 소유하는 데서 만족을 느낀다고 인정하지 않을 수 없다. 그리고 그 작품들을 집에 놓는 이유도 친구들에게 잘 보이기 위해서다.

하지만 내게 예술품 수집이 가져다주는 가장 큰 기쁨은 다른 데 있다. 나는 컬렉션을 사용해 하나의 세계를 만든다. 예를 들어 도코노마에 중국의 타이산泰山을 그린 탁본 두루마리를 걸어놓는다. 거기에는 '덕이 있는 자는 외롭지 않다德不孤'는 뜻의 세 글자가 강렬하게 쓰여 있다. 그 아래에 명나라 탁자를 놓는다. 탁자 위에 놓여 있는 『논어』는 "덕이 있는 자는 외롭지 않으니 곁에 항상 이웃이 있다德不孤必有鄰"는 구절이 적힌 페이지가 펼쳐진 채로다. 『논어』 옆에는 선계를 불러일으키는 마법의 힘을 간직하고 있다고 여겨지는 여의봉이 있다. 정원에서 가져온 꽃 한 송이가 청자 그릇 속을 떠다닌다. 방의 다른 곳에는 기이한 모습을 한 '기석'들이 놓여 있다(중국인들은 기석의 안팎에서 도의 작용을 본다). 기석 앞에는 에도의 문인이 글을 써넣은 부채들이 있다. 모든 것이 서로 연결된 하나의 주제에 맞아떨어진다. 박물관에서는 이런 세계를 찾을 수 없다. 진열장에 담겨 홀로 서 있는 기석에는 특별할 것이 없다. 서예의 대가가 아닌 이상 '덕이 있는 자는 외롭지 않다'고 쓰인 두루마리 자체는 누구의 흥미도 끌지 못한다. 하지만 이런 물건을 여러 개 모아서 각각의 본질적인 뜻과 정취를 고려해 배치하면 문인이나 교토 귀족의 세계가 열린다.

오늘날 일본의 젊은이들은 자국의 문화사에 대해 무지하

다. 예술과 미의 잃어버린 세계를 동경하는 사람은 많으나 어디를 가도 콘크리트와 형광등 조명뿐이다. 다른 아시아 국가들의 문제는 더 심각하다. 중국이나 티베트 같은 나라는 고대로부터의 문화가 치명상에 가까운 피해를 입었다. 일본에도 옛 아름다움의 숨결이 전해 내려오는 가옥은 소수에 불과하다. 그리고 역설적이게도 이들 중 상당수를 나나 데이비드 같은 외국인이 소유하고 있다. 젊은 학생들이 우리 집을 방문했다가 깊은 감동을 받고 떠나는 모습을 보면 기분이 좋다. 예술품 컬렉터로서 나의 사명을 다한 느낌이다.

20세기가 끝나가는 지금, 미술품 컬렉션의 세계는 중요한 분기점에 서 있다. 개인 소장품들이 공공기관으로 넘어가는 트렌드를 전 세계에서 볼 수 있다. 내가 수집한 물건들은 수 세기에 걸쳐 개인에서 개인에게로 전해 내려왔거나, 가문에서 소중히 간직했던 것들이다. 예전의 소유주들도 나처럼 이 물건들을 연구하고 즐겼으리라 생각한다. 미술품들과 함께 살면서 거기 숨겨진 비밀을 천천히 풀어내고, 그 과정에서 예술과 삶에 대한 이해가 깊어졌을 것이다. 그러나 개인이 이런 물건들을 소유할 수 있는 시대는 끝나고 있다. 내 소장품의 대부분은 어떤 식으로든 결국 박물관으로 가게 되리라 생각하고 있다. 다음 세대의 개인 컬렉터가 비슷한 컬렉션을 갖추려면 돈이 아주 많아야 할 것이다. 지금 내가 누리는 생활 방식은 다음 세기까지 이어지지 못할 가능성이 크다.

　최근 몇 년 동안 일본에서는 골동품이 희귀해졌다. 구라에 있던 미술품들은 제2차 세계대전이 끝나고 50년간 샘솟 듯 계속 시장으로 흘러나왔다. 그러나 50년간 파괴를 계속하고 나니 이제는 철거할 구라가 별로 남아 있지 않다. 교토의 경매에서 우부가 서서히 사라지고 있다. 특히 병풍은 그 양과 질 면에서 극적으로 줄어들었고, 몇 년 있으면 수묵화도 사라질 것이다. 샘이 말라가고 있다. 나의 컬렉션 능력은 오로지 하나의 사실에 기대고 있다. 일본인들의 아시아 미술에 대한 무관심. 이것이 지속되는 한 나는 컬렉션을 늘려갈 수 있다. 이기적인 바람이지만 그래서 나는 이들이 조금만 더 오래 잠들어 있기를 기도한다.

5장

일본화과 중국화

하파스

레고메노

예일대학에 다니던 시절 중국사를 가르치던 A. F. 라이트 교수는 강의를 이렇게 시작하곤 했다. "중국의 광대한 역사를 바라보고 있으면 도대체 어디서부터 시작해야 할지 알 수가 없습니다. 문명이 개화하던 8세기의 당나라에서 시작해야 할까요? 아니면 그보다 1000년 전 진시황이 학자들을 매장하던 일? 그도 아니면 그보다 1000년 더 앞선 주공周公과 현자와 위정자의 시대부터 얘기해야 할까요? 아닙니다!" 이 부분에서 그가 손으로 강단을 톡톡 두드리고 강의실은 침묵으로 가득하다. "히말라야산맥이 융기하던 때부터 시작해야 할 거예요!"

반면 나의 일본어 교수였던 로이 밀러는 학생들을 집으로 초대해서 스시를 대접하고 일본 무용을 보여주는 것으로 학기를 시작하곤 했다. 여기에 일본학과 중국학의 차이가 있다.

둘은 겉으로는 비슷해 보이지만 실제로는 전혀 다른 세계다. 두 세계 모두에 이끌렸던 사람으로서 나는 그 차이점들이 매우 흥미로웠고 그게 학문 분야에서만큼 두드러지게 나타나는 곳도 없다.

시작은 초등학교 때 들었던 중국어 수업이었지만, 1960년대 중반 요코하마에서 2년을 보내면서 나는 확고히 일본학 쪽으로 들어섰다. 미국으로 돌아와서는 라디오에서 녹음한 민요와 가부키 음악을 열심히 들었다. 몇 상자의 인스턴트 라면도 함께 갖고 왔다. 라면과 더불어 어머니가 수집했던 음악과 미술품과 함께하면서 일본에 대한 나의 애정은 줄곧 생생하게 유지되었다. 고등학교에 들어갈 때쯤에는 이미 대학에서 일본학을 전공하리라 마음먹었다. 당시에는 흔치 않았던 일본학 전공을 개설한 대학이 몇몇 있었고 예일대학이 그중 하나였다. 그래서 예일을 목표로 삼아 1969년 가을에 입학할 수 있었다.

일본학의 첫 관문은 물론 일본어를 배우는 것이다. 지금이야 수십 종의 일본어 교재가 시중에 판매되고 있지만 1970년대 중반까지 대부분의 미국 대학은 조던Jordan이라고 불리는 교재를 사용했다. 원래 외교관들을 위해 쓰인 책이었다. 언어학적 분석에 기초해 단계별 접근을 하는 이 책의 일본어 교수법은 당시로서는 획기적인 방식이었다. 그때부터 조던은 '일본어 교재의 어머니'라고 알려졌다. 교수법은 문장의 패턴을 반복하고 반복하고 또 반복하는 것으로 이루어져 있다. 보통의 교재와 비교해보면 조던의 반복에 대한 강조는 거의 믿기 힘들 정도다. 이미 일본에서 살다 왔던 나는 이 교재가 내게 지루하기만 할 것이라고 생각했다. 교재의 공저자 하마코 채플린 여사가 마침 예일에서 일본어를 가르치고 있었고 나는 그녀를 찾아가 이미 일본어를 할 줄 안다고 했다. 그녀는 끄떡도 하지 않고 이렇게 말했다. "물론 일본어를 할 줄 알겠죠. 하지만 그건 국제학교에서 배운 전형적인 외국인의 일본어예요. 아이들이 하는 일본어나 다름없죠. 그걸 고치지 않으면 일본 사회에서 널리 받아들여지는 방식의 일본어는 절대로 할 수 없어요. 맨 처음부터 다시 시작하도록 하세요."

초급반 수업을 듣는다는 것은 조던으로 공부해야 한다는 사실 외에도 매일 아침 8시까지 강의실에 도착해야 함을 의미한다. 이것이야말로 올빼미형 인간인 나에게 가장 고통스러운 일이었다. 예상대로 수업은 온몸이 마비될 지경으로 지루했다. 하지만 조던 덕분에 기초적인 문법과 존댓말의 규칙을 마스터할 수 있었다. 일본어에서 존댓말은 대단히 중요한데 나는 이를 첫 구술시험을 통해 실감했다. 채플린 여사가 이렇게 물었다. "당신의 이름은 무엇입니까?" 나는 "내 이름은 알렉스 상입니다"라고 대답했다. 괴로운 침묵 끝에 채플린 여사는 "인터뷰는 이걸로 끝입니다"라고 했다. 교실을 빠져나오며 나는 '상'이라는 말이 중립적 의미의 '미스터'와는 다르다는 사실을 기억해냈다. 상은 언제나 존대의 의미를 띠고 있기 때문에 절대로 스스로에게 사용해서는 안 된다.

예일대학이 훌륭한 일본학 프로그램을 마련해두긴 했지만 대부분의 수업은 석사 이상의 학생을 대상으로 했다. 미국 교육계에 일본 붐이 일기 훨씬 전이었고 이 분야를 전공하는 학부생이 거의 없던 시절이었다. 1974년에 졸업할 때 나 말고 일본학으로 학사 학위를 받은 학생은 단 한 명뿐이었다. 지금은 예일에서만도 일본학을 전공하는 수많은 학생이 있고, 일본학 코스를 개설한 대학의 수도 엄청나게 늘어 100여 군데가 넘는다(내가 학생이던 시절에는 스무 군데 정도였다).

일본학은 문학, 예술, 사회학, 경제학 등을 모두 다루지만 사회와 경제의 구조를 다루는 데 압도적인 비중을 할애한다. 일본 경제를 공부해야 할 필요성은 자명해 보이지만 일본이라는 나라의 그 어떤 측면보다 많은 연구와 강의가 이루어지는 주제는 바로 일본의 사회구조일 것이다. 일본 국내외 전문가들은 그동안 일본인의 사회적 행동을 설명하기 위해 무수한 이론을 개발해왔다. 1900년대 초반 일본 시민으로 귀화했던 미국의 저널리스트 라프카디오 헌은 일본 사회가 근본적으로 고대 그리스와 비슷하다는 이론을 갖고 있었다. 루스 베니딕트는 획기적인 저서 『국화와 칼』을 통해 서양인들이 '죄책감'을 내면화하는 반면 일본인들은 외부로부터 주어지는 '수치심'을 가져올 때만 자신의 행동을 후회한다는 이론을 내세웠다. 이런 이론들 외에도 우리는 '수직 사회' '아마에'(타인이나 시스템의 도움에 의존하는 것), '다테마에와 혼네'(대외적으로 나타내는 의견과 실제로 갖고 있는 의견) 등등의 이론을 접한다. 이러한 이론들이 일본학 학생들이 반드시읽어야 할 도서 목록에 차곡차곡 쌓여 있다.

이 목록에 내 이론을 하나 보태자면, 나는 12세기 말 가마쿠라 막부와 함께 시작된 사회의 병영화가 개인주의를 효과적으로 억압하고 있다고 생각한다. 일본은 섬나라이므로 규칙을 철저하게 적용할 수 있다. 중국과 같은 커다란 대륙 국가에서는 불가능하다. 그 결과 회사에서 다도 모임에 이르기까지 일본 도처에 보이는 피라미드 구조가 실제로 행동의 패턴을 지배한다. 내 경험으로 일본인은 중국인에 비해 의외의 말이나 행동을 할 가능성이 훨씬 적다. 속으로는 어떻게 생각할지 몰라도 실제로는 규칙이 요구하는 대로 행동하게 마련이다. 충성을 소재로 한 가부키의 비극들은 이처럼 사회에 의해 억압된 개인의 소리 없는 비명을 심리적으로 다루고 있다. 사회의 규칙이 이처럼 중요한 역할을 하기 때문에 이를 공부하는 것은 매우 중요하다.

사회 이론을 강조하는 또 하나의 이유는 일본 작가들이 국내 독자들을 위해 쓴 '일본인론'(일본다움에 관한 이론) 서적이 넘쳐나기 때문이다. 일본인과 교류하며 일생을 보내고자 하는 일본학 학생들이 이런 책을 읽지 않으면 큰 문제가 될 수 있다. 일본다움에 대한 책들은『일본인과 유대인』『일본인과 한국인』『일본인의 뇌 구조』등과 같은 제목에서 볼 수 있듯이 다양한 종류가 있다. 일본인이 특정한 면에서 그 누구보다 우수하다는 사실을 입증하기 위해 쓰인 글인 만큼 대체로 과감한 논지를 편다. 가령 일본인은 우뇌로 언어를 처리하기 때문에 그들의 뇌가 독특하고 탁월하다는 식이다. 세상 그 어떤 나라도 일본만큼 자화자찬하는 책이 많지 않다.

일본학 분야의 외국인 학자는 주장을 펼 때 매우 조심해야 한다. 하버드대학의 에즈라 보겔은『일본 넘버원*Japan as Number One*』이라는 책을 써서 명사 대우를 받았다. 하지만 로이 밀러는 일본어가 타언어에 비해 독특하고 우월하다고 주장하는 언어학자들에게 도전하는 책『현대 일본의 신화*Japan's Modern Myth*』를 썼다가 '일본 때리기'라며 배척당했다. 내가 대학생이었던 1970년대 초반에 이미 이 논쟁은 뜨거웠다. 일본을 좋아하기는 했어도 '일본인론'이 사용하는 수사들을 듣고 있노라면 글로벌 환경에서 일본이 맞게 될 미래에 대한 뚜렷하고도 불길한 예감이 들었다.

1972년 가을부터 나는 도쿄의 게이오대학 국제센터에서 1년간 교환학생으로 지냈다. 게이오는 일본에서 가장 오래된 대학이다. 19세기에 최초로 해외를 여행했던 일본인 중 한 명인 후쿠자와 유키치가 1867년 설립했다. 나는 미타의 옛 게이오 캠퍼스에서 멀지 않은 시로가네다이白金台에 살면서 일본어 수업을 듣고 건축 수업을 청강했다.

그러나 게이오에서 보낸 시간 중 흥미로운 일이 있었던 기억은 거의 나지 않는다. 이는 부분적으로 일본의 대학 시스템 탓이다. 일본의 고등학생들은 대학 입시를 통과하기 위해 끊임없이 공부해야 한다. 모든 과외활동을 포기하고 학원에 다니며 '입시지옥'이라 불리는 생활을 한다. 하지만 일단 대학에 들어가면 압박이 갑자기 사라지고 앞으로의 4년은 거의 놀면서 보낸다. 회사는 신입사원이 채용 전에 어떤 지식을 갖고 있는지 거의 신경 쓰지 않는다. 실제 교육은 채용 후에 시작된다. 따라서 대학 수업은 별로 중요하지 않고 일본은 학문적 엄격함이 유럽이나 미국에 비해 크게 뒤떨어진다. 건축학 강의는 지독하게 지루했고 나는 잠들지 않을 도리가 없었다. 두 달 정도 그렇게 보낸 뒤 나는 그냥 포기하고 강의에 들어가지 않았다.

일본 대학은 수강생 규모가 매우 큰 편이었고 학생들이 기숙사 생활을 하지 않았기 때문에 사람들을 만날 기회도 드물었다. 아마 당시 국제 센터의 운영에도 원인이 있어 게이오의 외국인 교환학생들은 상대적으로 고립되어 있었다. 어쨌든 나는 대학에서 단 한 명의 친구도 사귀지 못했다. 학생식당에서 매일 밥을 먹었지만 내게 와서 말을 건 일본 학생은 아무도 없었다.

게이오 캠퍼스 바깥에서는 너무나도 좋은 한 해를 보냈다. 시로가네다이 지역의 대중목욕탕에서 만난 사람들과 가까운 친구가 되었다. 목욕을 하고 커피숍에 가면 더 많은 사람을 만날 수 있었다. 이야 계곡으로 늘 여행을 다녔고 가는 길에 아시야에 있는 데이비드 키드의 집에서 며칠씩, 때로는 일주일 내내 머무르곤 했다. 풍부한 경험으로 가득한 한 해였지만 그것은 도쿄와 아시야와 이야에서의 배움 때문이었다. 게이오와는 아무런 상관이 없었다.

교환학생 프로그램이 끝나고 나서는 예일로 돌아왔다. 졸업 논문으로 이야 계곡에 대해 쓰기로 했지만 데이비드 키드 덕분에 어린 시절 중국에 대한 관심이 다시금 불타올라 있었다. 중국에 대해 좀더 알지 못하면 결코 일본을 제대로 이해하지 못하리라는 생각이 들었다. 그래서 졸업하면 중국이나 타이완으로 여행을 가려는 계획을 세웠다. 그 무렵 로즈

장학금[*]을 신청해보라는 권유를 받고, 별생각 옥스퍼드대학의 장
학금 프로그램
없이 옥스퍼드의 중국학 석사에 지원했다. 그
로부터 몇 달 후 기대하지 않았던 일이 벌어졌
다. 로즈 장학금을 받게 된 것이다. 원래 가려던 곳과는 반대
방향에 있는 영국의 옥스퍼드에서 공부해야 할지도 모른다
는 사실이 충격으로 다가왔다. 그러나 거절하기 어려운 제안
이었고 나는 그렇게 1974년 영국행 비행기에 올랐다.

옥스퍼드에 도착한 지 얼마 안 된 어느 날 밤, 친구 하나가
나를 머튼 칼리지 식당으로 데려갔다. 손에 들고 있던 맥주
잔을 힐끗 봤더니 1572이라는 숫자가 적혀 있었다. 1572년
이 그 맥주잔을 기부받았던 해라고 친구가 설명해주었다. 지
난 400년간 머튼 칼리지에서 계속해서 사용되던 잔으로 내
가 맥주를 마시고 있었던 것이다. 그 순간 옥스퍼드가 역사
를 측정하는 눈금이 연도가 아니라 세기라는 사실에 놀라지
않을 수 없었다.

이런 '역사 기억의 눈금'은 대단히 흥미로운 일이다. 일본
에서는 제2차 세계대전 이전의 수십 년간 벌어졌던 일들이
교과서에서 거의 사라졌고, 일본어 문자에도 급격한 변화가
따랐다. 일본어는 두 차례 혁명적인 변화를 겪었다. 한 번은
1868년이고 또 한 번은 1945년이다. 전쟁 전에 일상적으로
쓰이던 수백 글자의 한자가 쓰이지 않게 되었고 가나의 철자

법에도 변화가 있었다. 전쟁 전에 쓰인 문장을 읽는 것은 대부분의 젊은이에게 어려운 일이고, 노년층의 교육받은 일본인도 1868년 이전에 쓰인 글은 거의 읽지 못한다. 그 결과 일본의 '기억의 눈금'은 역사적 사건에 관해서라면 대략 50년 정도고, 문학에 관해서라면 기껏해야 130년이다.

옥스퍼드대학에서의 세월은 내게 일본에 관한 또 다른 관점을 갖게 해주었다. 찻잔이 무로마치 시대의 물건이라고 하면 일본 사람들은 언제나 크게 놀라고 감탄한다. 그러나 옥스퍼드에서는 오래된 물건이 일상생활의 자연스러운 부분으로 존재하며 당신을 둘러싸고 있다. 이제 찻잔이 무로마치 시대의 것이라고 해서 놀랄 일은 더 이상 없다. 머튼 칼리지에서는 맥주잔조차 무로마치 시대만큼 거슬러 올라간다. 중요한 것은 오래된 물건들이 여전히 계속 쓰이고 있다는 사실이다.

옥스퍼드에서 중국학의 핵심은 예상했던 대로 고전 읽기에 있었다. 중국은 죽은 문화로 취급되었다. 중국학이 속해 있던 동방학부에서는 나란히 위치한 강의실에서 이집트, 칼데아, 콥트에 관한 수업이 진행되었다. 옥스퍼드의 이런 접근법 때문에 중국어 회화를 배울 기회가 드물었고 지금도 거의 할 줄 모른다. 반면 나는 맹자와 공자와 장자를 마음껏 읽었다. 강사 중에 판 데어 룬이라는 네덜란드 사람이 있었다.

수 세기에 걸쳐 한자의 소리와 뜻이 어떻게 달라졌는가에 관한 그의 설명 덕분에 나는 여태도 중국 문자에 대해 감탄을 거두지 못한다.

치이오리의 치鷈와 같은 한자는 고대 문헌에 딱 한 번 등장하고 다시는 나타나지 않는다. 이런 글자를 '하팍스 레고메논 ᴴᴬᴾᴬˣ ᴸᴱᴳᴼᴹᴱᴺᴼᴺ'이라고 부른다. 치는 대나무로 된 치 피리가 몇 년 전 주나라 무덤에서 실제로 발견되었기 때문에 우리는 이제 글자가 의미하는 바를 안다. 그러나 보통의 경우는 '그릇은 X색으로 빛났다'와 같은 식의 문장을 만나게 된다. 여기서 X라는 글자의 의미는 소리나 한자 구조를 통해, 혹은 후대의 누군가가 남겨놓은 해석을 통해 짐작할 수는 있지만 하팍스라서 다른 곳에는 등장하지 않기 때문에 확신할 수 없다. 판데어 룬은 장자를 읽다가 그런 한자가 나타나면 "아!" 하고 멈추곤 했다. "하팍스 레고메논이군. 왓슨은 이러이러하게 해석했지만, 사실 우리는 그 진짜 의미를 절대 알 수 없습니다."

옥스퍼드의 중국학은 고전 읽기에 절대적으로 집중되어 있었지만, 현대 중국을 완전히 무시하지는 않아서, 마오쩌둥의 글을 읽기도 하고 현대 중국 정치를 공부하기도 했다. 그러면서 나는 중국에 대한 글이 일본에 대한 글과는 대조적으로 사회 이론이 아니라 정치에 중점을 두고 있음을 깨달았다. 어느 파벌이 정권을 잡았고 어느 파벌이 밀려났으며 하는 내

용이었다. 이것은 현대 중국에 국한된 현상이 아니다. 나라
의 거대한 크기 때문에 중국은 역사적으로 내내 정치적 혼란
에 시달렸다. 이처럼 커다란 나라를 다스리기 위해서는 급진
적인 조치들이 필요했고 그 결과 정치가 활발한 토론과 논쟁
을 불러왔다. 중국은 언제나 정치 문제로 분열되어왔다.

　예를 들어 송나라 때 일군의 정치가들이 정전제井田制라는
제도를 생각해냈다. 틱택토 게임처럼 두 개의 가로줄과 두
개의 세로줄로 이루어진 글자인 우물 정井자에 기초한 제도
다. 이 글자의 모양에 따라 경작지를 아홉 구획으로 나눈다.
바깥의 여덟 군데는 농민이 스스로 경작하는 땅이다. 가운데
의 땅은 공동 경작해 산출물을 정부에 세금으로 바친다. 정
전제를 도입하는 과정에서 수백만의 농민이 땅을 잃었고 농
업에 막대한 피해를 입혔다. 요란한 반대가 뒤따랐고 정전제
에 반대하는 세력이 권력을 잡게 되었다. 이들은 정전제에
찬성하는 정치인들을 추방하고 어마어마한 인력을 들여 정
전제를 취소했다. 시간이 흘러 정전제에 찬성하는 세력이 다
시 집권했고, 또다시 소란이 반복되었다. 이런 일이 한 세기
동안 계속되면서 송나라가 쇠약해져 마침내 멸망하는 데에
도 영향을 미쳤다.

　정치에 관한 과도한 관심은 마찬가지로 중국의 시에도 곳
곳에 드러난다. 고대 시가의 상당 부분은 이런저런 부당함이

나 정부 정책에 항의하는 내용이다. 따라서 당시의 정치 상황과 깊게 얽혀 있곤 해 요즘 독자들의 흥미를 끌지 못한다. 어디를 돌아봐도 정치가 있다. 청나라 때는 서양 문명을 중국 땅에 들여도 될 것인가를 놓고 거센 논란이 일었다. 20세기가 되어서는 그게 군벌이 되었다가, 일본이 되었다가, 마침내 공산당이 되었다. 공산당은 자신들만의 현대판 정전제를 내세워 나라를 사실상 황폐화시켰다.

옥스퍼드에 있던 시절에는 문화대혁명의 영향이 여전히 강했다. 우리가 사용하던 중국어 교재는 중국 정부가 발행한 것이었는데 그 내용은 거의 우스울 정도로 정치화되어 있다. 제1장은 하나부터 열까지 숫자 세는 법을 가르친다. 제2장은 '감사합니다' '괜찮아요' 같은 말을 가르친다. 그리고 제3장에 이르면 '반혁명 분자' '일본 귀신日本鬼子'[*] 같은 단어를 소개한다. 내가 옥스퍼드를 졸업하던 1977년 이 모든 것이 한순간에 변했다. 마오쩌둥 시절의 지도자들이 4인방으로 매도되고 '일본 귀신'은 '일본 친구'로 바뀌었다. 현대미술에서도 같은 영향을 볼 수 있다. 일본의 현대미술에서는 정치적 의도를 거의 읽을 수 없는 반면, 중국의 현대미술은 반체제 운동의 역사와 떼려야 뗄수 없다.

중국은 '일본인론'의 중국 버전과 같은 책을 거의 출판한

[*] 중국에서 일본인을 부르는 멸칭

적이 없기 때문에 나는 중국학의 분위기를 상대적으로 자유롭고 편안하게 느꼈다. 중국의 훌륭함을 다른 나라 사람들에게 강요하기 위한 이론 같은 것은 본 적이 없다. 하지만 중국(세상의 중심)이라는 이름에서 바로 드러나듯이 중국인들은 자국이 지구의 중심이라는 생각을 확고하게 갖고 있다. 최근까지만 하더라도 중국은 베트남이나 한국, 일본 같은 이웃 국가들에 자국의 문화를 전파해주고 상대적으로 아주 작은 것만을 돌려받았다. 사실상 일본에서 중국으로 건너간 유일한 물건은 접는 부채뿐이다. 따라서 중국인들은 스스로의 우월함을 당연하게 여긴다. 숨 쉬는 공기와도 같아 스스로에게든 남에게든 그것을 입증할 필요가 없다.

이와 대조적으로 일본은 항상 다른 나라로부터 문화를 수입하는 쪽이었기 때문에, 가슴 깊은 곳에서 나오는 스스로의 문화적 정체성에 대한 불안감에 시달린다. 선禪에서 시작해 문자 체계까지 쓸모 있는 것 대부분이 중국이나 한국으로부터 왔는데 무엇을 진정 '일본'의 것이라고 부를 수 있을까? 사람들은 끊임없이 누가 우월하고 열등한지 의식하도록 강요받는다. 예를 들면 채플린 여사가 나에게 그토록 중요하다고 강조했던 존댓말이 그런 작용을 한다. 이러한 사고방식이 본능이 되어, 일본인은 세계의 각 나라에 대해서도 순위를 매기지 않으면 마음이 편치 않다. 거기서는 당연하게도 일본이 피라미드의 꼭대기를 차지해야 하고 그것이 바로 과감한 '일본인론'이 탄생하게 된 배경이다.

일본학과 중국학의 성격에 대해 이처럼 크게 일반화하면 비판받을 것이 분명하다. 그래도 어쩔 수 없다. 중국을 사랑하는 사람들은 사상가이고, 일본을 사랑하는 사람들은 감각적이다. 중국에 끌리는 사람들은 쉼을 모르고, 모험을 좋아하며, 비판적인 시각을 가진 이들이다. 중국 사회가 즉흥적이기 때문에 그래야만 한다. 한순간에서 다른 순간으로 순식간에 바뀌고, 중국어 대화는 빠르고 날 서 있다. 잠시라도 마음을 놓을 수가 없다. 아무리 흥미로워도 중국에서는 절대 긴장을 풀고 '모든 게 완벽하군' 하고 생각할 수가 없다. 반면 모든 사람을 가혹한 현실로부터 보호하기 위해 고안된 사회적 패턴을 가진 일본은 살기에 훨씬 더 쾌적한 나라다. 잘 자리 잡은 리듬과 예의 바름이 당신을 대부분의 불쾌함으로부터 지켜준다. 사물의 잔잔한 표면 위에서 행복하게 떠다니는 일종의 '연꽃의 나라'라고 할 수 있다.

일본학과 중국학과 동남아시아학을 전공했던 친구들이 살아온 길을 보면 그 차이는 놀라울 정도다. 예를 들어 내가 옥스퍼드에서 만났던 이들 중 가장 기억에 남는 두 사람으로 티베트 문화를 가르치던 마이클 아리스와 그의 아내 아웅산 수 치가 있다. 겸손하고 조용한 말투의 마이클은 놀라울 만큼 헌신적인 학자였다. 한번은 수업 도중에 전화벨이 울리더니 마이클이 빠른 티베트어로 전화를 받았던 일이 기억난다. 수화기 건너편의 사람은 달라이 라마였다. 버마 사람수 치는 영국과 싸워 근대 국가 버마(지금의 미얀마)를 세운아웅산 장군의 딸이었다. 수 치는 1988년에 버마로 돌아가1960년대부터 그곳을 지배하던 군사 독재에 저항하는 민주주의 운동을 이끌었다. 그로 인해 6년간 가택연금을 당하고노벨평화상을 받기도 했다.

옥스퍼드에서 만난 또 다른 친구로는 호주에서 로즈 장학금을 받고 온 니컬러스 조스가 있다. 원래 영문학을 전공했지만 나중에 중국어를 공부해 마침내 매우 유창한 수준에 이르렀다. 중국에서 몇 년을 보내고는 호주 대사관에 취직해서문화 담당관으로 일했다. 톈안먼 학살이 있기 전까지 베이징의 미술가, 시인, 음악가들의 커뮤니티에서 중심인물이었고시위자들을 경찰로부터 몸소 구출하기도 했다.

이와는 대조적으로 일본학을 전공했던 외국인 친구들에게 인생에서 가장 흥분되던 순간이 언제였냐고 물어보면 대체로 이런 식의 대답을 한다. "선종 사원에서 명상을 하고 있는데 스님들이 걸어가면서 은빛 장삼이 스치는 소리를 들었다네." 제2차 세계대전이 끝나고 일본은 50년간 단절 없는평화의 시대를 보냈다. 그 기간에 일본 사회 시스템의 콘크리트는 빠르고 견고하게 굳었다. 일본은 사회적으로 정체된 나라가 되었고 일본에 끌리는 다수의 외국인은 그런 데서 편안함을 느끼는 사람들이었다.

평화롭고 안전한 사회는 일본이 이룬 큰 업적 중 하나다. 일본은 서양 대부분의 나라와 비교해도 높은 위생 수준과 낮은 문맹률을 보일 뿐만 아니라 고도 성장의 혜택이 아시아의 그 어떤 나라보다 국민에게 고르게 분배되어 있다. 폭력범죄나 마약의 남용은 상대적으로 적고 기대수명은 높다. 이와 동시에 엄연히 존재하는 부라쿠민(과거 불가촉 천민의 후손)이나 조선인에 대한 차별과 같은 심각한 사회 문제는 조심스럽게 뒤로 숨겨져 있다. 시스템에 반하는 목소리를 내지 말아야 하는 분위기이며, 그 결과 여성이나 생태, 각종 법적 문제, 또는 소비자를 옹호하는 변호 단체의 힘은 형편없이 약하다.

일본에 살면서 갖게 되는, 세상과 격리된 듯한 묘한 느낌은 일본을 실제보다 훨씬 더 평화롭게 보이도록 만드는 조화로운 사회 시스템에 그 뿌리가 있다. 이 시스템은 갑작스러운 변화를 거부하고 해외로부터의 영향을 배제시킨다. 그로 인해 에이즈나 생태 문제나 인권과 같은 글로벌 이슈들은 일본인의 의식 속에 잘 침투하지 못한다. 일본에서 그런 일들은 타인의 문제처럼 보인다. 연꽃의 땅에 사는 외국인들은 회사생활의 자질구레한 일상이나 다도의 미학에 경도된 나머지 더 큰 문제들이 존재한다는 사실을 잊어버린다.

　여기에는 또한 외국인이 접근할 수 있는 형태로 살아남은 전통문화가 다른 대부분의 아시아 국가에 비해 일본에 더 많이 남아 있다는 사실도 작용한다. 일본 문화의 우아한 형태는 그것과 접촉하는 사람들을 거의 저항할 수 없을 만큼 장악하고, 일본학자들은 비평적 시각을 포기한 채 일본에 '전향'하는 경향이 있다. 이는 부분적으로 일본이 스스로에 대해 갖고 있는 불안감에서 기인하는데, 모든 사람을 '일본을 때리는 사람' 아니면 '일본을 사랑하는 사람' 둘 중 하나로 보기 때문이다. 그래서 사람들은 일본 사회와 문화에 다가가기 위해서는 숭배의 태도로 접근해야 한다고 생각한다. 나는 교토에서 이러한 전향의 심리를 심심찮게 마주친다. 교토에서 미술을 공부하는 외국인들은 마치 다시 태어난 기독교인들이 신앙에 대해 얘기할 때나 보여주는 열정으로 '와和 케이敬 세이淸 자쿠寂(온화하게, 공경스럽게, 맑게, 고요하게)'와 같은 다도의 슬로건을 입에 올리는 경향이 있다. 가끔 나는 '일본학'을 '일본 숭배'라고 부르는 것이 더 정확하지 않을까 생각한다.

　그러나 '일본 숭배'의 좋은 점도 간과해서는 안 된다. '와 케이 세이 자쿠'와 같은 개념은 남용되고 의미가 변질되었지만,

이 말이 나타내는 미학은 여전히 일본에 살아 있다. 일본에서 전통문화를 공부하는 사람들은 단순히 냉정한 학문적 시선으로 바라보는 것이 아니라 자신이 다루는 주제를 매우 개인적인 방식으로 가슴에 담는다. 일본에 전향하고 교토에서 다도나 노의 '추종자'가 된 외국인의 존재가 그 극단적인 사례이나, 이들은 우리가 감사해야 할 일본학의 한 측면을 대표한다. 서양에는 알려지지 않은 중요한 미학적, 철학적 통찰이 이들을 통해 일본에서 세계로 전해진다.

반면 중국은 여전히 공산당 정권하에서 40년간 이루어진 문화적 억압의 영향으로부터 회복하지 못하고 있다. 특히 문화대혁명은 전통문화에 치명적인 피해를 입혔다. 그 피해자 중 하나가 불교 및 도교 사원이다. 수만 개에 이르는 사원이 파괴되었다. 한 중국미술 전문가는 고대의 청동 불상을 트럭에 가득 싣고 용광로로 향하는 장면을 내게 묘사해주기도 했다. 베이징의 유명하다는 사원을 많이 방문해봤지만 원래의 불상이 발견되는 일은 아주 드물었다. 대부분은 정부에 의해 압수되거나 파괴되었고, 오늘날 거기 남아 있는 것이라고는 값싼 모조품뿐이다.

파괴된 것은 문화 유품만이 아니었다. 예술가와 장인들이 노동 교화 시설로 끌려갔고, 극단은 해체되었고, 남아 있던 몇 안 되는 문인들은 무자비한 박해를 당했다. 종교는 거의 근절되었으며 일상의 루틴조차 뿌리까지 변해버렸다. 예를 들어 1920년대와 1930년대에 베이징에 살던 이들의 이야기에 따르면 거기에는 황실의 중심지로서 수 세기 동안 발전시켜온 궁정 예절이 존재했다. 일상의 안부 인사조차 일종의 예술적 형태를 띠었다. 그러나 옛 주민들은 쫓겨났고, 그들의 주택과 생계는 완전히 파괴되었다. 오늘날 베이징을 여행하는 사람들은 택시 기사와 호텔 웨이터들의 무례함이나 퉁명스러움에 놀라움을 금치 못하곤 한다.

최근 중국의 경극, 불교, 도교, 유교를 되살리려는 노력은 실로 영웅적이다. 중국인이 스스로의 문화유산에 대한 자긍심을 재발견하면서 어느 정도 진정한 부흥에 대한 희망을 준다. 그러나 현재 중국의 전통문화는 머리에 커다란 물리적 충격을 받은 뒤 비틀거리며 일어나고 있는 정도로 아직 쇠약한 단계다. 그렇기 때문에 해외 학자들은 전통적인 중국 문화를 살아 있는 것이 아니라 죽은 유물로 보는 경향이 있다. 그 부분에 대해 옥스퍼드의 지도 강사 중 한 명과 논쟁을 벌인 적이 있다. 개별 수업을 위해 『주역』에 대한 에세이를 쓰면서 역사적 배경과 다양한 철학적 이슈를 다룬 뒤 나는 이렇게 끝맺었다. "『주역』에 관하여 미래에 연구해야 할 것은 그 역사적 배경이 아니다. 『주역』은 미래가 어떻게 될 것인지에 대해 사람들에게 조언해줄 목적으로 쓰인 점술 책이다.

『주역』이 흥미로운 점은 그 역할을 여전히 해낸다는 사실이다." 학기 말에 발리올 칼리지의 학장이 내 지도 강사로부터 받은 편지를 읽어주었다. "커 씨의 사고방식은 전형적인 미국인의 것입니다. 나약하고 혼란스럽고 영적인 진리만 가득할 뿐 학문적 엄격함은 전혀 보이지 않습니다."

강사의 이런 태도는 옥스퍼드에서만 볼 수 있었던 징후가 아니다. 중국학은 대체로 좀 건조한 편이고, 대상으로부터 어느 정도 거리를 두려고 한다. 반대로 일본학은 전통문화에 대해 지나치게 숭배적인 태도를 취한다. 일본학의 학생이 선禪의 깨우침에 대해 관심을 표했다는 이유로 선생에게 비판받는 것은 상상할 수 없다.

옥스퍼드에서 마지막 해이던 1976년 여름 데이비드 키드에게서 편지가 왔다. 교토 근처의 가메오카시에 있는 신도 단체인 오모토 재단의 브로슈어가 들어 있었다. 오모토 재단에서 외국인을 위해 전통 일본 예술에 관한 세미나를 열 예정이었고 데이비드는 내가 학생이자 통역사로 거기에 참석하기를 원했다. 나는 이렇게 답장을 보냈다. '정말 미안하지만 일본에서 어릴 때부터 자랐기 때문에 노나 다도 같은 것은 이미 봐서 알고 있어요. 그보다는 미국에서 가족들과 여름을 보내고 싶습니다. 전통 예술 세미나에는 참석하지 않겠어요.'

그로부터 일주일쯤 뒤 국제전화가 왔으니 수위실로 내려
오라는 연락을 받았다. 데이비드에게서 걸려온 전화였다. 그
가 이렇게 말했다. "일본행 왕복 비행기 표를 사뒀어. 세미나
에 안 올 거면 다시는 나한테 연락도 하지 마!" 그러고는 전
화를 끊어버렸다. 나는 데이비드가 왜 이렇게까지 열심인지
알 수 없었다. 언제나 일본보다는 중국에 훨씬 더 관심이 많
았던 사람 아니던가. 하지만 그가 이게 거절해서는 안 될 제
안이라는 점을 분명히 했으므로, 나는 일본으로 가서 오모토
재단의 세미나에 참석했다. 여름 한 달간 다도와 노와 무도
와 서예 수업을 들었다.

그 세미나가 예일의 일본학과 옥스퍼드의 중국학에 이어
아시아학으로 가는 나의 세 번째 관문이 되었다. 세미나는
학문적 강의를 최소한으로 하고 실습에 집중하는 것을 방침
으로 하고 있었다. 학생들은 후쿠사服紗(다도가가 다구를 닦기
위해 사용하는 비단 천)를 개는 법이며, 차를 저어서 손님에게
내는 법을 배웠다. 손님으로서 어떻게 찻잔을 잡아서 돌려야
하는지, 어떻게 앉아야 하는지, 두 손은 어디에 두고 다른 손
님에게는 어떻게 말해야 하는지도 배웠다. 노에서는 시마이
仕舞(짧은 노의 춤)를 배우고 마지막 날 무대에 올라 관객 앞에
서 공연을 했다. 데이비드에게는 다도며 노 같은 것을 이미
봐서 알고 있다고 말했지만 세미나 기간에 배운 것 하나하나

가 모두 새로웠다.

후쿠사를 접는 법, 노에서 발을 바닥에 끄는 동작, 검도에서 목검을 쥐는 법 — 이 모든 것이 어려웠다. 게다가 세미나가 진행됨에 따라 이런 동작들이 단순히 장식적인 것이 아니라 어떤 철학을 드러내고 있다는 사실이 명확하게 느껴졌다. 예를 들어 조序, 하破, 큐急, 잔신殘心 과 같은 리듬이 그렇다. 이것은 기본적으로 '천천히, 좀더 빨리, 빠르게, 멈춤' 정도를 뜻하는 아주 간단한 규칙이다. 다실에서 후쿠사로 차 수저를 닦을 때면 처음에는 천천히(조) 시작해서, 수저 움푹한 부분의 가운데를 닦을 때는 약간 속도를 내고(하), 끝부분은 빠르게 끝내라고(큐) 배운다. 후쿠사를 수저에서 떼어낼 때는 '마음을 남긴다'는 의미인 잔신으로 마무리한다. 그러고 나면 원점으로 되돌아와서 다음의 조, 하, 큐 리듬을 준비하게 된다.

처음에는 이런 리듬이 다도만의 특징인 것으로 생각됐으나, 노의 발동작과 부채를 드는 동작에도 똑같이 적용된다는 사실을 곧 알게 되었다. 무도와 서예에서도 이런 리듬이 모든 움직임을 지배한다. 세미나를 거치면서 조, 하, 큐가 일본의 모든 전통 예술의 기저를 이루고 있음을 깨달았다. 선생들은 한발 더 나아가 조, 하, 큐, 잔신이 자연의 바탕이 되는 리듬이라고 설명했다. 이 리듬이 인간의 운명, 시대의 흐름, 심지어 은하의 팽창과 우주의 변화마저 정의한다.

얼마 지나지 않아 나는 데이비드 키드가 보여주었던 아주 놀라운 그 열정에 똑같이 감염되고 말았다. 물론 다도든 뭐든 고작 한 달 만에 마스터하는 것은 불가능했다. 하지만 조, 하, 큐와 노의 가마에構え(기본 자세)와 같은 원칙들을 몸소 겪으면서 전통 예술을 바라보는 내 시각은 근본적으로 바뀌었다.

어떤 의미에서 이러한 예술이야말로 일본의 가장 중요한 문화유산이다. 종교 사적, 조각, 도예, 문학은 어느 나라에나 있다. 하지만 수 세기에 걸쳐 정교화되고 다듬어진 일본의 전통 예술은 전 세계 어디에도 견줄 데가 없다. 맛차抹茶(일본식 다도), 센차煎茶(중국식 다도), 노의 극과 무용, 무도(유도, 가라테, 검도, 합기도 등등), 향도, 서예, 일본무용(가부키 무용과 게이샤 무용과 민속 무용을 포함 수십 종이 있다), 꽃꽂이(이케바나, 다도 꽃꽂이, 현대식 테이블 꽃꽂이, 분경盆景), 음악(피리, 고토琴, 북), 시가(17음절의 하이쿠, 31음절의 와카, 연가, 당시 암송)…… 목록은 끝이 없다. 이 각각의 분야가 또 수없이 많은 문파로 나뉜다는 것을 깨달으면 머리가 어지러울 지경이다.

중국과 일본의 철학은 서로 다른 곳에 있다. 공자와 맹자로 시작해서 탁월한 사상가들의 기다란 계보가 이어지는 중국은 생각을 정연하게 글로 옮겨서 후대에 전해지도록 했다. 반면 일본의 역사는 샅샅이 훑어봐도 정교한 철학을 별로 찾아볼 수 없다. 심하게 말하면 일본은 사상가들의 나라가 아니다. 오모토 재단의 행사에 참석하기 전까지 데이비드나 나는 일본보다는 중국에 훨씬 더 큰 동경을 품고 있었다. 그러나 나는 세미나를 통해 일본에도 중국에 절대 뒤지지 않을 만큼 심오한 철학이 있음을 발견했다. 그 철학은 말로 표현되어 있는 대신 전통 예술 안에 흐르고 있다. 일본에 공자나 맹자나 주희는 없을지라도 시인 데이카定家, 노의 창시자인 제아미世阿彌, 다도의 설립자인 센노 리큐千利休가 있다. 이들이 일본의 사상가다.

세미나가 있고 1년 뒤 나는 옥스퍼드를 졸업하고 오모토 재단의 국제부에서 일하게 되었다. 그때부터 매해 여름 세미나 운영팀의 직원으로 일했고 전통 예술을 외국인들에게 가르치는 과정을 보며 많은 것을 배웠다. 이를테면 다도 코스의 일환으로 학생들은 짧은 도예 수업을 듣는다. 학생들에게 찻잔이나 디저트 접시를 직접 만들어보도록 하려는 목적이다. 매년 이 도예 수업은 흥미롭기 이를 데 없다.

찻잔은 아주 평범한 물건이다. 찻잔의 형태는 그 기능에 종속되어 있다. 높이와 두께와 모양이 대체로 미리 정해져 있다. 찻잔은 찻잔일 뿐이다. 멋진 기교와 디자인이 가미된 찻잔에 감동받는 사람들은 제대로 의미 파악을 못 하고 있는 것이다. 단순함의 추구라는 접근법은 리큐가 다도를 현재 우리가 알고 있는 형태로 확립한 16세기까지 거슬러 올라간다. 차는 원래 중국에서 전래되었고, 수 세기 동안 일본의 다도는 금이나 옥으로 만든 찻잔 같은 값비싼 다구를 뽐내기 위한 목적으로 존재했다. 그러다가 와비라고 하는 새로운 다도의 접근법이 교토의 선종 사원인 다이토쿠사大德寺에서 생겨나 발전했다. 와비는 소박한 단순함을 가리킨다. 와비의 다도가들은 다실을 초가집 모양으로 만들고 바닥에 난로를 넣는다. 다구 또한 단순하고 꾸밈이 없다. 리큐는 기와공에게 찻잔을 만들도록 했다. 기와의 거칠고 검은 표면은 완벽한 와비를 보여주었다.

　단순하고 꾸밈없는 것을 다른 말로는 '따분하다'고 할 수도 있다. 리큐와 초기 다도가들의 뛰어난 점은 밝은색과 흥미로운 형태를 멀리했다는 사실이다. 그러한 물건은 시선을 끌고 주의를 산만하게 한다. 이들은 따분한 물건을 다실로 가져와 평화롭고 명상적인 분위기를 만들어 내는 데 사용했다. 하지만 세미나에 참석하는 학생들에게 따분한 물건을 만들라고 하면 너무나 어려워한다. 학생들은 어떻게든 작품에 뭔가 독창적인 요소를 넣고 싶어한다. 찻잔을 '흥미롭게' 만들지 않고는 만족하지 못한다. 찻잔을 사각형 모양으로 만들기도 하고, 옆을 용이며 똬리를 튼 뱀으로 장식한다. 가장자리에 울퉁불퉁한 모양을 내기도 하고 표면 전체에 '와 케이

세이 자쿠'와 같은 슬로건을 그려넣기도 한다. 그렇게 나온 결과물은 명상적인 것과는 거리가 멀다. 데이비드는 이렇게 얘기하곤 했다. "도예 수업이 존재하는 이유는 흙으로 학생들의 손가락으로부터 독을 뽑아내기 위해서야." 하지만 학생 중에 가끔 일본인이 있었고 이들은 배운 대로 고분고분하게 찻잔을 만들었다. 이들에게는 따분한 물건도 문제없었다. 이들이 만든 찻잔은 꽤 아름다웠다.

사람들은 일본의 교육 시스템이 소수의 탁월함보다 모두가 평균적으로 높은 성취를 이뤄내는 것을 목표로 한다고 종종 지적한다. 학교에서는 학생들이 튀거나 질문하는 것을 권장하지 않으며, 그 결과 일본인들은 평균의 삶에 종속된다. 일본에서 평균적이고 따분한 것은 사회의 본질적 요소다. 이로 인해 모든 사회 시스템의 바퀴가 대단히 매끄럽게 돌아간다. 이것이 일본적 삶의 가장 큰 단점 중 하나이기도 하다는 사실은 말할 필요도 없다. 그러나 오모토 세미나의 도예 수업을 보고 있으면 미국식 교육 시스템의 단점 또한 명백하게 드러난다. 미국인들은 어릴 때부터 창의성을 드러내도록 교육받는다. '독창적인 사람이 되지' 않으면 뭔가 잘못되었다고 믿게 만든다. 이러한 사고방식은 장애물이 된다. 그런 환경에서 자란 사람들에게는 단순한 찻잔을 만드는 일이 커다란 어려움이다. 데이비드가 말하던 '독'이 바로 그것이다. 미국 교육이 주입하는 '흥미로워야 한다'는 강박이 매우 잔인한 일이라는 생각을 간혹 한다. 우리 대부분은 평범한 삶을 살기 때문에 필연적으로 언젠가 실망할 수밖에 없다. 하지만 일본에서는 사람들이 평균에 만족하도록 길들여져 있으므로, 실패하지 않고 스스로의 운명에 행복해할 수 있다.

단 하루의 도예 수업에서 이처럼 많은 깨달음을 얻을 수 있다면 전통 예술을 공부하는 과정에서 얼마나 많은 것을 배우겠는가. 나는 조, 하, 큐, 잔신의 원리와 같은 일본 철학이 언어를 통해 전해질 수 있다고 믿지 않는다. 말로 이런 것을 설명하자면 '천천히, 좀더 빨리, 빠르게, 멈춤—이게 전부라고?'와 같은 한계가 있다. 자기 몸으로 직접 동작을 해야만 그 진정한 의미를 깨달을 수 있다. 그런 의미에서 전통 예술은 일본의 문화로 통하는 진정한 관문이다.

최근 몇 년 동안 나는 또한 일본의 뿌리가 중국이나 한국 못지않게 동남아시아에도 있음을 알게 되었다. 태국과 버마를 여행하며 많은 시간을 보내고 있고 이것이 아시아학으로 향하는 나의 네 번째 관문이다. 그런데 여행을 다녀볼수록 내키지는 않지만 '일본인론'을 쓴 저자들의 주장에 일리가 있음을 인정하지 않을 수 없다. 세상의 모든 나라는 고유하지만 일본은 고유함으로 가득한 보고다. 아시아 대륙에서 떨어져 있는 섬나라로서 일본은 중국과 동남아로부터 문화적 영향력을 흡수하면서도 거의 완벽한 고립 상태의 사회를 유지할 수 있었다. 들어가는 재료는 많지만 그로부터 나오는 것은 없는 일종의 문화적 압력솥이 된 것이다.

일본은 하팍스다. 중국이나 동남아시아와의 비교를 통해 접근해보거나, 일본인론에 대한 수많은 책을 읽어볼 수도 있다. 그러나 판 데어 룬이 학생들에게 이야기하던 것처럼, 결국 하팍스를 이해할 수는 없다. 그 진짜 의미는 절대로 알 수 없다.

6장

서예

기자의

각파

이 책으로 묶이는 연재글을 쓰기 시작하면서 친구에게 조언을 구했다. 친구의 답이다. "이야 계곡의 초가지붕 올리기와 가부키는 글로 쓰기에 충분히 흥미로운 주제인데, 서예는 잘 모르겠어. 서예에 관심 있는 사람은 소수일 뿐이잖아, 그렇지 않아?"

그럴지도 모른다. 그러나 서예는 일본의 어디를 가더라도 볼 수 있는 전통 예술의 장르다. 편지와 가게의 간판과 신문과 책 광고, 심지어 젓가락을 담고 있는 작고 하얀 포장지 위에도. 일본인은 무수한 형태로 된 중국 한자의 예술에 둘러싸여 있다. 이런 관점에서 보면 서예야말로 일본의 삶을 결정짓는 특징 중 하나다. 하루라도 서예를 마주치지 않는 날이 없다. 그것만으로도 이 주제에 대해 글을 쓰기에 충분하다. 한편 또 하나의 이유가 있으니, 내가 어린 시절부터 서예를 좋아했기 때문이다.

한자와 처음 만난 것은 워싱턴 DC의 학교에 다니던 아홉 살 때다. 중국어를 가르치던 왕 선생님은 나라 국國 자를 예로 들며 각각의 한자가 '부수部首'라고 하는 조각으로 이루어져 있다고 설명했다. 먼저 칠판에 커다란 사각형을 그리더니 이것이 나라의 국경이라고 했다. 이 사각형이 '큰입 구口 부'였다. 큰 사각형 안에 들어가는 작은 사각형은 '작은입 구口 부'로, 먹여 살려야 하는 수많은 입을 뜻한다. 선생님은 입 아래에 영토의 넓이를 나타내는 직선을 그었다. 그리고 작은입 구 옆에는 네 획의 점과 사선으로 이루어진 나라를 지키는 행위를 뜻하는 '창 과戈 부'다.

선생님은 그러고는 칠판에 세 개의 한자를 더 썼다. 아我, 니你, 타他(나, 너, 그). 우리는 획의 순서에 주의해가며 그걸 백 번씩 옮겨 써야 했다. 선생님은 한자를 제대로 된 순서로 쓰지 않으면 절대로 예쁘게 쓸 수 없다고 했다. 하지만 나는 선생님이 가르쳐주는 아 자의 획 순서가 정말 이상한 방식의 쓰기라고 느꼈다. 특히 오른쪽 부분의 순서가 그랬는데, 마침 똑같은 창 과 부였다.

'창 과' 자를 올바르게 쓰는 방법은 우선 수평의 선을 그리고, 그걸 가로지르는 대각선을 아래로 긋는 것이다. 하지만 대각선은 그냥 직선이 아니라 살짝 휘어 있으며, 아래쪽 끝에는 다시 위쪽으로 솟는 갈고리가 있어 쓸 때 기분 좋은 도약의 느낌을 준다. 그다음에는 아래쪽에 사선을 하나 더 긋고 마침내 맨 위로 돌아와서 점을 찍는다. 왼쪽에서 오른쪽, 아래로 쓸어내려서 도약, 오른쪽에서 왼쪽, 그리고 다시 맨 위로 뛰어오르기. 손의 움직임이 마치 춤추는 것처럼 느껴졌다. 아 자를 백 번 쓰는 일은 너무 재미있었다. 지금도 아 자나, 혹은 창 과 부를 포함하는 다른 한자를 쓸 때면 획을 연습하던 어린 시절의 즐거움이 다시 일렁거린다.

열두 살이 되어 일본으로 이사 갈 때 우리 가족은 자동차로 미국 대륙의 동쪽 끝에서 서쪽 끝까지 횡단했다. 나는 중간에 쉬어갔던 라스베이거스의 네온사인 장관을 보고 충격을 받았다. 그걸 보고 아버지는 내게 이렇게 말했을 뿐이다. "도쿄 긴자에 비하면 이건 아무것도 아니다." 과연 아버지의 말이 맞았다. 긴자뿐 아니라 요코하마도 멋진 네온사인으로 가득했다. 눈이 닿는 곳마다 한자와 히라가나와 가타카나가 있어, 혼란스럽고도 열렬한 광채가 인상에 남았다. 사람들은 흔히 묻는다. "일본에서 가장 인상적으로 느낀 게 무엇이지요?" 그러면 나는 항상 이렇게 대답한다. "긴자 거리의 간판입니다."

그때부터 나는 한자를 진지하게 공부하기 시작했다. 우리집안일을 도와주시던 쓰루 씨는 예순 살의 아주머니였다. 함께 텔레비전에서 스모 시합을 볼 때면 쓰루 씨는 내게 스모 선수들의 이름에 들어간 한자를 설명해주곤 했다. '산山'이나 '높다高' 같은 일상적인 한자도 있었지만 극히 드물게 보는 한자도 있었다. 1960년대 스모 영웅이자 지금까지도 기록이 깨지지 않은 다이호 고키大鵬幸喜의 이름에 사용된 '전설의 새 붕鵬' 같은 한자다. 그러다보니 내가 아는 한자 목록은 난이도의 편차가 컸지만 그래도 시간이 지나면서 도시의 가게 간판을 서서히 읽을 수 있게 되었다.

'붕鵬'자를 배우게 된 이유는 내가 다이호 선수를 동경했기 때문이기도 하지만 획수가 아주 많기 때문이기도 했다. 오랜 세월이 지나 나는 획수가 많은 글자에 대한 끌림이 어린아이들에게 내재된 무엇임을 알게 되었다. 1993년, 워싱턴주 올림피아에 사는 어린 사촌 동생 둘이 일본에 와서 1년 동안 나와 같이 지냈다. 트레버는 열여섯, 에단은 아홉 살이었다. 둘 다 일본어는 한 글자도 몰라 가메오카에 있는 현지 학교를 다니며 한자와 히라가나, 가타카나와 씨름해야 했다. 에단은 원래 공부하는 걸 싫어해 히라가나와 가타카나 외우기도 힘들어했는데, 놀랍게도 어느 날 학교에서 몹시 흥분해서 돌아오더니 한자 하나를 보여주었다. 획이 매우 복잡한 코 비鼻자였다. 에단은 이걸 쓸 수 있다는 걸 자랑스러워했고 나는 그 아이를 사로잡은 매력의 일부가 글자의 복잡함임을 알 수 있었다. 모든 부분이 합쳐져 맞춰지는 방식에는 조립식 장난감 세트와 같은 매력이 있다. 트레버는 또한 기린麒麟이라는 한자를 좋아했다. 모두 합쳐 42획이나 되는 복잡한 두 글자로 된 단어다. 기린은 맥주 브랜드의 이름이기도 하다.

다시 내 어린 시절로 돌아오자. 나는 요코하마의 세인트 조지프 국제학교를 다녔다. 당시 학생의 3분의 1가량은 일본인, 3분의 1은 차이나타운에서 온 중국인, 그리고 나머지는 요코하마 각국 영사관의 외교관과 장기 체류하던 외국인 사업가들의 자녀였다. 나와 가장 친했던 친구는 파킨 퐁이라는 이름의 중국 소년이었다. 파킨은 불과 열세 살이었지만 서예와 수묵화 실력이 놀라울 정도로 뛰어났다. 함께 학교를 다니던 시절 파킨이 내게 그려준 대나무 그림을 아직 보관하고 있다. 초록색의 가는 선으로 그린 대나무 잎은 거의 깃털처럼 보인다. 일본의 여느 직업 화가가 그린 것만큼이나 전문적인 솜씨였다. 파킨이 내 선생님이 되어 붓을 사용하는 법을 가르쳐주었다.

파킨의 지도만으로는 진도가 나가지 않아 초급자용 붓글씨 책을 샀다. 쓰루 씨는 매우 기뻐하면서 서예용품 세트를 선물해주었다. 붉은 칠기 상자 세트 안에는 벼루, 붓, 먹과 벼루를 적시기 위한 작은 도자기 연적(물병)이 있었다. 우리가 미국으로 돌아올 때 쓰루 씨는 내게 이번에는 청동으로 만든

연적을 주었다. 쓰루 씨는 전쟁 전에 유복한 집안의 딸이었으나 공습을 거치며 모든 것을 잃었다. 화염 속에서 유일하게 건져낸 것이라고는 이 작은 연적뿐이었다. 지금도 이 연적은 내가 가진 것 중 가장 귀중히 다루는 물건이고, 특별한 때에만 사용한다.

파킨 퐁은 내 첫 번째이자 마지막 서예 선생이 되었다. 열네 살부터 나는 각종 교재 및 천자문과 같은 연습 문장을 따라 순전히 필사를 통해 서예를 공부했다. 정제된 중국의 지혜를 담은 천자문은 254행으로 이루어져 있고 단 한 글자도 중복되지 않는다. 나중에 나만의 미술품 컬렉션이 생기고 나서는 컬렉션에 있는 두루마리와 시키시와 단자쿠의 글씨를 필사했다.

서예에 대한 내 관심은 그렇게 시작되었지만 '직업적'으로 뛰어들게 된 것은 옥스퍼드 대학원 2년 차가 되던 해인 1975년이다. 봄방학 동안 밀라노에 있는 친구 로베르토를 방문한 일이 있었다. 로베르토는 겨우 스물둘이었지만 세계를 여행하며 친구와 후견인들을 만들었고 이미 국제 미술 거래상으로 활발한 사업을 벌이고 있었다. 로베르토는 그의 아파트에서 만 레이, 재스퍼 존스, 앤디 워홀이 자신을 위해 스케치해준 그림이 담긴 공책을 보여주었다. 나는 그걸 보고 이렇게 생각했다. '이 정도면 나도 할 수 있겠는걸!' 로베르토의 침대 위쪽으로는 앤디 워홀의 초상화가 걸려 있었는데, 크게 확대한 사진에 밝은 물감을 여기저기 약간 뿌린 그림이었다. 그것으로 확신을 얻었다. 나는 로베르토에게 종이와 컬러 매직펜 몇 자루를 가져다달라고 했다. 그리고 앤디 워홀 초상화 아래에 앉아 수십 장의 붓글씨를 써내려갔다. 옥스퍼드로 돌아와서는 미술용품점에서 온갖 색상의 와시和紙(일본 종이)와 붓 세트와 먹을 사서 본격적으로 붓글씨를 써내기 시작했다. 붓글씨만 쓴 것은 아니고 일부는 붓글씨와 가까운 친척이라 할 수 있는 수묵화였다.

어느 날 킹즐리 류라는 이름의 홍콩에서 온 친구가 5파운드를 내고 그중 하나를 샀다. 세 개의 복숭아를 그린 수묵화였다. 복숭아 중 하나가 사람의 엉덩이와 아주 흡사해 보였다. 킹즐리는 이걸 꽤 재미있어하며 곧장 자기 화장실에 걸어두었다. 예술가라면 누구든 자신의 작품이 처음 팔리던 날을 기억할 것이라고 생각한다. 비록 돈을 받고 판 첫 작품이 화장실 벽에 걸리기는 했어도 꽤 흥분되는 일이었다.

나의 첫 서예 선생도 중국인이었고 첫 구매자도 중국인이었다. 생각해보면 서예에 관한 내 영감은 대부분 중국에서 온다. 한자가 중국에서 유래했기 때문에 그리 놀라운 일은 아니다. 한자는 아마 세계에 대한 중국의 가장 큰 문화적 공헌일 것이다. 고대에는 이집트 문자나 마야 문자와 같은 다른 상형문자도 있었다. 이런 문자들은 한자와 비슷한 진화 과정을 거쳤다는 징후를 보여준다. 최초에는 그림 문자로 시작했다. 창이나 입 등의 모양을 그린 것이다. 그다음 세대는 '부수'를 좀더 복잡한 형태로 조합한 상형문자였다. 그것들이 이제 추상화되고 단순화되어 마지막 단계에서 일종의 약어로 발전했다. 그러나 다른 상형문자들은 오늘날까지 살아남지 못했다. 오직 한자만이 살아남았다.

한자의 매력은 대단해서 한국과 베트남과 일본을 포함한 중국의 이웃 국가들은 그 영향 아래 놓였다. 하지만 20세기가 되어 베트남은 한자를 완전히 폐기했고 한국도 천천히 포기하고 있다. 일단 한자는 배우기가 너무 어렵다. 린다 비치는 자신이 알고 있는 한자가 머릿속에 있는 기다란 다리에 줄지어 서 있는 것만 같다고 말하곤 했다. 새로운 글자를 한쪽 끝에 추가하면 반대쪽 끝에 서 있던 글자 하나가 아래로 떨어져버린다. 지금은 중국과 중화권 국가를 제외하고 오직 일본에서만 가타카나와 히라가나라는 알파벳의 도움을 받아 한자를 여전히 활발하게 사용하고 있다. 이것은 일본이 본질적으로 보수적인 나라라는 증거다. 덕분에 일본인들은 학창 시절 수년간 상용한자 1800자와 거기 딸린 수천 개의 발음, 단어의 조합을 외우는 것으로 그 대가를 치른다. 내 두뇌의 얼마나 많은 부분이 더 쓸모 있는 지식 대신에 한자를 외우는 데 전적으로 쓰이고 있는지를 생각해보면 전율이 인다.

하지만 일단 한자를 배우면 독특한 심리적 쾌락을 느낄 수 있다. 한자가 알파벳과 다른 점은 각각의 글자가 하나의 개념을 내포하고 있다는 사실이다. 한자를 볼 때 뇌에서 일어나는 심리적 프로세스는 알파벳을 봤을 때 일어나는 프로세스와는 다르다는 것이 나의 이론이다. 알파벳으로 된 단어를 읽을 때는 먼저 글자들을 뇌에서 제대로 줄 세워야만 그 의미를 이해할 수 있다. 하지만 한자를 볼 때는 그 의미가 뇌에 바로 꽂힌다. 따라서 한자로 된 간판은 무시하고 싶어도 무시할 수가 없다. 미국에서는 간판을 읽는 경우가 거의 없지만 일본에서 전철을 탈 때면 언제나 무의식적으로 객차에 붙어 있는 광고를 읽고 있는 나를 발견한다. 이것은 내가 특이해서가 아니다. 다른 승객들도 나처럼 광고를 읽고 있고, 심지어 어떤 사람들은 소리 내어 읽기도 한다.

각각의 글자는 여러 겹의 의미를 갖고 있어, 한자에 풍부한 함축의 힘을 부여한다. 이를테면 태泰라는 글자는 '평화' 또는 '완벽한 조화'를 의미한다. 이것은『주역』의 괘를 가리키는 이름의 하나로 중국의 신성한 타이산의 이름이기도 하다. 태국을 뜻하기도 한다. 모든 나라의 언어는 세월이 흐르면서 단어에 새로운 뜻이 더해진다. 하지만 같은 단어가 3000년 이상 끊이지 않고 사용되는 사례는 중국어 외에는 떠오르지 않는다. 한자는 마치 부처의 후광에서 뿜어져 나오는 각종 색깔처럼 겹겹의 의미 구름으로 둘러싸여 있다.

어린 시절 내게 충격을 주었던 요란한 길거리 간판은 일본에만 있지 않다. 홍콩이나 중국, 혹은 화교들이 살고 있는 동남아 대부분의 대도시에서도 간판의 대혼돈을 볼 수 있다. 이런 나라들의 간판 규제나 도시계획이 유럽이나 미국에 비해 뒤처져 있다는 것도 부분적인 원인이다. 한자는 좌에서 우로, 혹은 우에서 좌로 말고도 위에서 아래로 쓸 수 있다는 점 때문에 높은 건물들 옆면에 긴 수직 간판을 다는 것이 가능하다는 실용적인 이유도 있다. 하지만 이런 간판이 생겨난 가장 중요한 이유는 한자의 모양과 의미가 사람들의 눈을 끌기 때문이다. 이는 일상생활에서 느낄 수 있는 즐거움 중 하나다.

중국인이 한자를 이처럼 표현력 있는 형태로 발전시킬 수 있었던 데에는 붓의 사용이 한몫했다. '선線은 힘이다'라는 말이 있는데, 붓글씨야말로 근본적으로 흐르는 선에 다름 아니다. 붓을 사용하면 선을 두껍거나 가늘게, 습하거나 마르게 할 수 있고, 선의 외곽을 견고하거나 느슨하게 만들 수도 있다. 그렇게 해서 '힘'이 안쪽이나 바깥쪽을 향하기도 하고 조용히 안으로 파고들거나 강하게 바깥으로 표출되기도 한다. 힘이 의미와 결합한다.

의미에 관해 이야기하자면, 족자에는 보통 세 글자, 다섯 글자, 혹은 일곱 글자로 된 문구가 적혀 있다. 요즘에는 '와 케이 세이 자쿠'처럼 슬로건이 아닌 경우도 많다. 전통적으로 족자의 글은 훨씬 더 운치 있었다. 시가, 계절의 암시, 선문답 公案(깨달음으로 이끌 목적으로 만든 일련의 비논리적 생각들) 같은 것이다. 지금 이 글을 쓰고 있는 내 곁에는 교토의 선종 사원 만푸쿠사萬福寺의 주지가 쓴 서예가 걸려 있다. '구름의 목소리가 밤으로 들어가 노래한다雲聲入夜吟'라는 글이다. 이 글은 이곳 가메오카의 비 내리는 밤을 완벽하게 묘사하고 있다. 빗방울은 지붕을 두드리고 정원 아래쪽 냇물이 급히 흘러가는 소리가 들린다. 옛 친구들이 찾아올 때 꺼내놓곤 하는 만푸쿠사의 붓글씨가 하나 더 있다. '꽃을 돌려놓고 나비가 오기를 기다린다向花兼蝶至'라고 쓰인 글이다. 기억나는 또 하나의 족자는 교토에 있는 한 다도 학교의 본부에서 처음 봤다. '고고한 정상에 홀로 앉아 있네獨座大雄峰.' 고요한 다실의 고고함을 이보다 더 잘 묘사할 수는 없다. 선문답의 예를 하나 들어보자. '하늘의 한구석에서 사랑하는 이를 물끄러미 바라보네望美人兮天一方.' 여기서 '사랑하는 이'는 달을 뜻하고, 이것이 이 선문답을 푸는 열쇠다.

　개인적으로는 한 글자의 한자를 쓰는 것을 선호한다. 가장 좋아하는 것은 『주역』에 나오는 상괘와 하괘를 이루는 한자

들(乾, 坤, 泰……), 또는 암자庵, 밤夜, 새벽旦처럼 뉘앙스가 가
득한 글자들이다. 사실 옛 서예작품 중에서 한 글자만 써놓은
것은 매우 드물다. 옛사람들은 요즘의 우리보다 교양 수준이
더 높았고 시간 여유도 훨씬 더 많았다. 우리보다 할 말이 더
많았는지도 모른다. 글자 하나만 쓰는 것은 일종의 '인스턴
트' 서예이자 퇴폐적인 형태의 서예로 볼 수도 있다. 그러나
오직 그 한 글자만의 뜻에 집중할 수 있기 때문에 나는 한 글
자 서예를 좋아한다. 마음 심心 자를 예로 들어보자. 어느 날
나는 이 글자를 검은 먹으로 쓰고 그 위에 붉은색으로 한 번
더 같은 글자를 겹쳐 썼다. 서로 겹치는 검은 마음과 붉은 마
음. 미국에서 방문 중이던 한 친구가 이렇게 말했다. "마치 남
자와 여자 같아." 친구는 그 작품을 사서 자기 집에 걸어두었
다. 얼마 뒤 그 집에 화재가 났고 작품도 소실되고 말았다. 친
구는 전화를 걸어와서 그 작품이 자신과 부인에게 부적이 되
어주었다며 하나 더 써줄 수 없겠냐고 물었다. 그 말을 듣고
내 글씨가 진정한 역할을 다한 듯해 무척이나 기뻤다.

　미술품 수집도 서예작품부터 시작했다. 물론 내가 서예를
사랑하기도 했지만 그것만이 이유는 아니었다. 무엇보다 서
예작품은 값이 저렴했다. 예를 들어 에도의 문인 이케노 다
이가池大雅 또는 요사부손與謝蕪村의 수묵화는 수만 달러에 거
래되었지만 그 작가들의 붓글씨는 10분의 1 가격이면 살 수

있었다. 다도의 창시자이자 국제적으로 알려진 센노 리큐와 같은 인물의 붓글씨도 최근까지 2만 달러 정도면 살 수 있었다. 이는 호쿠사이北斎의 유명한 판화 일부의 가격과 비슷하다. 하지만 센노 리큐의 진품은 수십 점밖에 남아 있지 않고 호쿠사이의 판화는 수천 점 단위로 찍혀 나온다. 서예작품의 가격이 이처럼 낮은 것은 일본인들 사이에서 서예의 인기가 낮다는 사실을 보여준다.

항상 그랬던 것은 아니다. 전통적으로 서예는 예술의 가장 높은 자리를 차지했다. 당태종은 왕희지의 글씨를 사랑했던 나머지 「난정서蘭亭序」를 자신의 무덤에 함께 넣으라고 명했다. 그때부터 서예는 황실 컬렉션의 중심이 되었고, 귀족과 부유한 가문들은 유명 서예가의 족자와 탁본을 경쟁적으로 수집했다. 일본에서도 선종 사원의 가장 귀중한 소장품이 주지승의 붓글씨였다. 구게들도 다른 모든 예술작품보다 시키시와 단자쿠를 귀히 여겼다. 구게의 붓글씨는 이들의 정체성이었다고 해도 과언이 아니다.

서예가 이처럼 가장 높은 지위를 차지했던 이유는 글쓴 이의 영혼을 담고 있다고 여겼기 때문이다. '서예는 마음의 거울이다書心畫也'라는 중국의 격언도 있다. 일상의 손글씨도 '마음의 거울'이 될 수 있다. 나의 전 고용주였던 트래멀 크로씨의 요트에 있던 선실에는 나폴레옹과 조제핀이 주고받은 연애편지가 벽에 걸려 있었다. 어떤 그림도 둘의 존재를 이 자필 편지보다 더 친밀하게 포착할 수는 없었을 것이다. 그리고 붓은 압력과 방향의 모든 사소한 변화를 그 어떤 펜보다 더 미묘하게 반영하기 때문에 글쓴이의 마음 상태를 생생히 드러낸다. 붓글씨는 글쓴이의 마음과 보는 이의 마음을 직접 연결해준다.

나는 옛 귀족을 한 번도 만나본 적이 없으므로, 아무리 책을 많이 읽어도 구게의 생활이 실제로 어떠했는지 명확하게 알 수는 없다. 하지만 그들이 시가 경연 때 써내려간 거의 불가능할 정도로 우아한 글씨의 얇디얇은 선을 보고 있노라면 구게의 세계가 선명하게 펼쳐진다. 15세기의 전설적인 선사 잇큐一休가 쓴 시가와 수필을 읽어보면 아리송한 선종의 이론만 한가득이다. 학자가 아니고서는 그가 무엇을 말하려는지 짐작조차 할 수 없다. 그러나 교토 신주안眞珠庵을 방문해 본당에 걸려 있는 그의 족자 한 쌍을 보면 이 괴팍한 노승의 기지가 대번에 눈앞에 펄떡인다. 거기에는 이렇게 쓰여 있다. '나쁜 일을 하지 말고 좋은 일을 행하라諸惡莫作 衆善奉行.' 이것은 누군가 스승에게 불교의 정수가 무엇이냐고 물었다던 중국의 옛 고사에 나오는 말이다. 스승의 대답이 바로 '나쁜 일을 하지 말고 좋은 일을 행하라'였다. 질문했던 이는 "그게 뭐 특별할 것이 있습니까? 어린아이도 아는 얘기잖아요"라고 반문했다. 그러자 스승은 이렇게 말했다. "어린아이도 아는 것을 너는 어찌 행하지 못하는가?" 잇큐는 이 문구를 거친 필체로 써놓았다. 아마 순식간에 써내려간 듯하다. 글씨는 첫눈에 강한 충격을 준다. 잇큐가 우리를 비웃고, 할퀴고, 놀라게 하고 있다.

작가가 누구인지 알 수 없을 때도 붓글씨는 마음의 거울이 된다. 내가 가장 좋아하는 족자 중에는 6세기 중국의 타이산에 새겨진 세 글자의 탁본이 있다. 글씨를 새긴 사람이 누구인지는 알려지지 않았지만, 글씨가 가진 무겁고도 거친 힘으로 수집가들에게 높이 평가되어오고 있다. 족자에는 '덕불고德不孤'라고 쓰여 있다. 공자가 말한 '덕이 있는 자는 외롭지 않으니 곁에 항상 이웃이 있다德不孤必有鄰'에서 가져온 글자다. 가메오카의 시골 마을에 혼자 살고 있는 나에게 이 족자는 언제나 위안이 되어주었다.

서예가 마음과 마음을 이어주는 다리인 이유는 그것이 순간의 행위이기 때문이다. 한번 쓴 것은 다시 손댈 수 없다. 옥스퍼드의 선생들이 간파했듯이 진득함은 나의 강점이 아니다. 나는 한달음에 글씨를 써내리고 그걸로 끝내는 서예의 방식이 좋다. 유화나 음악의 연주와 같은 점진적인 전개와는 전혀 다르다. 서예는 참을성이 부족한 사람들에게 완벽하게 어울린다. 친구와 함께 술 마시며 저녁을 보내다가 붓글씨를 쓰는 것이 내게는 지고한 형태의 휴식이다. 학창 시절 밀라노의 로베르토의 집에서 붓글씨를 쓰던 저녁부터 나의 이런 방식에는 줄곧 변함이 없다.

붓글씨를 쓰고 싶을 때는 친구를 집으로 불러 밤을 함께 보낸다. 함께 와시和紙를 고르고 나는 먹을 간다. 먹이 늘 검지는 않다. 앤디 워홀의 영향이 조금 남아서인지 나는 다양한 색을 사용하곤 한다. 금가루나 은가루를 시작으로 진사와 남동석 같은 암석, 포스터 물감과 아크릴과 같은 화가의 재료도 사용한다. 가루를 갈고, 물을 끓이고, 풀을 먹이고, 마침내 색을 섞는 과정은 몇 시간이고 걸릴 수 있다. 검은 먹을 사용하는 날은 쓰루 씨의 연적을 꺼내 먹을 천천히 벼루에 간다.

드디어 붓을 꺼내 글을 쓰기 시작할 즈음이면 저녁은 깊고 친구와 나는 술을 꽤 마신 상태다. 친구와 이야기를 나누며 나는 다양한 주제에 관해 붓글씨를 쓴다. 서체는 또박또박한 해서일 수도 있고 행서나 초서가 되기도 한다. 그때그때의 기분에 따라 달라진다. 글씨가 하나하나 완성되면 손님에게 어떻게 생각하느냐고 묻는다. 신기하게도 서예를 판단하는 능력은 한자를 얼마나 알고 있느냐와 상관이 없는 듯하다. 평생 한자를 한 번도 본 적 없는 사람도 선의 균형과 수준을 느낄 수 있다. 가장 훌륭한 비평가 중 한 명은 내 열여섯 살짜리 사촌 트레버였다.

나는 새벽이 되도록 쓴다. 늦은 오후 잠에서 깨면 지난밤에 써낸 수십 장의 붓글씨가 방에 온통 널려 있다. 대부분은 실패작이지만 나는 그중에서 지난밤의 정취를 가장 잘 전달하는 것들을 고른다. 어느 여름밤, 근처 논에서 개구리들이 목청껏 울고 나방과 모기떼가 불빛에 끌려 집 안으로 날아들었다. 이튿날 일어나서 나는 그럴싸한 작품을 하나 골랐다. 검은 먹으로 크게 쓴 '밤 야夜'라는 한자였다. 종이 구석구석에 금색과 은색으로 쓴 조그만 한자들이 가득 널렸다. 일부는 '밤 야' 자 위에 겹쳐 있기도 했다. '개구리蛙' '나방蛾' '매미蟬' '모기蚊' '각다귀蜹' 같은 한자였다.

과거의 위대한 서예가들은 또한 붓글씨를 쓰며 술을 마셨다. 이 전통은 4세기의 왕희지까지 거슬러 올라간다. 그는 난정蘭亭에 친구들을 모아 강에 술잔을 띄워놓고 시를 썼다. 술은 서예의 완벽한 동반자다. 한때 에도의 문인 가메다 보사이龜田鵬齋의 병풍을 소유한 적이 있다. 믿을 수 없을 정도로 거친 붓글씨가 쓰여 있었다. 원래 지렁이 같은 그의 글씨는 뱀장어가 되어 종이 위를 미친 듯이 뛰어다닌다. 병풍의 열두 폭을 모두 보면 오른쪽에서 왼쪽으로 이동하면서 보사이의 글씨가 점점 더 역동적으로 꿈틀대는 것을 알 수 있다. 마지막 폭에 쓰여 있는 한자는 중국어라기보다 차라리 아랍어처럼 보인다. 맨 끝에는 이렇게 서명해놓았다. '늙은이 보사

이가 대취해서 씀鵬齋老人大醉書.'

나는 내 컬렉션에 포함된 보사이의 병풍 같은 작품에서 많은 것을 배웠다. 현대의 선생들로부터는 배우지 못했을 법한 것들이다. 가령 구게 귀족들의 붓글씨를 수집하는 과정에서 와요和樣라고 불리던 서체가 있다는 사실을 알게 되었다. '일본 스타일'이라는 뜻의 와요는 헤이안 말기에 시작되어 구게와 사무라이 글씨의 기본이 된 부드럽고 흐르는 듯한 글씨체를 가리킨다. 나중에는 가부키체와 스모체와 같은 서체의 기본이 되기도 했다. 와요는 승려와 문인들이 사용했던 '중국 스타일'인 가라요唐樣와 달리 우아하고 여성적이었으며, 잇큐 선사 같은 사람이 선禪의 깨달음을 알리는 데 사용할 만한 글씨체는 절대 아니었다. 한자의 가타型, 즉 형태는 수 세기에 걸쳐 세밀하게 정형화되어왔기 때문에 와요에는 변형이나 개성이 끼어들 여지가 별로 없었다. 마음을 반영하는 거울이라기보다는 우아한 이상을 반영하는 거울이었다. 그런 면에서 와요는 노와 비슷한 점이 많다. 개성이 아닌, 개인을 넘어선 유겐幽玄(어둡고 신비로운 아름다움)을 표현하는 것이 목표라는 점에서 그렇다.

메이지 시대가 되면서 와요는 학교 교육에서 빠졌다. 폐지된 사무라이 계급과 완전히 불가분의 관계였고 너무 엄격했다. 일부 디자인 서체는 살아남았지만 예술적 서체로서의 와

요는 사라졌고, 우리가 지금 보는 서예의 대부분은 가라요다. 오늘날에는 '비개인적'이라는 말이 부정적인 의미를 띠지만 와요 서예가들이 창조한 '초超개인'의 고요하고 우아한 세계는 일본 문화의 정점 중 하나였다. 끊임없이 개성을 표현하려 했던 중국인들은 그런 것을 결코 만들어내지 못했다.

어른이 되어 처음으로 가부키 온나가타의 공연을 봤을 때 나는 어린 시절 '창 과女' 부를 쓸 때 느꼈던 춤의 감각을 떠올렸다. 가부키 무용은 음과 양의 공연예술이다. 부채가 올라갔다가는 내려오고, 다리를 오른쪽으로 틀면서 목은 왼쪽으로 돌린다. 창부가 뭔가를 가리킬 때는 먼저 손가락을 안쪽으로 향해 원을 그리고서 바깥으로 내민다. 그리고 그 순간 양쪽 어깨는 그와 반대 방향으로 끌어온다. 가부키 무용이 그토록 만족감을 주는 것은 이처럼 반대되는 동작들의 조화 때문이다. 서예에서도 이와 똑같은 일이 일어난다.

일본인들은 정좌를 하고 붓글씨를 배우곤 한다. 정식으로 앉는 자세인 정좌는 다리를 아래로 접어 넣는다. 매우 불편하기도 하거니와 몸을 거의 움직일 수 없다. 나는 기다란 탁자 앞에 선 채로 붓글씨를 쓴다. 친구들과 함께할 때면 이리저리 많이 움직인다. 일어섰다가 몸을 웅크리기도 하고 앞뒤로 걷는다. 서예는 이런 동작들로부터 탄생했다. 나는 당나라의 서예가 장욱張旭이 어째서 먹통에 머리를 담가 자신의

머리카락을 붓으로 사용했는지 아주 잘 이해할 수 있다. 장
욱은 또 엉덩이를 먹에 적셔서 종이 위에 앉는 방식으로 연
잎을 그리기도 했는데 그건 좀 심했던 것 같다.

그럼 왜 서예가 요즘 일본에서 대접을 받지 못하는지 이
야기해보자. 이는 서예를 가르치는 방식과 관계있다. 서예는
전통 예술 가운데 유일하게 순간적이고 자유롭다. 바쁜 현대
인에게 이상적이다. 하지만 언제부턴가 서예는 매우 엄숙해
졌다. 학생들은 정좌를 하고 가만히 앉아 있어야 한다. 보통
사람들은 좀처럼 알아보기 힘든 옛 서체를 기술적으로 익히
려면 몇 년이고 고된 배움을 거쳐야 한다. 게다가 서예는 '조
직 병'을 앓고 있다. 대부분의 전문 서예가는 피라미드 구조
로 된 특정 조직의 회원이다. 이런 조직은 꼭대기에 회장이
있고, 그 아래로 부회장, 이사, 감정사가 있다. 더 아래쪽 바닥
에는 회원과 학생들이 있다. 이들이 펴내는 『미술연감』은 스
모 포스터에 스모 선수들을 나열해놓듯 서예가들을 나열해
놓고 있다. 피라미드 위쪽에 있는 사람일수록 크게 소개된다.
회장은 사진과 함께 4분의 1 페이지를 차지한다. 부회장도
사진은 있지만 8분의 1 페이지를 차지할 뿐이다. 그렇게 죽
내려가서 '준회원'까지 가면 이름만 작게 인쇄되어 있다. 서
예가의 명함을 힐끗 보기만 해도 조직 시스템에 얼마나 기여
하고 있는가가 드러난다. 'XX회 이사' 'YY회 준회원' 'ZZ회

감정사' 같은 식이다. 이걸 보면 현대의 서예가들이 작품활동만큼이나 조직에서 자리를 차지하는 데 얼마나 바쁜지 알 수 있다.

정좌와 옛 서체의 강조와 피라미드 조직 때문에 요즘의 서예는 주류 문화에서 벗어나고 말았다. 대부분의 젊은이는 서예를 노인들이 은퇴하고 하는 활동쯤으로 생각하는 것 같다. 아직도 수백만 명의 사람이 서예를 연습하건만, 미술계의 엘리트들은 서예를 일종의 취미활동 정도로 얕잡아본다. 오늘날의 서예는 예술의 정점에 서 있기는커녕 길 잃은 아이와 같다. 서양에서 들여온 현대미술의 도전을 마주하는 데 대체로 실패했으며, 따라서 현대미술에 끼치는 영향도 미미하다.

서예가 이처럼 쇠락한 데에는 더 이상 흘림체를 읽을 수 있는 사람이 거의 없다는 사실도 주원인으로 보인다. 일본의 언어는 1945년부터 극적으로 변해서, 이제 붓을 일상적으로 사용하는 사람이 거의 없다. 컴퓨터가 출현해 한자를 자동 변환해주면서 사람들은 한자를 점점 기억하기 힘들어한다. 나 역시 마찬가지다. 한자를 읽을 때는 알아보지만 쓸 때는 컴퓨터에 의존하게 된 터라 놀랍도록 쉬운 한자도 생각해내지 못하곤 한다.

이러한 문해력의 상실은 어쩔 수 없는 일이지만 내 생각에 그게 그렇게 결정적이지는 않다. 가메다 보사이의 지렁이 같은 붓글씨는 당대의 친구들도 알아보지 못했을 정도다. 유일하게 읽을 수 있는 보사이의 글은 돈을 빌려달라는 편지였다는 내용의 우스개 시구도 있다. 과거에는 한자를 읽을 수 있느냐보다 선의 수준과 글쓴이의 '마음'이 더 중요했다. 역설적으로 요즘에는 한자를 읽을 줄 모른다는 사실에 가장 개의치 않는 사람들이 외국인 컬렉터들이다. 이들은 서예를 추상예술로 바라보는데, 따지고 보면 추상예술인 게 맞다. 하지만 일본인들은 서예의 한자를 읽지 못하면 불안해한다. 예전에 내 일을 도와주던 일본인이 자신은 서예가 싫다고 말한 적이 있다. 특히 보사이의 지렁이 한자를 불편해했다. "외국인들은 그걸 추상예술로 감상하고 거기서 만족하지만, 우리는 서예를 보면 반드시 뜻을 알아야 해요." 의미를 이해할 수 없다는 그의 무력함은 커다란 불안을 안겨주었다. 현대 일본인들은 읽지 못한다는 데 콤플렉스가 있는 듯하다.

　　예술로서의 서예(시키시, 단자쿠, 다실에 걸어두는 족자)는 문화계에서 서서히 자리를 잃어가고 있다. 하지만 디자인으로서의 서예는 매우 활발하다. 일본은 아마 표면에 드러난 것에 대한 사랑 때문인지 언제나 디자인의 나라였다. 게다(나무 슬리퍼)와 같은 단순한 물건에도 어마어마하게 다양한 디자인이 존재한다. 굽이 두 개인 것, 굽이 하나인 것, 스시 주방장들이 신는 높은 굽, 창부들이 신는 극도로 높은 굽, 앞쪽 끝이 각진 것, 둥근 것, 하얀 나무로 만든 것, 짙은 색의 나무로 만든 것, 옻칠한 것. 서예의 세계에서도 에도시대를 지나며 수십 가지의 디자인 서체가 생겨났다. 중국에서 존재했던 종류보다 훨씬 더 많다. 가부키, 노, 인형극, 스모, 사무라이의 문서, 남자의 편지와 여자의 편지, 다도가의 서명, 영수증에 쓰는 글씨, 동전과 지폐, 도장, 이외에도 수많은 것에 각각 다른 서체가 있었다.

이처럼 풍부한 전통 서체가 존재하기 때문에 한자를 사용한 그래픽 디자인은 현대 일본에서 가장 활발한 분야 중 하나다. 성냥갑에서 애니메이션으로 만든 텔레비전 광고까지, 한자는 여전히 건재한 모습으로 보사이가 썼던 붓글씨처럼 꿈틀거리고 있다. 긴자 거리의 간판이 그토록 대단한 이유는 그래서다. 세계 어디에도, 심지어 중국에도 여기에 견줄 만한 곳은 없다.

7장

데만구

귀신

음악회

1970년대 말부터 1980년대 초까지 가부키에 빠져 있던 시절, 나는 도쿄에 가서 친구 집에 몇 달이고 묵으며 매일매일 극장을 찾곤 했다. 10년 뒤 트래멀 크로사에서 일할 때는 도쿄에 사무실과 아파트가 있었다. 월요일부터 금요일까지는 트래멀 크로의 일을 하고, 주말에는 가메오카에 다녀왔다. 요즘 나의 일은 주로 글을 쓰고 강연을 하는 것이지만, 여전히 도쿄에서 상당한 시간을 보내야 한다. 도쿄는 거의 모든 형태의 역동적인 문화 활동이 이루어지는 중심지이고 내가 아는 대부분의 예술가는 도쿄에 살고 있다.

도쿄에서 바쁜 한 주를 보내고 금요일 저녁이 다가오면 나는 택시를 불러 도쿄역의 야에스 출구로 가서 교토로 돌아가는 신칸센에 몸을 싣는다. 탑승할 때만 해도 일 생각으로 마음이 여전히 분주하지만 열차가 도쿄를 서서히 벗어나면 이

내 차분해진다. 나는 가메오카의 집을 생각하기 시작한다. 집 앞 화분의 수련은 이제 꽃을 피웠을까? 표구상에게 보낸 용 그림의 수선은 어떻게 되어가고 있을까…… 몇 시간 뒤 기차가 교토에 다다를 때면 일에 대한 근심은 완전히 잊히고 없다.

교토에 도착하면 맨 먼저 공기가 다르다는 것을 느낀다. 기차에서 내리는 순간, 도쿄에는 산소가 부족하구나 하는 깨달음이 언제나 머리를 때린다. 일주일간의 부재 뒤에 깨끗한 공기를 마시며 나는 차를 타고 서쪽의 산으로 향한다. 이윽고 밤 11시쯤이면 교토에서 25킬로미터가량 떨어진 목적지인 가메오카에 도착한다. 여기가 지난 18년간 내가 살고 있는 곳이다. 우리 집은 서예의 신을 모시는 덴만구天満宮라는 이름의 작은 신사 마당에 있는 전통 일본 가옥이다. 이 집도 치이오리처럼 가로 네 칸 세로 여덟 칸의 크기이지만 초가지붕 대신 기와가 얹혀 있다. 집은 크지 않으나 신사의 마당에 있기 때문에 상당히 넓은 정원을 갖추고 있다. 집의 한쪽 끝은 작은 길에 접해 있고, 다른 한쪽 끝은 계곡물을 바라보고 있다. 그 사이에 끼어 있는 땅의 면적은 1000평쯤 된다. 계곡물 건너에 솟아 있는 산 역시 신사 소유지이므로 정원의 실제 '빌려온 풍경借景'은 수천 평이 넘는다.

길에 접한 쪽에는 기와를 얹은 기다란 흰 벽이 신사 마당의 경계를 표시하고 있고, 벽 가운데에 높다란 대문이 있다. 대문을 들어서면 바로 앞에 돌로 만든 도리이鳥居(신사의 본당으로 들어가는 출입문)와 자그마한 덴만구 본당이 보인다. 본당 옆에는 오래된 매화나무가 한 그루 서 있다. 오른쪽으로는 거대한 삼나무가 무리 지어 있는 '사당 숲'이 보인다. 돌로 된 길의 왼쪽이 우리 집 터다. 커다란 화분에 수련이 떠다니고, 여기저기 널린 각종 도기에 작약이며 고사리며 연꽃, 꽈리, 해오라기, 난초가 심어져 있다. 돌로 된 징검다리를 예닐곱 개 건너면 집의 현관이다.

거실에 들어서면 뒤쪽의 정원이 보인다. 정원이라기보다는 정글이라고 하는 편이 더 어울리겠지만. 건물 주변 몇 평 정도에 잔디와 이끼가 깔린 트인 공간이 있고 징검다리 돌이 몇 개 놓여 있다. 이 공간의 가장자리를 둘러가며 철쭉과 싸리가 심어져 있다. 오랫동안 돌보지 않아 삐죽삐죽한 가지가 바깥쪽과 위쪽으로 퍼지기 시작하면서 이끼 낀 석등과 도자기로 만든 오소리상을 가리고 있다. 뒤쪽으로는 다양한 나무가 보인다. 아주 오래된 벚나무(목재 지지대로 받쳐놓았다), 단풍나무, 동백나무, 그리고 은행나무. 이 나무들 뒤편으로 정원이 끝나면서 계곡의 폭포와 만난다. 계곡 반대편 둑위로는 나무가 빽빽하게 들어선 산이 솟아올라 있다. 금요일 밤에 집으로 돌아와 툇마루의 유리문을 활짝 열면 폭포의 물

소리가 집 안까지 밀려 들어온다. 그 순간 지난 한 주간 도쿄에서 있었던 일에 대한 모든 생각은 깨끗이 쓸려나가고 비로소 나 자신에게로 돌아온 듯한 기분이 든다.

이 집을 찾게 된 것은 대단한 행운이었다. 1976년 오모토 세미나가 끝나갈 무렵, 재단에서 내게 옥스퍼드를 졸업한 뒤 함께 일하지 않겠냐고 제안했다. 나는 깊이 생각해보지 않고 그러겠다고 했다. 그 뒤로 1년 동안 졸업하고 어디에서 일할 예정이냐고 사람들이 물으면 나는 기꺼이 '오모토의 여신'을 위해 일할 것이라고 말했다. 그러나 나는 연봉 협상을 잊고 있었다. 1977년 오모토의 국제부에서 일하기 위해 도착하고 나서야 재단에서 일하는 사람들이 모두 '봉사를 통해 공헌하는 이들'로 여겨진다는 사실을 알게 되었다. 즉, 명목상의 월급만을 받는다는 뜻이었다. 경악스럽기 그지없게도 내 월급은 10만 엔(약 400달러)이었다. 재단의 예술 활동은 모두 좋았다. 하지만 그 월급으로 어떻게 월세를 감당하겠는가?

첫 2~3주는 재단의 기숙사에서 보냈다. 그러다 여름 끝자락의 어느 날 퍼뜩 영감이 떠올랐다. 핑 암라난드라는 이름의 태국에서 온 친구가 세미나에 참가하고 있었다. 그에게 "핑, 같이 집을 찾으러 가자!"라고 말했다. 그렇게 우리 둘은 오모토 부지를 벗어나 걷기 시작했다. 가메오카는 논으로 가득한 평평한 분지라 어느 쪽으로 걸어도 얼마 안 있어 산과 만나게 된다. 산 쪽으로 걸어가다가 특이한 건물을 발견했다. 흰 벽에 난 대문 안쪽으로 잡초가 무성한 커다란 정원이 보였고 그 옆에 빈집이 있었다. 이야 계곡에서 버려진 민가에 무단침입하던 나의 풍부한 경험을 발휘해 우리는 망설임 없이 집 안으로 들어갔다. 집 안은 어둡고 먼지가 가득했다. 거미줄이 손과 얼굴에 달라붙었다. 걸음을 뗄 때마다 움찔거리며 무너질 것 같던 어둑한 거실을 조심스럽게 가로질러 뒤쪽 툇마루로 나왔다. 툇마루는 줄지어 늘어선 무거운 목재 문으로 굳게 닫혀 있었다. 문 하나를 힘껏 밀자 썩어 있던 문들이 줄지어 무너지며 정원으로 무더기로 떨어졌다. 그 순간 뒤뜰로부터 따스한 초록빛이 거실을 가득 채웠다. 펑과 나는 서로 쳐다보았다. 여름날의 단 하루 만에 우리는 집을 찾았다.

옆집에 사는 노파가 근방의 구와야마 신사의 신관이 이 집의 관리인이라고 알려주어서 그를 찾아갔다. 신관은 집의 내력에 대해 설명해주었다. 400여 년 전에 지어진 매우 오래된 집이었다. 원래는 비구승들이 도를 닦던 곳이었으나 에도시대가 끝날 무렵 해체해 현재의 위치인 덴만구 신사 터로 옮겨왔다. 산속 깊은 곳의 또 다른 사원에 있던 대문도 비슷한 시기에 옮겨왔다. 그 뒤로 집은 신사 관리인의 숙소이자 마을의 학교로서 두 번째 생을 시작했다. 그러나 1930년대 이후로는 더 이상 신사 관리인이 없었고 집은 지역 주민들에게

세를 주었다. 그러다 누구도 이렇게 오래되고 지저분한 집에서 살기를 원치 않았기 때문에 최근에는 그대로 버려져 있었다. 어째서 외국인이 이런 곳에 살고 싶어하는지 의아해하기는 했지만 신관은 내가 세입자로 들어와도 좋다고 그 자리에서 결정했다.

마을 사람들이 관리하는 덴만구 본당과 집이 떨어져 있긴 했지만 나와 친구들은 이 집도 '덴만구'라고 부르기로 했다. 지금의 집은 1977년과 비교하면 상태가 훨씬 더 나아 보인다. 손님들은 "아, 운치 있는 시골집이네"라고 생각하지만 이 집을 지금의 상태로 만들기 위해 오랜 세월 얼마나 많은 노력을 쏟아부었는지는 알 턱이 없다. 처음에는 우선 수돗물조차 없었다. 우물이 하나 있을 뿐이었는데 그마저 겨울이면 말라버렸다. 나는 '낡은' 것은 개의치 않지만 '더러운' 것은 참지 못한다. 그래서 오모토의 친구들을 초대해 대청소 모임을 했다. 우물에서 양동이로 물을 퍼다가 천장과 기둥과 다다미 바닥을 윤이 나도록 닦았다. 다행히 지붕이 새지 않았기 때문에 다다미 바닥은 썩지 않았고 이야 계곡에서의 경험을 다채롭게 해주었던 끔찍한 지붕 작업 역시 하지 않아도 되었다. 서서히 시간을 들여 수도를 끌어오고, 문과 벽을 고치고, 정원의 잡초를 뽑았다. 펑과 내가 첫날 발견했던 뒤뜰은 도저히 어떻게 할 수 없는 무성한 잡초와 덩쿨의 정글이었다. 집에 들어와 산 지 몇 달 뒤 낫과 커다란 칼을 들고 정글을 헤치자, 거기서 처음으로 일본 정원스러운 징검다리와 등불과 철쭉이 드러났다.

고작 10만 엔의 월급으로 집수리를 한 번에 다 마칠 수는 없었다. 그런 까닭에 덴만구에서의 첫 3~4년은 귀신이 나오는 집에서 사는 것만 같았다. 입주한 지 얼마 지나지 않아 다이앤 바라클로프라는 이름의 열여덟 살 된 친구가 함께 와서 살기 시작했다. 다이앤은 고베에서 자란 영국-프랑스 혼혈의 금발 아가씨로 흥미로운 고베 사투리를 구사했다. 섬세함은 좀 떨어졌지만 매우 유창한 일본어였다. 또한 어머니로부터는 프랑스어를, 아버지로부터는 상류층의 영국 영어 억양을 물려받았다. 아버지는 고베의 주재원들을 상대하던 의사였다. 일본 소녀들 사이에서 인기 있던 만화책에 나올 법한 긴 머리의 미인이었던 다이앤은 또한 에드거 앨런 포를 좋아해서 덴만구의 어둡고 황폐한 분위기에 아주 만족했다.

처음에는 툇마루의 썩은 문들을 다시 해넣을 수 없었으므로 8미터나 되는 툇마루가 정원 쪽으로 그대로 뚫려 있었다. 여름 저녁이 되면 수없이 많은 나방과 모기떼가 날아들었다. 나는 교토의 중고품 가게에 가서 오래된 모기장을 두 개 샀다. 이 모기장은 옛 일본의 생활용품 중에서도 마음을 빼앗길 만큼 가장 아름다운 물건이다. 거대한 사각 텐트와도 같은데, 모기장 하나가 방 전체 크기만 하고, 높이 천장에 고리를 걸어 매단다. 모기장의 그물은 얇은 초록색의 직물로 되어 있고 가장자리는 밝은 빨간색의 비단이다. 우리는 침구를 모기장 안쪽에 넣고 바닥에 등을 켰다. 다이앤은 기모노 차림으로 모기장 안에 앉아 책을 읽곤 했다. 입술에는 은색 기세루 담뱃대가 매달려 있었다. 녹색 그물 건너로 보이는 그녀의 실루엣은 에도의 판화에서나 볼 수 있을 법한 낭만 그 자체였다. 세월이 흘러 이런 모기장을 찾기 어려워졌을 때 이걸 가부키 배우 구니타로에게 요쓰야 괴담의 교토 공연에 쓰라고 빌려준 적이 있다. 요쓰야 괴담은 관객에게 '오싹함'을 선사하기 위해 주로 여름에 공연하는 귀신 이야기로, 가장자리가 피처럼 붉은 으스스한 녹색 모기장은 빼놓을 수 없는 소품이다.

어느 날 밤 나는 일본인 친구를 데리고 집으로 왔다. 우리가 탄 택시가 덴만구 입구에 멈췄을 때 집에는 불이 다 꺼져 있었고 들리는 것이라곤 바람과 폭포 소리뿐이었다. 입구에는 다이앤이 긴 금발 머리를 어깨 위로 늘어뜨리고 검은 기모노를 입은 채 서 있었다. 쭉 뻗은 손에 들고 있던 녹슬고 낡은 촛대 위로는 거미들이 기어다녔다. 친구는 그 모습을 힐끗 보더니 부르르 떨며 타고 왔던 택시에 다시 올라 급히 역으로 돌아가버리고 말았다.

저녁이 되면 다이앤과 나는 촛불을 켜고 툇마루에 앉아 거미가 집을 짓는 것을 보며 대화를 나누곤 했다. 다이앤에게는 확 와닿는 재치 있는 말을 만들어내는 재주가 있었다. 요즘이라면 대부분 정치적으로 올바르지 않은 말이었겠지만. 어떤 것은 아직까지도 머리에서 떠나지 않는다. 다이앤은 이렇게 말한 적이 있다. "다도는 미학적이지 않은 사람들을 위한 미학이에요." 말의 뜻인즉 다도가 시시콜콜하게 모든 것을 규정한다는 의미였다. 꽃은 어디에 놓아야 하고, 어떤 미술품을 전시해두어야 하고, 공간의 아주 작은 부분까지 사용법을 정하는 식으로. 이런 것에 대해 한 번도 생각해보지 않았거나 어떻게 하면 좋을지 모르는 사람들에게는 매우 편리한 일이다.

또 한번은 이렇게 말했다. "선禪은 얄팍한 사람들을 위한 심오함이에요." 잇큐 선사가 살아 있었다면 좋아했을 법한 말이다. 하지만 내 마음에 가장 남아 있는 다이앤의 말은 이것이다. "있잖아요, 서양 사람들은 개성을 활짝 꽃피우는 것을 강조하기 때문에 인간으로서 관심을 갖는 영역이 무한해요. 그렇지만 서양 문화는 깊이가 많이 부족하죠. 반면에 일본 사람들은 사회로부터 강한 제약을 받아 인간으로서는 제약이 많지만 이들의 문화는 무한하게 깊어요."

이제 와 생각해보면 1970년대 말의 교토는 한 시대의 전환기였다. 다이앤과 데이비드 키드와 내 많은 외국인 친구들과 나는 옛 일본이라는 꿈속에서 살고 있었다. 그 시절에는 꿈을 믿는 게 아직 가능했다. 덴만구 주변에는 황야와 논이 있었고 가메오카의 길거리는 여전히 목재로 지은 집들과 사케 양조장의 커다란 구라藏가 늘어서 있어 봉건시대의 성읍 느낌을 주었다. 산은 아직 철탑으로 뒤덮이지 않았고 콘크리트와 플라스틱 물결이 가메오카에 밀려오기 전이었다. 당시 우리 행동은 조금 괴상해 보였을지 몰라도 어쨌든 현실과 동떨어져 있지는 않았다. 오모토의 세미나가 진행되던 여름밤이면 가끔 그랬듯이, 기모노와 하카마(전통 바지) 차림으로 마을을 가로질러 덴만구까지 걸어와도 괜찮았다. 요즘에 그렇게 한다면 현대 일본의 환경과 너무 겉돌아 어처구니없어 보일 것이다.

시간이 흘러 1980년대 초반에는 덴만구의 새 단장이 꾸준히 이뤄졌다. 집에 전기를 들였고, 거미줄을 모두 걷어낸 뒤 툇마루에 유리문을 설치했다. 거미줄이 없어지자 다이앤도 더 이상 집에 애착을 느끼지 못하고 이사를 나갔다. 나는 관심을 도마土間로 돌렸다. 흙바닥으로 된 도마는 부엌으로 사용하던 공간으로 덴만구의 3분의 1가량을 차지하고 있었다.

집주인인 구와야마 사원의 신관이 먼저 흙으로 된 가마와 우물(불과 물)에 신도의 정화의식을 행했다. 그러고 나서 나와 친구들은 가마를 걷어내고 우물을 덮어 도마를 스튜디오 공간으로 개조하는 작업에 들어갔다. 긴 테이블을 놓아 서예를 하고 그림을 표구하거나 뒷면에 커버를 씌우는 작업을 할 수 있도록 했다. 집의 다른 방에는 모두 천장이 있었지만 도마는 가마에서 연기가 빠져나갈 수 있도록 치이오리처럼 서까래까지 뻥 뚫려 있었다. 하지만 온갖 통나무와 오래된 미닫이문이 잔뜩 놓여 있어서 서까래는 잘 보이지도 않았다. 우리는 쓰레기를 걷어내고 150년 동안 켜켜이 쌓인 숯을 쓸어냈다. 커다란 쓰레기 봉지 열 개를 채울 만한 양이었다. 그러자 거대한 서까래와 대들보가 마법처럼 모습을 드러냈다. 공기가 잘 통하는 이 방이 지금의 내 작업실이다.

모기장과 촛불과 기모노의 시대는 끝났지만 지금도 덴만구에는 특별한 세계가 살아 있다. 그것은 자연이라고 하는 아주 단순한 세계다. 도쿄나 해외로 여행을 갔다가 덴만구로 돌아오면 언제나 계절의 순환이 조금씩 바뀐 것을 알 수 있다. 새로운 자연현상이 나를 기다리고 있다. 중국의 옛 달력에 의하면 한 해는 24개의 작은 절기로 나뉜다. 각 절기는 '청명(맑고 밝음)' '백로(하얀 이슬)' '대서(큰 더위)' '소한(작은 추위)' '경칩(벌레가 깨어남)' 같은 이름으로 불리고 각각의 특징이 있다.

덴만구에서 모시는 신은 원래 매화에 대한 사랑으로 잘 알려진 10세기의 귀족 미치자네道眞다. 따라서 전국 수천 개에 달하는 덴만구 신사에는 어김없이 마당에 매화를 심어놓았다. 매화의 신기한 점은 아직 눈이 땅에서 녹지 않은 겨울의 끝 무렵에 꽃을 피운다는 사실이다. 곧 봄이 다가오고 정원의 오래된 벚나무가 철쭉과 복숭아와 들꽃들과 함께 꽃을 피운다. 하지만 내가 가장 좋아하는 계절은 조금 더 지나 장마가 시작되는 5월 말이나 6월 초쯤 온다. 주변 논에 있는 개구리들이 울기 시작하고 도쿄에서 전화를 걸어오는 친구들은 그 소리가 전화기를 통해서도 들린다는 데에 신기해한다. 자그마한 에메랄드 빛 개구리들은 이리저리 뛰어다니며 나뭇잎과 징검다리를 장식한다. 그러다가 연꽃이 느닷없이 피어나고 큰비가 침실 위 지붕을 기분 좋게 두드린다. 장마의 와중에 잠드는 것은 언제나 즐거운 일이다.

그러다가 어느 저녁 반딧불이 한 마리가 마당에 나타난다. 그러면 나는 친구와 함께 정원 뒤쪽으로 개울 바닥까지 내려가 어둠 속에서 조용히 기다린다. 조금 있으면 계곡 양쪽의 수풀에서 빛나는 반딧불이 구름이 떠오른다. 여름이면 마을의 아이들이 폭포 아래의 못에 물놀이하러 내려온다. 내 금발의 장난꾸러기 사촌 에단은 폭포 아래에서 놀면서 여름 한철을 보냈다. 거실에 있으면 아이들이 물에 뛰어드는 소리가 들린다. 저 너머 산비탈에는 나무들이 산들바람에 흔들리고,

높은 하늘에는 솔개가 긴 날개를 유유히 펼치고 있다. 여름의 끝은 태풍을 불러오고 그다음은 가을의 붉은 단풍과 노란 은행잎과 루비색의 남천 열매다. 그리고 마침내 겨울의 앙상한 가지에 매달려 있는 오렌지빛 감만 남는다. 겨울에는 마당에 서리가 내려 풀잎 하나하나가 아침 햇살 아래 다이아몬드처럼 반짝인다. 에메랄드 개구리, 다이아몬드 서리, 루비 남천 열매―이것들이 덴만구의 보석상자다.

하지만 이러한 계절의 변화는 오늘날 일본에서 서서히 사라지고 있다. 예를 들어 대부분의 도시에서는 낙엽을 방지하기 위해 가을에 가로수의 가지를 베어낸다. 현대의 일본인에게 낙엽은 아름다움이 아니다. 지저분하고 피해야 할 물건일 뿐이다. 일본 대다수의 공공장소에서 묶이고 잘린 모습의 나무를 볼 수 있는 것은 그런 이유다. 한 친구가 최근 나에게 이렇게 말했다. "자연 그대로의 산만 보러 가는 건 너무 지루하지! 거기서 뭔가를 할 수 있어야 자연이 재밌어지지 않겠어? 골프를 친다든지 스키를 탄다든지 말이야." 그래서 사람들은 그렇게 산을 밀어내고 그토록 많은 골프 코스와 스키 슬로프를 지어야 한다는 강박을 갖는지도 모르겠다. 나의 산은 중국 시인들이 노래하던 그대로이고 나의 자연은 바쇼의 하이쿠에 나오는 그대로다. 개구리 한 마리가 오래된 연못에 뛰어들고 그 소리만이 내게 기쁨을 준다. 일체의 다른 것은 필요치 않다.

다이앤이 덴만구에 살던 때에는 집 안에 거의 아무런 물건도 없었다. 하지만 시간이 지나면서 덴만구는 점점 늘어가는 내 미술품 컬렉션을 모아두는 장소가 되었다. 일본의 황금 병풍, 중국의 카펫, 티베트의 만다라, 한국의 도자기, 태국의 불상, 미얀마의 칠기, 크메르의 조각상―아시아의 온갖 물건이 집의 구석구석을 빼곡히 채웠다. '빼곡히 채웠다'라는 표현은 미학적으로 만족스러운 말이 아니다. 우아한 세련됨의 이미지를 떠올리게 하지 않는다. 그러나 덴만구 안에는 아시아 모든 나라 모든 시대의 미술품이 완전히 무성한 정글을 이루어 거의 바깥의 단풍을 압도할 정도였다. 아름다움의 온실이라고 할 만했다. 어느 친구는 덴만구를 '알라딘의 동굴'이라고 불렀다. 손님들은 이곳에 오면 내가 처음 덴만구를 발견했던 1977년과 그리 다르지 않은 낡고 오래된 집을 보게 된다. 그러다가 현관에 들어서면 '열려라 참깨!'―화려한 병풍 그림, 파랗고 노란 두꺼운 양탄자, 잘 다듬은 모과나무와 자단나무의 광택이 눈앞에 펼쳐진다.

최근에는 이 모든 물건을 소유하는 데서 오는 설렘이 조금 바래져서 덴만구에서 상당한 양의 물건을 정리했다. 양탄자와 가구는 그대로 있지만 소유물을 눈에 띄지 않게 구라에 보관하던 옛 가문들로부터 힌트를 얻어 대부분의 병풍과 조각상과 그림을 박물관에 대여했다. 지금은 몇 개의 아끼는 물건만 소유하고 있고, 기분 내키는 대로 돌아가며 전시해놓는다. 앞으로도 더 많은 물건을 처분할 것이고, 언젠가는 집이 윤회를 마쳐 다시 텅 빈 다다미방이 탁 트인 정원만을 내다보게 되리라.

그날이 오기 전까지는, 비록 훨씬 적은 수의 물건만 전시되어 있어도 덴만구는 여전히 알라딘의 동굴 같은 분위기를 풍긴다. 아마도 내가 견습 시절 데이비드 키드로부터 배운 것 중 하나인 색의 조화와 관계있지 않을까 싶다. 잠깐 딴 얘기를 하자면, 중국에 침공당하기 전 티베트의 문화가 아직 번성하던 시기의 삶에 대한 글을 읽은 적이 있다. 어느 날 저자는 수행단과 함께 초원을 여행 중인 티베트의 고위 정치인 일행을 만났다. 이들은 그야말로 불타오르는 색의 향연이었다. 말들조차 화려한 비단과 손으로 짠 담요로 덮여 있었다. 정치인들은 푸른 용과 보라색 구름과 녹색 파도가 격렬하게 춤추는 모습을 수놓은 노란색 비단옷을 입었고, 머리에는 터키색과 산호색 구슬을 달고 있었다.

요즘 세상은 색에 대한 감각을 현저하게 잃어버렸다. 현대 정치인들이 입는 칙칙한 정장을 떠올려보면 내 말뜻을 이해할 수 있을 것이다. 이 같은 색의 부재는 일본에서 특히 더하다. 조명은 모조리 형광등이고 집 안 물건의 대부분은 알루미늄과 합성소재로 만들어져 있다. 하지만 덴만구는 깊고 풍부한 색으로 살아 숨 쉰다. 도쿄의 일상에서 보는 잿빛 회색과는 크게 대조적이다. 먼저 금색이 있다. 다니자키 준이치로는 『그늘에 대하여』에서 밝은 조명의 방에는 금색이 대체로 잘 어울리지 않는다고 지적했다. 현대 일본에서 금색을 거의 보기 어려운 것은 이 때문이지 않을까. 하지만 덴만구에는 병풍의 황금색 잎사귀, 금으로 된 불상, 황금 칠기와 같이 다양한 종류의 금색이 있다. 금색에는 청금, 적금, 그리고 시간이 지남에 따라 변색되는 자금이 있다. 금색 외에도 그림을 그릴 때 쓰는 물감의 안료들, 그중에서도 특히 티베트의 만다라에서 볼 수 있는 선명한 녹청색이 있다. 칠기의 깊은 붉은색, 중국 자기의 파리한 청색, 그리고 일본 비단에 쓰이는 침침하고 탁한 오렌지색과 녹차 색이 있다.

서예가로서 덴만구에서의 삶은 안성맞춤이다. 신사의 신으로부터 직접 영감을 받는 듯한 느낌이다. 나는 신도 신자가 아니지만 학업과 서예의 신으로 오래전부터 숭배의 대상이었던 덴만구의 신에 대한 은밀한 신앙을 갖고 있다. 가끔 본당으로 걸어가 종을 울리고 기도를 올리기도 한다. 정확히 말하면 '기도'는 지나치게 강한 말이다. 기도보다는 일상의 인사에 가깝다. 고등학교와 대학 입시철이 다가오면 학생들이 수업 전에 기도하러 들른다. 아마 이들의 기도가 내 기도

보다는 좀더 절박할 것이다. 종종 이른 아침에 나를 깨우는
종소리는 덴만구의 자명종이다.

덴만구에는 여러 신을 모신다. 우선 스튜디오 작업실 위
쪽으로 우리 집 제단이 있다. 가운데에 미치자네의 조각상이
있고 그 양쪽으로 여러 사원에서 가져온 종이로 된 부적과
묵주가 놓여 있다. 현관 위쪽으로는 재물의 신 다이코쿠의
작고 검은 목상이 있다. 목상은 겨우 12센티미터 정도 크기
이지만 엔쿠円空가 조각이라도 한 듯 힘을 내 　에도 초기의 승려,
뿜는다. 처음 이사 들어왔을 때 집에 있던 물건 　시인, 조각가
중 아직도 보관하고 있는 것은 이 목상뿐이고,
나는 이게 덴만구의 진정한 수호신이라고 생각한다. 집 중앙
의 기둥에는 구와야마 사원의 부적이 붙어 있고 불교의 호법
신 마리지천摩利支天이 빠르게 움직이는 멧돼지가 끄는 전차
에 타고 있는 모습이 그려져 있다. 거실에는 데구치 오니사
부로出口王仁三郎가 쓴 단자쿠가 도코노마의 　오모토교를 조직한
기둥에 걸려 있다. 가장 안쪽의 방에는 태국의 　사람
불상이 있다. 그 옆에는 시바 신을 위한 작은
제단이 마련되어 있다. 지나친 미신으로 보일지 모르지만 나
는 오직 일본의 전형적인 종교생활 패턴을 따르고 있을 뿐이
다. 하나의 종교에 얽매이지 않고 모든 종교를 다 따른다. 불
교, 신도, 힌두교가 다 있다. 덴만구에는 신과 부처들이 공기

중에 끊임없이 떠다니고 그들의 따뜻한 숨결이 집을 채운다.

시골에 살면 불편함도 만만치 않다. 그중에서도 제일은 벌레다. 벌레가 깨어나는 3월 중순의 '경칩'이 되면 모기, 나방, 벌, 개미, 지네, 거미, 투구벌레가 떼를 지어 출격한다. 이들과의 전쟁은 상당히 골치 아픈 일이다. 다이앤이 여기 살 때 13현의 고토箏를 거실 한쪽에 보관하고 있었다. 한번은 늦은 밤 고토의 현이 울리는 소리가 갑자기 밤의 고요를 깨트렸다. 현의 화음을 퉁기는 소리가 방 안을 부드럽게 떠다녔다. 치리 치리 치리 즈루 즈루 즈루. 하지만 우리가 알기로 집에는 모기장 안의 다이앤과 나 둘뿐이었다. 우리는 촛불을 들고 고토로 다가갔으나 거기에는 아무것도 없었다. 우리가 쳐다보는 중에도 귀신의 손가락 연주는 계속되었다. 치리 치리 치리 즈루 즈루 즈루 소리가 집 안으로 물결처럼 퍼졌고 다이앤과 나는 공포에 질려 서로에게 딱 붙어 있었다. 마침내 더 이상 견딜 수 없었던 내가 집 안의 모든 등불을 켜봤더니 커다란 나방이 고토 현의 안쪽에 갇혀 있었다.

귀신 음악회는 견딜 수 있었지만 모기는 또 다른 문제였다. 모기장은 신기한 물건이다. 구멍이 뚫려 있지 않은데도 항상 몇 마리의 모기는 들여보내는 듯하다. 모기 문제 때문에 결국 나는 정원 쪽으로 유리문을 달고 에어컨을 설치해서 안과 밖을 실질적으로 차단해버렸다. 하지만 덴만구가 지금의 위치로 옮겨온 것은 150년 전의 일이다. 그 뒤로 태풍과 지진이 이어지면서 모든 기둥이 기울어져 집 안 어디 하나 각도가 맞는 곳이 없다. 벌레들은 그 틈을 찾아 들어온다. 덴만구가 벌레 문제에서 완전히 해방되는 날은 오지 않을 것 같다.

또 다른 문제는 교토와 오사카까지 통근 시간이 길다는 점이다. 사실 그렇게 길지는 않다. 교토까지 열차로 25분이고 오사카까지 차로 1시간 15분이다. 그러나 도시에 사는 사람들에게 시골로 가는 길은 사하라 사막보다 더 길어 보이고 이 사막을 건널 용기를 내기란 쉽지 않다. 언젠가 암스테르담의 미술품 수집상에게 전화를 받았다. 그는 이렇게 말했다. "다음 달에 일본에 갑니다. 덴만구를 방문하고 싶군요." 한 달 뒤 그가 도쿄에 도착해서 다시 전화를 걸었다. "내일 교토로 갑니다. 그다음 날 만나도록 하지요." 이튿날 교토에서 전화가 왔다. "내일 뵙겠습니다." 그리고 약속한 날 아침 그가 전화해서 이렇게 말했다. "미안합니다. 가메오카까지는 못 가겠어요. 너무 멉니다."

20세기의 전환기에 몽테스키외 백작은 파리의 사교계를 휘어잡고 있었다. 백작의 파티에 초대받으면 누구도 거절하지 않았다. 그러던 어느 날 몽테스키외가 불로뉴 숲의 동쪽에서 서쪽의 더 큰 성으로 이사를 갔다. 공원을 가로질러 2킬로미터만 더 가면 되는 거리였으나 백작이 이사 간 날부터 상류사회는 거리낌 없이 그를 배제했고 몽테스키외는 남은 세월을 고립된 채 보내야 했다.

덴만구를 찾아오는 손님의 수는 확실히 많지 않다. 미술품 거래 사업에는 좋지 않은 일이나 딱히 외롭지는 않다. 오히려 교토와 오사카로부터의 거리가 손님을 어느 정도 걸러주기 때문에 나를 찾아오는 손님의 대부분은 좋은 친구들이다. 집에 손님을 초대하는 일은 그래서 언제나 편안하고 즐겁다.

지난 18년간 덴만구에서 나와 함께 살았거나 집을 돌봐주었던 수많은 일본인 친구가 있었다. 이들에게는 한 가지 공통점이 있는데, 그것은 짐작과는 달리 예술에 대한 관심도 아니고 자연에 대한 애정도 아니었다. 이들의 목적은 일본 사회로부터의 탈출이었다. 일본에는 사회의 속박으로부터 벗어날 수 있는 장소가 거의 없다. '탈퇴'해서 시골에 내려가 히피처럼 사는 일은 거의 불가능하다. 삶을 옥죄는 복잡한 규제와 인간관계는 벼농사를 하는 시골에서 가장 심하게 나타난다. 반면 대도시에서는 생활비가 너무 비싸기 때문에 집세를 내기에 급급하다. 도쿄에서 일본의 사회적 제약으로부터 벗어난 환경에서 일하고 싶은 사람은 보통 외국계 기업에 취직한다. 하지만 그런 회사에서 일하는 것은 나름의 스트레스와 어려움을 동반하는 극한 경쟁이다. 따라서 그런 사람들에게 덴만구의 느긋한 일상은 최소한 이들이 '다음의 삶'을

찾기 전까지 평화로운 피난처와도 같다. '다음의 삶'으로는
보통 일본을 떠난다.

한 일본인 친구는 이렇게 말한 적이 있다. "일본의 전통 가
옥이라고 하면 항상 가난하다는 이미지만 떠올렸어요. 덴만
구를 보고서야 처음으로 전통 가옥에서도 잘 살 수 있다는
걸 알게 되었습니다." 교토시가 파괴된 데 대한 열쇠가 이 말
속에 들어 있다. 도시 행정을 하는 사람들 눈에는 줄지어 늘
어선 오래된 목재 가옥들이 '가난해' 보인다. 부끄러운 풍경
이고 빨리 없애야만 한다. 이것은 교토만의 일이 아니다. 이
와 같은 감정이 일본 전역에 있는 사람들의 마음속에 깊이
자리 잡고 있다. 그렇지 않다면 일본에서 벌어진 만연한 파
괴가 강한 대중적 반발을 일으켰을 것이다. 하지만 아직까지
아무런 시위의 기미도 보이지 않는다.

일본 전역을 위협하는 '추악화'의 파도가 가메오카에도 당
도해 가메오카는 이미 완전히 뒤바뀐 모습이다. 매년 덴만구
근처의 논 몇 군데가 파헤쳐져 주차장이나 골프 연습장이 되
어버린다. 다행히 덴만구의 땅은 상당히 넓고 정원 뒤쪽의
산은 사원 소유의 부동산이기 때문에 적어도 당분간은 안전
할 것이다.

덴만구의 현관에는 '평화롭고 행복한 둥지安樂巢'라는 붓글
씨가 액자에 걸려 있다. 에도시대 문인의 글씨로, 12세기에

유교 철학을 부활시켰던 어느 송나라 학자의 집을 연상케 한다. 그는 가진 돈이 많지 않았지만 자신의 작은 오두막을 책과 족자로 채웠다. 친구들을 자신의 '둥지'로 초대해 거기서 사상 혁명의 기틀을 닦았다. 나에게 덴만구의 진정한 매력은 그 편안한 분위기에 있다. 내 친구들과 나는 혁명을 꿈꾸고 있을지도 모르지만, 아마 조용한 환경 때문인지, 아니면 '검은색으로 윤이 나는' 400년 된 기둥 때문인지 덴만구에 들어오는 사람들은 금세 이 편안한 분위기에 녹아든다. 오찬 모임에 참석하기 위해 항상 제시간에 일어나는 데 익숙한 사업가들도 여기에 오면 어쩔 수 없이 늦잠을 자거나, 사무실에 팩스를 보내고 전화하는 것을 깜빡 잊는다. 하룻밤만 묵으려는 계획으로 왔다가 시간의 흐름을 잊고 며칠씩 묵고 가는 손님도 흔하다.

　덴만구의 손님은 설명할 수 없는 이유로 곧 졸립게 된다. 내가 술에 뭘 타서 그런 게 아니고 일상의 속도가 갑자기 느려졌기 때문이다. 이들은 이야기를 하거나 음악을 듣다가 서서히 한쪽으로 몸을 웅크리기 시작한다. 의자에 앉아 있다가 캉 위의 부드러운 비단 쿠션으로 옮겨온다. 어느새 더 이상 고개를 들고 있을 수 없게 되고, 얼굴을 베개에 묻은 채 잠에 빠져든다. '둥지'가 또다시 마법을 부렸다.

8장

트래멀

크로

버블 시대

1983년 말 크리스마스를 보내기 위해 텍사스의 댈러스를 방문했다. 예일대학 동창인 트래멀 S. 크로의 초대였다. 장발에 오렌지색 점프슈트를 입고 스포츠카를 타며 매력적인 미소를 짓던 트래멀 S. 크로는 거칠게 사는 편인 대학 친구였다. 공항에서 만나기로 했지만 도착해서 보니 찾을 수가 없었다. 그러다가 남색 정장의 말끔한 회사원 복장으로 나에게 악수를 청하는 이가 그라는 것을 깨닫고 충격을 받지 않을 수 없었다. 알아볼 수 있는 모습이라고는 미소밖에 없었다. 도대체 무슨 일이냐고 물었더니 아버지 트래멀 크로 씨의 회사에서 일하고 있다고 했다.

차가 댈러스 시내로 접어들자 트래멀 S.는 스카이라인을 가리키며 이렇게 말했다. "오른쪽의 40층짜리 고층빌딩이 우리 거고, 저쪽에 건설 중인 50층도 우리 거야. 그리고 방금

지나친 호텔도 아버지가 나한테 일부 디자인을 맡으라고 했지.” 그제야 내가 그의 아버지에 대해 전혀 모르고 있다는 사실을 깨달았다. 트래멀 S.가 설명을 시작했다.

트래멀 크로 씨는 댈러스에서 태어난 텍사스 사람이다. 서른다섯까지는 평범한 은행원이었다. 그러나 어느 날 영감을 얻어 낡은 창고를 샀다. 그걸 리모델링해서 세입자를 구해 세를 내주고, 근처의 창고 두세 개를 더 샀다. 그러고는 그것도 리모델링해서 세를 주었다. 그런 일을 40년간 계속하며 창고에서 마트 건물, 오피스 빌딩, 아파트, 호텔까지 상상할 수 있는 모든 형태의 부동산으로 사업을 확장했다. 마침내 트래멀 크로사는 세계에서 가장 큰 부동산 개발 업체가 되었다.

이튿날 트래멀 S.가 나를 자기 아버지 사무실로 데려갔다. 따분한 미국식 대기업 건물을 상상했던 나는 잠시나마 우리가 박물관에 들어온 줄 알았다. 눈이 닿는 곳마다 아시아 미술의 보물창고가 펼쳐져 있었다. 복도에는 크메르 조각상이 서 있었고 중국의 옥 조각품이 컴퓨터 옆과 서류 캐비닛 위에 아무렇지 않게 놓여 있었다. 트래멀 S.가 말했다. “아버지는 아시아 미술을 좋아하셔. 사무실을 수집품으로 장식해서 직원들도 감상할 수 있도록 하시지. 아버지를 소개해줄게.”

트래멀 크로 씨는 도면으로 가득한 긴 테이블 앞에 앉아 건축가들과 신도시 설계에 관한 회의를 하던 중이었다. 트래멀 S.가 "아버지, 제 친구를 소개해드릴게요"라고 말했지만 그는 고개도 들지 않았다. "저하고 예일에서 같이 공부했어요." 그래도 반응이 없었다. "중국학과 일본학을 전공한 친구예요."

그제야 트래멀 크로 씨가 벌떡 일어나더니 흥분해서 말했다. "중국학과 일본학? 대단하군!" 그러더니 가까이 있던 선반에서 옥으로 된 조각품을 하나 집어들고 나에게 물었다. "이 물건에 대해 어떻게 생각하나?" 나는 이렇게 대답했다. "고대 중국 송옥에서 볼 수 있는 네모난 통 모양이긴 한데 그렇게 오래된 물건 같지는 않네요. 글씨가 19세기 말에 유행하던 서체인 걸로 봐서 아마 19세기 학자가 재현한 것 아닐까요?"

"뭐라고?" 트래멀 크로 씨가 소리쳤다. "소더비 사람들은 이게 고대의 진품이라고 했어." 내가 뭐라고 사과의 말을 중얼거리려 하자 그가 무시하며 갑자기 이렇게 물었다. "나하고 일해보면 어떻겠나? 최근에 상하이에서 사업을 시작했는데 거기 매니저가 한 명 필요해." 나는 갑작스러운 화제 전환에 당황해서 겨우 이렇게 말했다. "그렇게 말씀해주시니 감사합니다. 중국에서 한동안 살아보는 것보다 더 좋은 일은 없을 것 같아요. 하지만 저는 지금까지 줄곧 문화와 예술만 공부해왔고 사업에 대해서는 전혀 아는 바가 없습니다. 일을 망칠 게 분명하니 제안은 거절해야겠습니다." 그러자 트래멀 크로 씨가 말했다. "사업 경험이 없다고? 괜찮아. 어쨌든 자네를 고용하기로 하지. 오늘부터야." 그러고는 비서에게 몸을 돌려 말했다. "커 씨에게 매달 컨설팅 비용으로 1000달러씩 지불하도록 하게."

"정말 감사합니다만 이게 무엇에 대한 비용이죠?" 내가 물었다. "걱정 말게. 일본으로 돌아가서 잘 생각해봐. 그리고 자네가 나를 위해 무엇을 할 수 있는지 편지로 알려주면 돼." 그렇게 갑자기 '작별 인사'를 하더니 그는 다시 테이블로 돌아가서 신도시 설계 논의를 시작했다. 이 모든 과정이 10분밖에 걸리지 않았다.

나는 일본으로 돌아왔고 아니나 다를까 매달 내 은행 계좌로 1000달러가 입금되었다. 하지만 내가 트래멀 크로 씨를 위해 뭘 할 수 있을지는 감을 잡지 못했다. 내 특기가 미술이었으므로 생각할 수 있는 것이라곤 미술품 수집밖에 없었다. 나는 편지를 써서 그를 위해 교토의 경매 에이전트로 활동할 수 있다고, 그러면 좋은 가격에 일본 미술품 컬렉션을 갖게 될 거라고 말했다. 트래멀 크로 씨는 그 아이디어를 마음에 들어했고 나는 곧 그를 위해 어마어마한 양의 병풍과 족자를 구매하게 되었다. 그 가격을 지불하기 위해서 그는 내가 평생 만져본 것보다 훨씬 더 큰 금액을 내게 입금했다. 얼마 지

나지 않아 내 낡고 비공식적인 운영 방식은 한계에 이르렀
다. 세금도 내야 했고, 병풍 수리비가 감당할 수 없을 만큼 늘
어났다. 직원도 채용해야 했고 회계도 복잡해졌다. 법인을
설립할 수밖에 없었다. 그렇게 1984년 치이오리 유한회사가
탄생했다. 시코쿠에 있는 집의 이름을 따온 것이지만 치이오
리 유한회사의 목적은 이야 계곡의 낭만과는 거리가 멀었다.
세금과 회계를 처리하고 정부 서류를 제출하기 위함이었다.

트래멀 크로 씨는 내가 고른 미술품들에 만족하는 듯했고
가끔 나를 댈러스로 불렀다. 나는 나중에야 그가 미국 재계
에서 이단아 취급을 받는다는 사실을 알게 되었다. 이런 유
명한 일화도 있다. 하버드 비즈니스 스쿨에서 연설하던 중
누가 성공의 비결이 뭐냐고 묻자 그는 한마디로 이렇게 대답
했다고 한다. "사랑입니다."

트래멀 크로 씨를 만나기 전까지 일본을 이해하기 위한 나
의 모든 노력은 고전문학과 가부키와 같은 전통 예술이라는
매체를 통해서 이루어졌다. 비즈니스는 그닥 배울 것이 없는
열외의 세계라고 생각했다. 하지만 어느 날 트래멀 크로 씨
가 이렇게 말했다. "알렉스, 자네는 현실에서 좀 배울 필요가
있어!" 그러고는 댈러스에 있는 동안 나를 비즈니스 미팅에
동석시켰다. 그중에 트래멀 크로사가 새로운 오피스 빌딩의
표면에 쓸 대리석을 구입하기로 한 이탈리아 업체 대표단과

의 미팅이 있었다. 가격 협상이 달아올랐다. 먼저 이탈리아 업체 쪽에서 개당 13달러를 얘기했고 트래멀 크로 씨는 9달러를 제시했다. 마침내 가격은 10달러에 합의되었다. 대리석 업체 대표들이 자리를 뜨려고 할 때 트래멀 크로 씨가 이들을 불러세웠다. "당신들은 우리를 위해 가격을 10달러까지 내려줬습니다. 하지만 이익이 거의 남지 않을 거고 그래서는 좋은 기분으로 귀국할 수 없겠죠? 11달러로 합시다. 대신에 이번 건에 특별히 노력을 기울여주시길 바랍니다." 대리석 회사 대표들은 만족해서 돌아갔다.

1986년 여름, 트래멀 S.로부터 팩스가 왔다. 트래멀 크로사가 스미토모 신탁은행과 고베에 도매 상가를 공동으로 개발할 계획을 추진 중이며 내가 오사카에 있는 스미토모 신탁은행 개발부서 매니저와 만나야 한다는 내용이었다. 나는 옷장 뒤쪽에서 거의 입어본 일이 없는 정장을 찾아내서 두려운 마음을 안고 오사카로 향했다. 치이오리 유한회사를 설립했을 때를 빼고는 은행의 매니저와 이야기해본 적이 한 번도 없었기 때문에 매우 긴장한 상태였다.

스미토모 신탁의 개발부서 매니저는 니시라는 이름의 남자였다. 지금 생각해보면 니시는 1980년대 이른바 '버블' 시대의 전형과도 같은 인물이었다. 고루한 은행원이라기보다는 트래멀 크로 씨와 같은 사업가 스타일이었던 니시는 일찍부터 간사이 지역의 거대 부동산 개발에 관여해오고 있었고, 나라 테크노폴리스와 같은 프로젝트의 설계자였다. 그는 부동산 호황을 타고 커다란 성공을 거두었다. 니시는 흥분으로 가득해서 스미토모 신탁이 고베항 가운데에 있는 거대한 매립지인 롯코섬의 개발 계약을 낙찰받았다고 설명했다. 그것은 물론 공개 입찰이 아니었다. 일본 건설 사업의 관행대로 고베시는 스미토모 신탁과 편리하게 계약을 맺었다. 부지에 도매 패션 마트를 건설해야 한다는 조건이었다. 당시 세계에서 가장 큰 마트 시설이 트래멀 크로의 댈러스 마켓 센터였기 때문에 스미토모 신탁은 트래멀 크로와 손잡고 고베 마트를 개발하고자 했다.

그렇게 스미토모 신탁과 트래멀 크로사 사이의 기나긴 교류가 시작되었다. 댈러스에서 임명한 프로젝트 매니저는 빌 스탄스였다. 스탄스는 사업가로서의 킬러 본능을 온화한 매너로 감추고 있는 덩치 큰 텍사스 사람이었다. 내 임무는 통역이었지만 오가는 재무 용어들을 영어로나 일본어로나 이해하지 못해 큰 어려움을 겪었다. 예를 들어 스탄스는 계속해서 내부수익률IRR 어쩌고 하는 단어를 썼다. IRR은 부채 상환액과 연간 임대 수입과 토지 가격의 예측 증가액 등을 모두 고려해 부동산 벤처가 전반적으로 벌어들일 수 있는 수익을 뜻한다. 미국에서는 부동산 개발을 논할 때 IRR이 표준

지표였으므로 스탄스는 당연히 거기에 중점을 두었다. 하지만 나는 그가 무슨 얘기를 하고 있는지 도통 이해하지 못했다. 매일 저녁 스탄스의 호텔로 따라가 IRR 및 일반적인 부동산 사업 노하우에 대해 그에게 번개 특강을 듣는 수밖에 없었다. 트래멀 크로사에 입사하기 전 원래 라이스대학의 교수였던 스탄스는 좋은 선생님이었다. 나를 위해 교재를 사주고 용어 목록을 작성해주고 심지어 수학 숙제를 내주기도 했다.

스미토모 신탁과 트래멀 크로사 사이에는 논란이 되는 부분이 많았지만 그중 가장 기억할 만한 것은 IRR 계산과 관계있었다. 시간이 좀 지나서 나는 마침내 IRR을 이해하게 되었으나 이번에는 내가 그토록 감탄해 마지않던 스미토모 은행 임원들이 그게 뭔지 전혀 모르고 있다는 사실을 깨달았다. 그들은 스탄스에게 이렇게 말했다. "일본에서는 IRR이 필요 없습니다. 누가 임대 수입 같은 걸 신경 쓰나요? 중요한 건 땅값이 항상 오르리라는 사실이에요. 일본은 미국과 다릅니다." 스탄스는 이렇게 답했다. "그렇다고 한다면 당신들은 부동산 프로젝트를 평가하기 위해 뭔가 다른 계산 방법을 갖고 있겠죠?" 여기서 불가사의한 진실이 드러났다. 스미토모에는 대출 이자율이나 담보 비율을 결정하기 위한 정밀한 기준이 있었지만 새로운 부동산 벤처의 총체적인 가치를 측정할 방법은 전혀 없었던 것이다. 그런 게 필요한 적이 한 번도 없었다. 전쟁이 끝나고 40년간 일본의 땅값과 임대료가 한 번도 떨어지지 않고 올랐기 때문이다. 땅을 살 돈만 구하면 나머지는 모두 저절로 해결되었다. 국내외 경쟁을 모두 억누르던 금융 시스템의 보호와 보살핌을 받던 스미토모 신탁과 같은 대형 은행들에게는 특히나 더 쉬운 일이었다.

트래멀 크로 씨가 모험심으로 가득하던 젊은 시절, 부동산 거물들은 그저 본능적으로 옳다고 생각되면 거래를 맺고 악수로 계약을 체결했다. 그러나 여러 차례 부동산 호황과 불황의 심각한 결과를 맛보고(미국의 소위 '부동산 사이클') 이들은 전문가들을 불러들여 회사 경영을 맡겼다. 이 전문가들이 IRR과 같은 분석 도구를 도입했다. 그러나 일본에는 이러한 조정이 한 번도 없었고 스미토모 신탁은행에는 빌 스탄스와 같이 뛰어난 애널리스트가 없었다. 전 세계적으로 상식이 된 차세대 부동산 노하우를 배우지 못했기 때문에 대형 금융기관의 경영은 부실해져 있었다. 은행이 IRR을 모르고 있다는 사실에서 위험신호를 알아차렸어야 했다. 그것만으로도 다가올 붕괴를 예측할 수 있었을지 모른다.

1년에 걸친 기나긴 협상이 1987년에 끝나고 스미토모 신탁과 트래멀 크로사는 조인트 벤처 계약을 맺었다. 나는 그 전까지는 파트타임으로 일했지만, 그해 가을부터 정사원으로 오사카의 기획실로 출근하게 되었다. 덴만구는 학생 한 명에게 관리를 맡기고 고베와 오사카 사이에 있는 아시야 언덕의 오쿠이케에 집을 얻었다. 매일 오사카로 출근해서 댈러스에서 파견 온 전문가들과 함께 입주 희망 업체들이며 건축설계사들을 상대로 미팅을 했다. 그러면서 양측이 소통하는데 있어 IRR만이 유일한 격차가 아님을 알게 되었다. 한번은 바닥 공간에 대해 얘기하는 회의에서 댈러스의 전문가가 이렇게 토로했다. "우리는 평방피트로 계산합니다. 아직 입주 업체가 얼마나 될지도 모르는데 벌써 수프 볼soup bowl 얘기를 하는 것은 너무 이른 것 아닙니까?" 당황한 스미토모 측 건축설계사는 이렇게 대답했다. "수프 볼이라고요? 무슨 수프 볼요?" 알고 보니 문제가 되었던 단어는 일본에서 토지 측정의 표준 단위로 쓰이는 '쓰보'였다(쓰보＝숨볼＝수프 볼).

마침내 오픈한 고베 패션 마트는 간사이에서 가장 큰 빌딩이었다. 그리고 마트의 재무 계획과 설계와 임대와 협상은 내 '비즈니스 스쿨'이 되어주었다. 그 기나긴 과정에서 트래멀 크로 씨의 미술품 구매는 한풀 꺾였고, 나도 미술품 거래는 뒤로 미뤄둔 채 마트 개발에 전력을 다했다. 가끔씩 트래멀 크로 씨가 격려의 전화를 걸어와 내게 이렇게 말했다. "비즈니스 재미있지 않나, 그렇지?" 비즈니스는 재미있었다. 그 이유 중 하나는 트래멀 크로 씨의 개인적인 매력이었고 그의 재치 있는 텍사스식 표현도 한몫했다. 한번은 내가 싱가포

르의 은행가 일행을 안내해 댈러스 본사를 둘러보고 있었다. 트래멀 크로 씨는 이들이 떠날 때 엘리베이터 앞에서 작별 인사를 하고 나를 향해 몸을 돌려 이렇게 말했다. "알렉스, 저 사람들 잘 관리하게. 은행에 현금도 있고 서부에 소떼도 있 는 사람들이야!"**

> **투자 포트폴리오를 폭넓게 운영하고 있 다는 의미

    1988년에 우리는 열정 넘치는 수완가인 니 시를 잃었다. 과로로 쓰러진 그의 자리를 스미 토모 신탁에서 온 보수적인 직원이 대신했다. 그와 동시에 댈러스에서도 미국인 매니저를 프로젝트에 임명했다. 미국 인 매니저와 일본인 직원 사이의 적대감은 참으로 볼만했다. 둘 사이의 중재자였던 내게는 정말 쉽지 않은 일이었지만 동 시에 훌륭한 배움의 기회이기도 했다. 미국인 매니저가 오 기 전까지 나는 언제나 미국의 직장은 수평적이고 일본의 직 장은 수직적이라고 생각했다. 하지만 일본 측 책임자는 부하 직원들을 매우 부드럽게 대했다. 이를테면 니시는 스탄스에 게 이렇게 말하곤 했다. "무슨 얘기를 하는지는 알겠습니다. 하지만 내가 부하 직원들을 납득시킬 때까지는 일을 진행할 수 없어요. 시간을 좀 주세요." 물론 이것은 때로 협상 전략에 불과했지만 나는 니시가 실제로 직원들의 의견을 묻고 중요 한 결정을 위임하는 것도 봤다. 반면 미국 기업의 조직은 훨 씬 더 권위적이었다. 매니저는 명령을 하고 부하 직원들은

그걸 수행하는 신병 훈련소 모델이었다. 회사 조직에 있어서
는 일본의 방식이 훨씬 더 민주적이다.

1989년 1월 나는 고베 마트의 일을 그만두었다. 댈러스로
가서 트래멀 크로 씨가 옥 장식품 컬렉션에 관한 책을 출판
하는 일을 돕고 잠깐 미술품 거래 사업으로 복귀했다. 그러
는 동안 일본 측과 미국 측의 경영 분쟁이 정점에 달했다. 스
미토모는 트래멀 크로사가 갖고 있는 마트의 지분을 사겠다
고 제안했고, 몇 달간의 협상 끝에 양측은 신사적으로 결별
했다.

그러나 버블은 여전히 커지고 있었다. 크로 그룹의 금융회
사인 트래멀 크로 벤처스는 미국 부동산 시장에 돈을 퍼붓고
있는 일본 투자자들에게 개발 건을 소개하는 일을 했다. 당
시 일본으로부터 수억 달러에 달하는 투자와 대출을 받고 있
던 크로사는 일본에 연락사무소가 필요해졌다.

1989년 가을 나는 트래멀 크로 벤처스의 도쿄 연락사무
소 대표가 되었다. 주일 이집트 대사의 비서로 다년간 일했
던 내 친구 지다 부인이 마침 그때 쉬고 있어 우리 사무소 비
서로 일하러 왔다. 나는 미술품 사업 관리를 친구에게 맡겨
두고 도쿄 시내 아카사카에 아파트를 얻고는 주말에만 가메
오카에 다녀왔다. 내 비즈니스 커리어에 가장 흥미로운 시기
는 그렇게 시작되었다. 트래멀 크로 벤처스의 고객들은 대부

분 생명보험사나 은행과 같은 대형 금융기관이었지만 건설
회사와 부동산 개발사들과도 거래가 있었다. 그해 가을 도쿄
주식시장이 3만7000엔을 돌파했고 사방에 돈이 넘쳐흘렀
다. 모두 희열에 들떠 있었고 일본인들은 자신들이 곧 세계
를 지배하게 되리라 확신했다. '10억 달러'나 '100억 달러' 같
은 말이 사람들 입에서 흘러나왔고 일본의 미국 부동산 시장
투자는 끝없이 커질 것만 같았다.

　하지만 1990년 1월에 버블이 터지기 시작했다. 일본 주식
시장은 급락해서 1995년 여름에는 1만8000엔 언저리를 왔
다 갔다 했다. 미국의 부동산 시장도 주기적으로 찾아오는
침체기에 들어섰다. 도널드 트럼프를 비롯한 주요 투자자들
이 앞다투어 파산을 선언하면서 업계는 무너져내렸다. 이런
상황에서 트럼프의 회사보다 규모가 열 배나 더 컸던 트래멀
크로사는 문제 또한 열 배가 더 컸다. 나와 같은 젊은이들에
대한 트래멀 크로 씨의 신뢰에도 분명 문제가 있었다. 몇 년
간 뼈아픈 시간을 보내고 나서 크로사는 서서히 슬럼프를 빠
져나오고 있었으나, 회사의 구조는 좀더 전통적인 형태로 바
뀌었다. 트래멀 S.는 회사를 떠났고, 전설적인 인물 트래멀 크
로 씨가 회사 정책에 미치는 영향력도 예전만 못하다. 이제
는 아들인 할런과 크로사 회장이 방향을 제시한다.

　도쿄에서 다년간 일하면서 나는 여러 가지를 깨달았다. 일

본의 '월스트리트 저널'은 보통 닛케이라고 부르는『니혼 게이자이 신문日本經濟新聞』이다. 처음에 나는 닛케이를 열심히 읽었지만 부동산에 관한 일은 보도되지 않는다는 불편한 느낌이 서서히 들었다. 주식시장이 처음 하락하기 시작했을 때 그에 대한 뉴스는 닛케이 어디를 찾아봐도 없었다. 5면의 바닥 어디쯤에 작은 글씨로 '주식시장이 다소 불안'이라고 쓰인 헤드라인이 있는 정도였다. 하지만『석간 후지』같은 인기 있는 타블로이드 신문은 앞면에 10센티미터 크기의 글씨로 '주식 폭락'이라는 헤드라인을 걸었다. 그 정도로 자극적이지는 않았지만 영자 신문도 닛케이보다는 훨씬 더 정확한 기사를 실었다. 그렇게 일본의 언론이 통제되고 있음을 알게 되었다. 경영이건 범죄건 모든 영역에서 일본 기자들은 '기자 클럽'에 소속되어 정부의 관료나 경찰청이 나눠주는 보도자료에 의존한다. 이런 편리한 관계가 지속된 결과 닛케이 같은 신문은 정부 기관지나 다름없는 역할을 한다.『석간 후지』와 같은 타블로이드는 이 시스템에서 배제되어 있기 때문에 중요한 내부 정보에는 거의 접근할 수가 없다. 이들의 기사는 일간 평균 주가처럼 공개되어 있는 아주 일반적인 경제 데이터를 제외하고는 신뢰하기 어렵다. 그러나 이들은 대형 일간지에서는 거의 볼 수 없는 방식으로 기업과 정부를 자유롭게 비판한다.

닛케이가 주가 폭락을 여전히 '시장이 조금 약세'와 같은 표현으로 다루고 있을 때 지다 부인이 내게『석간 후지』의 재미있는 기사를 보여주었다. 주식 빚 때문에 자취를 감춘 은행원에 대한 내용이었고 헤드라인은 '역시 나왔다!ゃっぱり出た!'였다. 내게 경고음이 들린 것은 바로 그 순간이었다. 나는 치이오리의 지붕을 올리고 미술품을 사느라 그동안 큰 부채를 쌓아놓고 있었는데, 그날부터 갚아나가기 시작했다. 트래멀크로 씨는 '부채가 부자로 가는 길'이라는 말을 했고 그것이 1980년대 버블 시기의 정신이었다. 만약 내가 닛케이만 줄곧 읽었더라면 아마 부채를 계속 유지했을 테고 그랬다가 나중에 버블에 쓸려나갔을 것이다. 하지만『석간 후지』덕분에 나는 버블이 완전히 꺼지기 전에 빚을 모두 갚을 수 있었다.

버블 붕괴는 미국과 일본이 어떻게 다르게 대응하는지 관찰할 수 있는 기회였다. 1970년대에 미국에 부동산 침체기가 있었다. 당시 트래멀 크로사는 지금보다 더 큰 곤경에 처해 파산을 눈앞에 두고 있었다. 하지만 트래멀 크로 씨는 그걸 헤치고 나와 1980년대의 빠른 성장을 이뤄냈다. 지금은 부동산 경기가 순환을 겪는다는 것이 당연한 상식이다. 트래멀 크로 씨의 사위인 헨리 빌링슬리는 순환을 이렇게 설명하곤 했다. "여기 바닥 지점이 농지라네. 트래멀 크로는 여기서 투자에 들어가지. 빌딩이 개발되는 이곳이 미국 부동산 투자자들이 들어가는 지점이야. 꼭대기에 오면 너무 많은 빌딩이 개발되어서 초과 공급으로 인해 가치가 떨어진다네." 그러고는 순환 곡선의 꼭대기보다 두 배쯤 높은 지점을 가리키며 이렇게 말했다. "여기가 일본인 투자자들이 들어오는 곳이야."

일본인들이 이런 식으로 투자하는 이유는 일본에 순환 주기라고 부를 만한 것이 한 번도 없었기 때문이다. 1970년대에 잠깐 있었던 '오일 쇼크'를 딛고 일어난 후 일본의 주식과 부동산 업계 용어는 '전진'과 '상향'에 국한되었다. 스미토모신탁 사람들이 스탄스에게 했던 말이 모두의 태도를 대변했다. "여기는 일본이오. 땅값과 주가는 오직 오르기만 합니다." 주가가 6만 엔이나 심지어 8만 엔까지 오를 것이라고 예측하는 사람들도 있었다. 그런 수준까지 간다면 주가수익비율price-to-earnings ratio이 턱도 없이 커질 텐데도 말이다. 따라서 땅값과 주가가 떨어졌을 때의 충격은 극심했다. 닛케이가 마침내 주가 폭락을 선언해야 했을 때 '하락' '붕괴' '폭락' 같은 한자를 조판기에서 찾을 수 없었다고 한다.

도쿄 사무실에서 배운 모든 것이 경제와 관련된 것은 아니었다. 직원이라고는 지다 부인과 나밖에 없었고 사무실 면적은 겨우 17평 정도였다. 그럼에도 방문객들은 이렇게 말하곤 했다. "정말 넓군요. 좋은 외국계 회사 느낌이에요." 지다 부인과 나는 머리를 긁적이며 무엇이 '외국계 회사 느낌'을 주었을까 생각했다. 떠오르는 이유는 하나뿐이었다. 어수선하지 않아서였다. 무슨 이유에서인지 일본 회사들은 사무실 공간 관리에 능하지 않다. 새로 문을 연 빌딩과 사무실조차 서류 더미가 책상을 덮고 상자가 복도를 가득 채우고 있다. 우리 사무실은 지금 사용하고 있는 물건만 눈에 보이도록 두고 나머지는 적당한 곳에 보관하기 때문에 달라 보였다.

꽃 한 송이가 꽂힌 꽃병만 놓여 있는 텅 빈 다다미방의 풍경은 일본 이미지의 원형에 가깝다. 그러한 공간도 실제로 있긴 하지만, 그런 곳은 사람이 살거나 일하지 않는 다실이라든지 사원, 혹은 공식 회의실뿐이다. 일본의 가정집이나 사무실에 가본 사람이라면 각종 물건으로 넘쳐나는 예가 흔하다는 사실을 알 것이다. 이야 계곡의 오래된 농가부터 현대 도쿄의 아파트까지 정리되지 않은 잡동사니 속에 사는 것은 일본식 삶의 전형적인 패턴이다. 내 생각에는 그로 인해 찻집이 생겨난 게 아닌가 싶다. 무로마치 시대에 잡동사니로 가득한 삶에 지친 다도가들이 다실을 만들어냈다. 아무것도 없는 단 하나의 순정한 공간. 어수선함으로부터 탈출하는 공간. 일본 문화는 '어수선함'과 '비어 있음'이라는 두 극단으로 묶여 있다. 하지만 그 중간 지대인 '정돈된 공간', 즉 일상생활을 위해 물건들이 정리된 공간은 전통적으로 강점이 아니다.

우리 사무실은 잘 정돈되어 있기는 했으나 오래가지는 못했다. 미국 부동산에 대한 일본의 투자가 1990년대 초반에 갑자기 멈췄다. 트래멀 크로 벤처스의 도쿄 사무소는 필요 없어졌고 나는 1991년 말 가메오카로 돌아가 그곳 사무실에서 팩스와 전화로 모든 일을 처리했다. 1993년에는 그마저 끝나면서 트래멀 크로에서의 내 10년 근무는 막을 내렸다. 그러는 사이 버블 시기에 너무 비싸져 살 수 없었던 미술품 가격이 떨어져 미술품 거래 사업이 다시금 활기를 띠었다.

돌아보면 트래멀 크로에서의 내 경력은 정확히 버블 시대와 일치한다. 그 기간에 내 뜻과는 상관없이 '현실에 대해 배울' 기회를 넘쳐나도록 가졌다. 다도와 가부키만을 통해서는 도저히 알 수 없을 일본이 현재 당면한 어려움에 대해 나름의 관점을 갖게 되었다.

일본 주식시장의 붕괴는 전 세계 역사상 가장 큰 규모로 자산이 증발한 사건이었으나 뉴욕과 런던과 홍콩의 증시는 아무런 영향을 받지 않았고, 오히려 계속 상승했다. 오늘날 일본의 영향력이 그렇다. 1980년대에는 모두 일본이 세계의 중심이 될 것이라고 생각했다. 하지만 1990년대에는 중국과 아세안 국가들의 경제가 급속히 발전하면서 일본은 여러 중요한 분야에서 추월당하고 있다.

이러한 하락의 뿌리는 숨기려야 숨길 수 없는 '편리함'이라는 말에 있다. 스미토모 신탁에 롯코섬 개발권을 주었던 편리한 비공개 입찰. 편리한 기자 클럽. 일본에는 그런 시스템이 만연하다. 이런 것들이 수십 년간 국내의 질서를 유지하고 해외에서의 경쟁력을 키워왔다. 그러는 사이 경직성이 자리 잡았다. 일본은 폐쇄적인 국내 시스템의 요람에 푹 파묻혀서 학습하지 못했다. 일본 은행들이 전 세계 10대 금융기관 중 8개를 차지하는 동안 은행가들은 IRR과 같은 기본적인 수학도 익히지 못했다. 1995년 일본 은행들의 수익성 순위는 800위와 900위 사이가 되었다. 증권회사들은 현대 비즈니스에 핵심적인 분석 툴도 익히지 않았다. 건설성은 전국의 강에 둑을 쌓으면서도 생태계를 보호하는 방법은 배우지 않았다. 선진 세계에서는 표준이 된 지식인데도 말이다.

이제 앞으로 나아가려면 이런 폐쇄적인 시스템을 해체하는 수밖에 없다. 하지만 대기업들이 여기에 지나치게 의존하고 있기 때문에 일본은 마비 상태다. 마비는 비즈니스뿐만 아니라 문화에도 영향을 미치고 있다. 일본이 여기서 어떻게 벗어나느냐가 21세기에 들어서면서 가장 커다란 국가적 이슈가 될 것이다. 주식시장이 이 마비 상태를 잘 보여준다. 1991년부터 정부는 은행들을 보호하기 위해 주가가 1만 6000엔 이하로 떨어지지 않도록 부양하고 있다. 은행의 자본이 주식 포트폴리오의 가치에 달려 있기 때문이다. 하지만 주가가 현실적인 수준으로 떨어지지 않았기 때문에 신규 주식 발행은 거의 일어나지 않고 있다. 다시 말해 일본의 주식시장은 자본의 조달이라는 핵심 역할을 하지 못하고 있다. 실질적으로 이미 4년간 닫혀 있었던 것이나 마찬가지다.

일본이 추월당하고 있는 또 하나의 분야는 패션이다. 10년 전 도쿄의 대표적인 패션 디자이너들(잇세이 미야케, 간사이 야마모토, 레이 가와쿠보 등)이 모여 '패션 디자이너 협회CFD'라는 것을 만들었다. 이들은 도쿄의 CFD가 세계 패션의 중심으로서 파리를 대체할 거라고 생각했다. 그러나 국내 패션 시장의 경직성이 발목을 잡았다. CFD는 외국인을 회원으로 받지 않고, 일본의 신인들도 받지 않는다. 떠오르는 아시아의 디자이너들도 물론 받지 않는다. 너무 편리하고 뻔했기 때문에 세계의 패션 에디터들은 흥미를 잃었다. 레이 가와쿠보는 탈퇴했고 간사이 야마모토는 벌써 몇 년이나 도쿄에 모습을 드러내지 않고 있다. CFD는 1995년 수십 명의 해외 패션 에디터에게 봄 컬렉션 초대장을 보냈으나 참석한 사람은 거의 없었다. 패션의 중심지는 다시 파리로 돌아갔다.

한때 구로사와 아키라 같은 거장들이 이끌던 일본 영화계는 벌써 10년 넘게 세계적으로 성공한 영화를 만들어내지 못하고 있다. 일본 영화계는 쇼치쿠와 도호라고 하는 두 거대 제작사가 지배하고 있다. 이 둘이 일본의 거의 모든 영화관을 소유하고 있다. 소규모 독립 제작자들이 만든 영화를 사람들에게 선보일 가능성은 희박하다는 뜻이다. 쇼치쿠와 도호는 자사의 영화 티켓을 대기업에 사전 판매한다. 대기업들이 직원에게 제공하는 회사 복지의 일환으로 티켓을 대량 구매하기 때문이다. 그렇게 하면 리스크를 회피하고, 시장의 평가를 감내하지 않아도 된다. 대중에게 어필할 이유가 없어진 일본의 영화 제작자들은 완전히 감을 잃고 말았다. 대중은 외국 영화를 보러 몰려간다.

거의 모든 외국인 관찰자가 의아해하는 현대 일본의 가장 큰 미스터리 중 하나는 세계에서 가장 부유한 나라의 국민이 어떻게 그렇게 열악하게 살고 있느냐 하는 것이다. 일본인들은 프랑스인이나 영국인들의 4분의 1 크기쯤 되는 집에서 산다. 그리고 그 집들은 값싸고 허술한 재료로 지어져 있다(고베 대지진이 생생하게 보여주었듯이). 식료품 시장에 나와 있는 농작물의 종류는 전 세계 대부분의 대도시에 비하면 초라하기 그지없다. 텔레비전 채널의 종류가 다른 나라는 수십 개, 미국은 수백 개인 데 비해 일본에는 여덟 개밖에 없다(위성TV 포함). 조만간 북부 미얀마의 채널 수가 일본을 앞지를 예정이다.

이런 의아함에 대한 해답은 앞서 말한 편리한 시스템에 있다. 일본은 소비자에게 손해가 가더라도 가격을 높게 책정하는 카르텔을 지원함으로써 '시장의 평화'를 유지해왔다. 서비스 산업에 종사할 수 있는 회사의 수를 제한함으로써 방송이나 영화 산업의 경쟁을 회피시켰다. 그리고 외부 세계로부터의 충격을 갖은 수단을 다 동원해 최소화했다. 외국인들은 일본에서 회사를 경영할 수도, 건물을 설계하거나 지을 수도, 영화를 만들 수도 없다. 이런 시스템이 아주 잘 작동했다. 자신들을 배제하는 높은 규제의 장벽과 편리한 시스템 때문에 외국 기업들은 일본을 건너뛰고 아시아의 다른 지역으로 간다. 댈러스에 위치한 컴퓨터 서비스 전문 업체의 사장은 최근 내게 베트남이나 태국, 중국 또는 말레이시아를 고려하고 있지만 일본은 아니라고 했다. 그의 말이다. "일본은 골치 썩을 만한 가치가 없어요."

과도하게 규제된 시스템들이 흔히 그렇듯, 시간이 흐르면 현실과의 갈등이 증폭되고 균열이 드러나기 시작한다. 붕괴를 막기 위해서는 더 강력한 규제가 필요하다. 그러다 마침내 점점 더 운신의 폭이 좁아지면서 지금과 같은 마비가 온다. 예를 들어 일본의 집들과 그와 관련된 산업(가구, 인테리어 등)들이 열악한 이유 중 하나는 비싼 땅값 때문이다. 1989년 이후 땅값이 떨어지기 시작하자 일본 정부는 은행들이 부동산 개발업자들에게 내주었던 악성 대출로 적자투성이가 되는 것을 보고 경악하지 않을 수 없었다. 부실 채권의 금액은 1조 달러에 달해 1980년대 미국의 저축대부조합s&L 사태를 초라해 보이게 만들 정도였다.

경매를 통해 부실 부동산을 처분했더라면 땅값이 내려갔겠지만, 일본 정부는 은행들이 부동산을 팔지 않도록 하는 방법을 찾았다. 부동산 자산을 팔 때까지 취득가액으로 장부에 표기하도록 하는 일종의 회계 눈가림이었다. 땅을 팔지 않는 한 장부에 손실을 표시하지 않아도 되었고 그러면 굳이 땅을 팔 필요가 없었다. 반면 아무도 가격이 과장된 시장에서 부동산을 사려고 하지 않으므로 부동산 시장은 지난 5년 간 동결 상태다.

상황은 심각하다. 일본의 모든 조직의 중간층을 차지하고 있는 30~40대의 일본인들은 느리고 비효율적인 일본식 삶에 의문을 표하고 있다. 이들은 지금까지 한 번도 보지 못한 방식으로 분노를 표출한다. 최근에 있었던 도쿄와 오사카 시장 선거가 그들의 반응을 잘 보여준다. 유권자들은 기성 정당의 후보들을 모두 거부하고 비정치인 두 명을 시장으로 뽑았다. 둘 다 TV 코미디언 출신이다.

위에는 관료주의가 수십 년간 누적해온 규제의 어마어마한 무게가 있다. 아래에는 어느 정도 바깥세상에 대한 지식이 있으면서 일본이 뒤처지고 있음을 깨닫고 있는 세대의 커져만가는 좌절이 있다. 이런 상황은 혁명으로 가는 전조다. 화산이 분출하고 진정한 혁명적 변화가 올 작은 가능성이 보인다.

지난 150년간 일본에는 두 번의 혁명이 일어났다. 첫 번째 혁명은 페리 제독의 일본 개항에 자극받아 일어났던 1868년의 이른바 메이지 유신이다. 일본은 수백 년간 이어져왔던 쇼군과 봉건 영주의 통치를 하루아침에 내다 버리고 근대 민족주의 국가를 세웠다. 제2차 세계대전이 끝나고 미군정이 주도했던 두 번째 혁명은 전후 일본 사회 재건의 바탕이 되었다. 군사 독재, 천황 숭배, 농경 지주에 의한 지배와 같은 메이지 국가의 체계가 모두 버려지고 대신 관료주의적 산업 복합체가 들어섰다. '일본 주식회사Japan Inc.'의 탄생이다.

일본의 세 번째 혁명이 일어난다면, 그것은 안으로부터의 혁명이어야 한다. 아무도 더 이상 심각하게 일본 시장에의 진출을 고려하지 않는다. 쇼치쿠와 도호가 좋은 영화를 만들지 않는다는 사실에 신경 쓰는 이는 일본 바깥에 아무도 없다. 건설성이 온 나라를 콘크리트로 덮어도 상관하지 않는다. 페리 제독이나 맥아더 같은 사람도 없다. 일본인들 스스로 해야 한다.

트래멀 크로 씨가 내게 이렇게 말한 적이 있다. "아무도 나를 도와주는 이가 없다는 걸 깨달았을 때 성공이 찾아온다네." 그러나 일본은 지난 50년간 자국민들을 고분고분하고 순종적으로, 조용히 관료들의 지시를 기다리도록 훈련시켜왔다. 혁명이 쉽지는 않을 것이다.

9장

교토

교토는
교토를 싫어하다

교토 외곽에서 18년을 살고 나서야 나는 교토의 유서 깊은 가문의 집에 겨우 들어가볼 수 있었다. 교토는 그런 도시다. 식당과 게이샤 하우스는 으레 '이치겐一見', 즉 소개 없이 처음 온 손님을 받지 않는다. 지인 중 한 외국인이 교토 동쪽 언덕에 있는 호화로운 식당 도이에 무작정 예약하려던 실수를 한 적이 있다. 식당에 전화하자 주인이 "여기 손님 중에 아는 분이 있으신가요?"라고 물었다. "아뇨." 그러자 주인은 부드러운 교토 사투리로 차분히 대답했다. "그렇다면 정중하게 조언해드려야겠군요……." 그러고는 영어로 이렇게 덧붙였다. "Forget it!(꿈도 꾸지 마세요!)"

교토는 불친절한데, 여기에는 이유가 있다. 멸종 위기에 처한 종이기 때문이다. 19세기와 20세기의 모든 변화 속에서 기적처럼 살아남아 오늘날 교토의 삶의 방식이 생겨났다.

긴카쿠사金閣寺, 긴카쿠사銀閣寺, 니조성二条城, 산주산겐도三十三
間堂 같은 명소가 관광객으로 붐비기는 해도 그것과는 상대
적으로 별 상관이 없다. 명소는 과거와 변함없이 그대로지만,
근대식 발전이 휩쓸고 지나가면서 교토의 생활 방식은 겨우
그 명맥을 유지하고 있고 교토 문화의 수호자들은 긴장하고
있다. 마치 임종을 앞두고 지나친 흥분을 막기 위해 방문객
수를 제한해야 하는 환자처럼 교토의 삶의 방식은 위태로운
상태다. 환자를 진정으로 사랑했던 소수만이 희미한 몸짓과
속삭임 하나하나의 의미를 이해할 수 있다.

  내가 그 멋진 저택을 처음 방문한 날은 한여름의 기온 마
쓰리祇園祭 기간이었다. 기온 마쓰리는 도시의 중심부에서도
고조五条, 오이케御池, 가와라마치河原町, 가라수마烏丸 거리로
둘러싸인 구시가지에서 열리는 축제다. 이 지역의 유서 깊은
가옥들은 축제 기간이 되면 1년 동안 보관하고 있던 나무틀
과 장식품을 꺼내 야마보코山鉾 수레를 조립한다. 수레를 치
장하기 위한 장식품에는 각종 금속 세공품, 칠기, 목공예품,
비단과 깔개 등이 있으며 이 중에는 수백 년 된 물건도 있다.
기온 마쓰리가 열리는 동안 유카타를 입은 수십만 명의 인파
가 거리를 메우고, 상점과 가옥의 열린 창을 통해 병풍과 예
술작품을 구경한다. 저녁에는 아이들이 수레 위쪽 판에 앉아
울리는 종소리가 최면을 거는 듯 느린 기온 음악을 몰아낸다.

축제의 마지막 날이 되면 야마보코 수레가 시내를 행진한다.

이케바나가 시작된 료카쿠도六角堂 인근에서 자라 머리에서 발끝까지 교토 사람인 이케바나의 대가 가와세 도시로川瀬戸城가 나와 동행했다. 가와세 씨는 요즘 도쿄에서 주로 활동하기 때문에 몇 년 만에 처음으로 기온 마쓰리를 보러 왔다. 나 역시 최근 10년간 기온 마쓰리에 오지 않았다. 도시가 얼마나 많이 변했던지! 한때 등불이 매달린 목조 주택이 줄지어 있던 곳의 대부분은 유리와 알루미늄으로 된 입구를 갖춘 상점으로 바뀌어 있었다. 거의 모든 건물 앞에 음식과 기념품과 아이들을 위한 금붕어 같은 것을 파는 작은 요미세夜店(가판대)를 펼쳐놓아 작은 골목은 말도 못 하게 붐볐다. "요미세는 물론 재미있습니다만" 하고 가와세 씨가 말했다. "여름이면 일본 어디에서나 볼 수 있잖아요. 하지만 여기는 교토입니다! 내가 어릴 때는 이웃의 예술품을 구경하고 폭죽을 터트리며 거리에서 노는 게 핵심이었다고요. 요미세는 필요 없어요!"

그날 가와세 씨는 나와 다른 친구 두 명을 데리고 두 채의 가옥을 방문했다. 첫 번째 가옥은 오래된 교마치야京町家였다. 예전에는 건물의 입구 면적에 따라 세금이 부과되었기 때문에 교토의 오래된 집들은 입구가 좁고 긴 통로를 지나 내부로 이어지는 경우가 많다. 창호지를 댄 후스마 미닫이문은 여름이라 걷어내고 갈대 문을 달았다. 문에는 대나무로 만든 수다레簾와 천으로 만든 발이 드리워져 있는데 안쪽이 거의 들여다보인다. 집 안으로 걸어 들어가는 동안 수다레와 발 뒤로 풍경이 시시각각 바뀌며 사이사이에 정원이 있는 여러 채의 방이 나타났다 이내 사라졌다. 방바닥에는 다다미 한 장 크기의 파란색 나베시마 깔개가 깔려 있었다.

전통적인 일본의 방에는 줄지어 선 흰 목재의 단순한 기둥을 배경으로 텅 빈 다다미가 펼쳐져 있다. 우리가 보는 옛 건축물의 현대식 버전이 거의 그렇다. 그러나 교토 주민들은 다다미 위에 파란색과 밤색 덮개를 깔아놓고 기둥에 발을 드리운다. 물론 교토에서는 기미만 살짝 보이는 것을 진정한 장식으로 여기기 때문에, 이 집의 주인도 어느 정도 절제를 했다. 다다미 전체를 깔개로 덮는 대신 손님이 앉는 곳에만 나베시마 깔개를 깔았고, 수다레와 발은 걸려 있다는 느낌만 주도록 말아올려서 사람들이 돌아다니는 데 제약이 없도록 했다.

집을 찬찬히 둘러보며 가와세 씨가 이렇게 설명했다. "이 집은 물론 매우 오래된 가옥입니다만 최근 몇 년 동안 대대적으로 손을 봤습니다. 일본식으로 말이죠. 훌륭하게 마무리된 걸 보니 매우 기쁘군요. 하지만 이제부터 진짜를 보여드리겠습니다." 우리는 다시 인파 속을 헤쳐나가다가 마침내 건물들과 구라藏로 이루어진 구역에 이르렀다. 한 블록에 다다르는 긴 벽으로 둘러싸인 단지였다. 가와세 씨에 의하면 이 집은 교토 시내에 마지막으로 남은 대저택이다. 몇 년 전 주인이 땅을 잃을 뻔하면서 저택을 허물고 아파트 단지로 만들 계획이 있었다. 하지만 교토의 한 단체가 주인을 도와 저택을 지켜냈다.

이곳은 기온 마쓰리의 수레 장식품을 보관하는 저택 중 하나였고, 입구는 안에 있는 금속 공예품과 비단을 구경하려는 사람들로 붐볐다. 입구 너머로 통로가 이어지고 그 끝에는 대나무 장벽이 세워져 있었다. 가와세 씨가 그 장벽을 한쪽으로 치우고는 우리에게 입구 안쪽으로 들어가라고 손짓했다. 노란 기모노를 입은 그 집의 큰딸이 계단 끝에서 고개 숙여 인사하며 우리를 안으로 청했다.

바깥 인파의 소음이 서서히 멀어졌다. 우리 앞에는 긴 억새풀을 꽂은 화병으로 장식한 현관이 있었다. 수다레와 발은 모두 말아올려 자색 비단 리본으로 단단히 묶여 있었다. 현관 너머에는 이끼 덮인 안뜰을 바라보는 작은 방이 있다. 높은 벽으로 둘러싸인 교토의 이런 안뜰을 쓰보니와坪庭(병 속의 정원)라고 부른다. 기묘하게 만들어놓은 몬드리안식 틈을 통해 안뜰의 모습을 언뜻언뜻 볼 수 있다. 대나무 격자로 가려놓은 바닥 부근의 네모난 창이라든지 시나−수다레(얇은 대나무쪽 틈새로 비단실을 이리저리 꿰어 새와 꽃을 수놓은 중국식 대나무 발)를 걸어놓은 열린 벽을 통해서다.

거기서 또 다른 방으로 들어갔다가, 계속해서 다른 방으로 이동했다. 방과 방 사이는 각기 다른 종류의 문이나 발로 구분되어 있었다. 바닥의 깔개도 다양했다. 파란색과 연한 주황색 나베시마 깔개, 또는 감즙으로 물들인 광택이 나는 갈색 종이로 된 다다미 세 장 넓이의 깔개가 방에 산뜻하고 시원한 느낌을 주었다. 어느 안뜰 입구에 디딤돌 하나가 있고 그 옆에 짚신 두 켤레가 가지런히 놓여 있는 것이 보였다. 디딤돌 너머로 있는 이끼가 깔린 매력적인 길을 따라가면 단지의 다른 쪽으로 이어진다. 짚신을 막 신으려는 순간 가와세 씨가 나를 말렸다. "신발이 디딤돌 위가 아닌 옆에 놓여 있습니다. '들어가지 마시오'라는 뜻이에요." 교토 생활에서 쓰이는 미묘한 수어 표현을 일깨워주는 말이었다.

수 세기 동안 정치적인 음모와 다도 선생들의 가차 없는 눈썰미를 겪은 탓에 교토 사람들은 절대로 아무 말도 하지 않는 기술을 발전시켰다. 진정한 교토 사람은 대화 중에 상대방이 스스로 답을 알아낼 때까지 참을성 있게 기다릴 줄 안다. 한번은 절에서 하룻밤을 묵게 되어 주지승에게 숙박 비용을 물어보려고 했다. 방문객들이 늘 묵는 곳이었으므로 정해진 요금이 있으리라 생각했다. "오, 원하는 만큼 내시면

됩니다." 주지승의 대답에 가슴이 철렁했고, 아니나 다를까, 답을 끌어내기 위해 거의 두 시간이나 함께 차를 마셔야 했다. 사실 그는 내게 가격을 알려주지 않았다. 내가 스스로 답을 내놓을 때까지 계속 힌트를 주었을 뿐이다.

교토는 풋내기가 쉽게 놓칠 수 있는 작은 위험 신호로 가득차 있다. 일본인이라면 누구나 부부즈케ぶぶ漬け* 에 대한 전설 같은 이야기를 들어본 적이 있다. "더 계시면서 부부즈케라도 드시지요?" 당신을 초대한 교토 사람이 이렇게 묻는다면, 이제 가야 할 시간이라는 뜻이다. 교토에 익숙해지면 이런 표현이 경계경보를 작동시킨다. 겉으로는 웃고 있지만 속으로는 빨간불이 번쩍이며 경고음이 왱왱 울리고, 서둘러 숨을 곳을 찾게 된다. 오모토의 교주인 데구치 나오히가 교토에서 어떻게 차 대접에 응해야 하는지 알려준 적이 있다. "찻잔을 다 비우면 안 돼요. 초대한 사람은 당신이 가고 난 다음 '온 집안을 싹 다 마셔버렸다'고 할 겁니다. 그렇다고 차를 마시지 않은 채 두는 것도 안 됩니다. 그러면 '쌀쌀맞아서 우리가 권한 차를 마시지도 않았다'고 할 테니까요. 딱 반 잔만 마시도록 하세요."

우리 일행 넷은 도코노마 옆에 깔아놓은 깔개 위에 앉았고, 그 집의 두 딸이 차와 사케 그리고 놀랍게도 간단한 식사를 내왔다. (여기에도 미묘함이 있었다. "음식이 나올지도 몰라

* 교토에서 오차즈케를 달리 부르는 말

요. 몇 명이 오느냐고 물어봤거든요"라고 가와세 씨가 말했기 때문이다.) '저녁 식사'라는 말은 어울리지 않았다. 껍질을 벗긴 감자 몇 조각, 소고기 몇 점 그리고 콩이 전부였다. 저녁 식사라기보다는 음식 대접을 받았다는 느낌 정도였다. 교토 사람들은 이것을 '한입 반'이라고 부른다. 각각의 음식은 소박한 흰색 도자기나 주황색 칠기로 된 그릇 또는 쟁반에 담겨 있었다. 갓 자른 푸른 대나무로 만든 젓가락을 차갑게 냉장고에 넣었다 꺼내 이슬방울이 맺히게 한 것에 이르기까지 모든 디테일에 정성스럽게 신경을 썼다. 이런 '음식 대접의 느낌'이야말로 고가의 식당에서 볼 수 있는 가이세키懷石料理 요리의 기원이 아닐까 한다. 차이점이라면 가이세키 요리는 수십 가지 요리와 수많은 치장으로 과하게 정성을 들이는 경향이 있다는 것이다. 이에 반해 이 식사는 우아하면서도 아주 간결했다. "교토의 가정집에서 손님에게 내는 음식은 '잘 먹었다고 감사 편지를 써야 하나' 하는 생각이 들기 직전에 멈춰야 합니다. 과시한다는 느낌이 들지 않도록 말이죠." 가와세 씨의 설명이다.

날이 어두워지기 시작했다. "기온 음악이 곧 시작될 거예요." 큰딸이 말했다. "여름에 기온 음악 소리가 들리지 않는 곳에 산다는 것은 정말이지 상상할 수 없어요." 전 세계 모든 곳이 거기에 해당된다. 심지어 구시가지의 몇 블록을 제외한 교토의 대부분도 해당된다. 노란 기모노 차림의 그녀는 한 손은 부처님의 손처럼 무릎에 얹고 다다미 위에 놓인 다른 한 손은 손가락을 뒤로 살짝 구부린 채 앉아 있었다. 그 순간 우리가 공주님과 이야기하고 있다는 생각이 들었다. 그녀는 우리와 정확한 거리를 유지한 채 다다미 위에 올바른 각도로 앉아 예의 바르게 대화를 나눴지만 언뜻언뜻 속마음을 드러내기도 했다. 예의 바름과 감정에 대한 호소를 결합한 것이 다도의 기원임을 알 수 있었다. 다도의 예의 바름은 종종 숨 막힐 듯 느껴지지만, 그날 그곳에서는 신선한 공기와도 같았다.

방이 어두워졌다. 두 자매는 수다레 뒤에서 청동 촛대와 초를 가져와 병풍이 놓인 벽 앞에 한 줄로 세웠다. 우리는 넋을 잃고 앉아 촛불에 흔들리는 두 여인의 실루엣을 바라보았다. 차를 내왔기에 '드디어 차까지 나왔군. 좀더 앉아 쉬면서 이 순간이 계속되는 걸 즐겨야지'라고 생각했는데 그렇지가 않았다. "차가 나왔어요." 가와세 씨가 속삭였다. "이제 가야 할 시간이라는 뜻입니다."

이것이 옛 교토 가정의 삶의 방식이었다. 그 모든 세련됨에도 불구하고 교토 사람들은 귀족이 아니었으며(궁궐 주변에 거주하던 소수의 구게 귀족을 제외하고), 오사카 상인처럼 큰 회사를 운영하지도 않았다. 교토는 가게를 운영하는 이들의 도시였다. 1600년대 초, 권력은 교토에서 도쿄(당시의 에도)로 옮겨갔고, 에도에는 교토의 마치야보다 열 배쯤 더 큰 규모의 봉건 귀족 저택들이 즐비했다. 정치권력과 거대한 부가 사라진 교토는 벽지로 전락해 비단 짜기, 염색, 목공, 칠기와 같은 공예의 중심지가 되었다. 수천 명의 장인이 서로 연결된 세계가 교토를 정의한다.

내가 가장 좋아하는 장인은 나를 교토 골동품 경매 가이로 이끌었던 표구상 구사카 씨다. 그의 작업실은 기온의 게이샤 거리에서 멀지 않은 교토의 또 다른 오래된 지역에 있다. 구사카 씨의 작업실에 가려면 콩을 파는 가게를 지나간다. 옛 교토의 철저한 세분화를 전형적으로 보여주는 곳이다. 가게 앞에는 검은색, 흰색, 빨간색, 보라색 콩이 진열된 네 개의 쟁반이 있다. 그게 전부다. 구사카 씨의 작업실에 도착하면 창가의 진열대가 가장 먼저 눈에 들어온다. 붉은 칠기 탁자 위에 조롱박 모양의 화병이 놓여 있고, 거기서 꽃 한 송이가 우아하게 뻗어 있다. 옆에는 참새 한 마리를 쓱쓱 그린 족자가 걸려 있다. 이 진열대는 구사카 씨의 놀이터다. 그는 꽃을 고르고 거기 꼭 어울리는 족자를 걸어놓아 지나가는 동네 사람들에게 즐거움을 선사한다.

작업실 안에는 구사카 씨가 산더미 같은 병풍과 족자에 둘러싸인 채 앉아 있다. 나는 서예 두루마리 하나를 표구하려고 가져갔다. 지금껏 어느 누구도 그 글씨를 해독해내지 못했으나 구사카 씨는 대번에 오래된 글자를 읽어내렸다. "오미팔경近江八景 중 하나로군요." 이렇게 알려주고 이야기는 곧장 표구를 어떻게 하면 좋을지로 넘어갔다. "이 글씨는 다도용으로 쓰인 것이니 족자의 위아래 천은 다케야마치竹屋町 비단으로 대야겠어요." 그러고는 25년 전에 구입한 다케야마치 비단을 선반에서 꺼냈다. 금색 종이 실로 된 꽃을 수놓은 흰색 비단이었다. 이야기는 액자에 쓰일 온갖 재료며 족자 상축 끝의 형태와 거기 사용할 칠기 등으로 이어졌다. 그러면서 구사카 씨는 내게 중국의 '소상팔경瀟湘八景'을 모방해 탄생한 일본의 '오미팔경'에 대해 설명해주었다. 지금 90대 나이인 구사카 씨야말로 진정한 학자다.

표구 전문가인 구사카 씨는 교토에 있는 수많은 장인 중 한 명일 뿐이다. 병풍이 만들어지는 과정을 살펴보면 교토의 공예계가 어떻게 작동하는지 알 수 있다. 먼저 구사카 씨가 목공소에 나무틀을 주문 제작한다. 여기에 니조역 근처의 풀 제작자가 만든 풀을 발라 미농지美濃紙를 붙인다. 구사카 씨는 데라마치의 붓 제작자에게서 구입한 넓은 붓을 사용해 그림을 매끄럽고 평평하게 만든 다음, 그림 뒤에 풀을 발라 종이를 덧댄다. 그리고 교토 호텔 근처의 감즙 양조장에서 구입한 감즙을 바른 건조판 위에 그림을 펼쳐놓는다. 한 달쯤 뒤, 죽 공예가가 깎아 만든 대나무 주걱을 사용해 건조판에

서 그림을 떼어낸다. 떼어낸 그림은 복원 전문가에게 가져가
는데, 복원 전문가는 오이케 거리에 있는 금은방의 금박과 다
와라야 여관 뒤에 있는 안료 공방의 잘게 간 석채를 쓴다. 다
음으로 구사카 씨는 그림을 병풍 판에 붙이고, 직조공에게 주
문 제작한 표구용 비단을 염료업자에게 사온 염료로 염색해
서 그림 주위에 틀을 만든다. 마지막으로 칠기 전문가에게
요청해 병풍의 외부 틀을 칠하고, 철물점에서 구입한 금속 부
품을 달아준다. 만약 족자라면 상자 제작자에게 족자를 담을
오동나무함을 추가 주문하고 다도가를 청해 함 위에 붓글씨
를 쓰도록 한다.

나는 여기서 다도가도 '장인'에 포함시켰는데, 교토의 모
든 예술은 사실 다도로 통일되기 때문이다. 병풍이나 족자는
다도가의 요구에 따라 그들의 정원이나 꽃과 조화를 이루도
록 제작된다. 구사카 씨 작업장의 유리 진열대는 언뜻 표구
상과 관련 없어 보인다. 그러나 다도의 미학을 드러내기 때
문에 이것이야말로 장인의 세계를 들여다볼 수 있는 진정한
창이다.

전성기의 교토는 여유의 예술을 터득한 도시였다. 이에 관
한 흔적이 많이 남아 있는데, 그중 특히 여름철 강가의 높은
말뚝 위에 세워진 야외 식당들이 있다. 사람들이 밤바람을
맞으며 부채질하는 모습은 노천 카페나 야외 식당이 거의 없

는 일본에서 보기 드문 광경이다. 겨울이면 나는 가끔 친구들과 교토 북쪽에 있는 이마미야 신사今宮神社에 가서 아부리모찌ぁぶり餅(구운 떡)를 먹는다. 아부리모찌를 파는 오래된 가게 두 곳이 서로 마주보고 있고, 다소 외진 곳이라 관광객이 거의 없다. 아부리모찌는 대나무 꼬치에 떡을 끼우고 단맛이 나는 된장 소스를 발라 숯불에 구워 먹는다. 낡고 허름한 가게에 들어가서 다다미방에 앉아 달콤한 떡을 천천히 먹으며 친구들과 이런저런 이야기를 나눈다. 밖은 차가운 교토의 겨울이지만 안은 따뜻하고 생기가 넘친다.

대부분의 아부리모찌 가게는 화려함과는 거리가 있다. 다다미는 낡아 너덜너덜하고, 정원은 깔끔하게 관리되지 않았고, 전체적인 분위기는 허름하다 못해 '가난'하다. 여기저기서 돈 냄새가 진동하고, 모든 것이 잘 다듬어져 완벽하고 깔끔하게 무균 처리되어 있는 오늘의 일본과 확연히 대조된다. 그러나 아름다움은 새로 깐 다다미와 깔끔한 하얀 목재에만 있지 않다. 사람들의 마음 깊은 곳 어딘가에서는 '가난함'이 주는 여유와 편안함을 느낄 수 있다.

'가난함'의 다른 말은 다도의 구호인 와비라고 할 수 있다. '낡은' 혹은 '소박한'이라는 의미를 갖는 와비는 투박하고 단순한 사물을 사용하며, 과시하지 않는 것을 말한다. 와비는 다도를 탈바꿈시켰을 뿐만 아니라 에도나 오사카의 사치를 누릴 수 없었던 교토라는 도시에 완벽하게 녹아들었다. 빈곤에 시달리던 구게 귀족과 중산층 상인들은 와비를 내세워 자신들의 문화적 우월성을 확립했다. 그것은 예술의 수준까지 끌어올린 일종의 속임수였다. 투박한 모양의 갈색 찻잔이 가장 정교하게 장식된 이마리 접시보다 좋다고 여겨졌지만 아무도 감히 그 이유를 묻지 못했다. 수다레 발로 작은 방을 감추고 윤기 있는 종이로 낡아빠진 다다미를 덮었다. 와비는 교토가 이뤄낸 독특한 성취다. 깔개와 대나무 발, '한입 반'의 식사 ― 이 모든 조작이 더해져 탄생시키는 효과는 봉건 영주의 금박으로 장식한 커다란 방보다 우월하다.

그러나 이마미야 신사의 아부리모찌 가게와 같은 몇몇 유물을 제외하면 와비의 정신은 오늘날 교토에서 더 이상 찾아볼 수 없다. 안타깝게도 교토라는 도시가 상당히 병들어 있기 때문이다. 교토에 있는 여러 이케바나 학교나 다도 학교의 본부를 찾아가보라. 이들 조직을 이끄는 세습직 당주들은 와비를 비롯 일본 예술을 규정하는 기타 신성한 원칙의 수호자로 존경받고 있다. 그러나 당신이 그곳에서 보게 되는 것은 빛나는 샹들리에와 대리석 로비다. 문화의 수호자조차 자신의 뿌리를 잊어버렸다면 교토의 병은 훨씬 더 심각한 상태일 것이다.

교토는 교토를 싫어한다. 아마 세계의 문화 중심지 중 유일한 사례가 아닐까 싶다. 로마인들은 로마를 사랑한다. 베이징은 문화대혁명 기간에 큰 피해를 입었지만 대부분의 파괴는 외부인에 의해 자행되었으며, 베이징 시민들은 여전히 자신들의 도시를 사랑한다. 그러나 교토 사람들은 교토가 도쿄가 아니라는 사실을 견딜 수 없어한다. 그들은 도쿄를 따라잡기 위해 온 힘을 다하지만 그 격차는 줄어들지 않는다. 오래전부터 계속 그래왔다. 나는 교토로 이사 온 직후 바로 그 불안감을 알아차렸다. 친구에게 "이 불안감이 언제 시작된 거야?"라고 물었더니 1600년경이라고 답했다. 교토 사람들은 수도의 지위를 찬탈한 에도를 결코 용서할 수 없었다. 1868년 천황이 도쿄로 이주한 사건은 교토의 자존심에 가하는 최후의 일격이었다.

나라를 비롯한 다른 도시들도 추한 모습으로 변했지만 이는 대부분 무분별한 도시계획의 결과였다. 그러나 교토에서는 의도적인 파괴가 이루어졌다. 교토를 처음 방문하는 사람들은 교토역에 세워진 바늘 모양의 교토타워를 보고 충격을 받는다. 오래된 기와지붕이 이어지는 도시의 풍광이 구식으로 보인다고 생각한 시 정부가 이를 바꾸고자 강하게 주장해서 1964년에 세워진 타워다. 교토는 방문객들에게 '우리는 현대적입니다. 여기 넘쳐나는 오래된 것들과는 전혀 관계가 없답니다!'라고 말하고 싶어한다. 수만 명에 달하는 사람이

타워 건설에 반대하는 청원서에 서명했음에도 시 정부는 이를 밀어붙였다.

교토타워는 교토의 심장에 꽂은 상징적인 말뚝이었다. 교토타워가 세워진 후 구시가지 대부분은 급속히 파괴되고 사찰과 신사만 남게 되었다. 그 과정의 단계마다 시 행정부는 도시의 유산에 대한 공개적인 공격을 가했다. 가장 극적인 공격은 비교적 최근에 교토역의 재건축과 함께 일어났다. 국내외의 건축가들이 공모에 참여해 여러 설계안을 제시했다. 그 중에는 기울어진 기와지붕과 같은 전통적인 요소를 녹여넣은 것도 있었고, 시 경계에 늘어서 있던 도리이를 연상시키는 거대한 게이트를 초현대적으로 해석한 안도 다다오安渡忠雄의 디자인도 있었다. 그러나 선정위원회는 이 모든 안을 거부하고 모든 면에서 교토의 역사를 부정하는 안을 선정했다. 교토대학의 저명한 건축가가 제안한 이 디자인은 유리로 뒤덮인 거대한 상자 모양으로 마치 공항 로비처럼 보인다. 교토가 교토를 증오한다는 이보다 더 강력한 증거는 있을 수 없다.

도시가 쇠락해가면서 주변의 삶과 단절된 세상에 살고 있는 사원의 승려들 역시 자신이 보존하고 있는 것이 무엇인지 잊어버렸다. 나는 손님들을 늘 교토의 먼 북쪽에 있는 고즈넉한 사원 엔쓰사圓通寺에 데려가곤 했는데, 이곳의 정원은 '빌려온 풍경借景'을 완벽하게 구현하고 있다. 좁은 복도를 걸어 들어가다보면 갑자기 넓은 절경이 눈앞에 펼쳐진다. 툇마루 너머 정원에는 이끼가 융단처럼 깔려 있고 그 안에 길고 평평한 돌들이 놓여 있다. 눈을 들면 정원 끝 편으로 긴 울타리가 시선에 들어온다. 더 높이 보면 울타리 뒤쪽으로 대나무 숲이 있고 그 너머에 마치 액자에 든 그림처럼 두 그루의 소나무 사이에 우뚝 솟은 히에이산比叡山이 보인다. 정원 내부의 풍경과 그 너머 외부 세계가 놀라운 조화를 이루고 있다. 나는 엔쓰사를 수없이 방문해서 툇마루에 앉아 그 풍경을 바라보며 편안한 마음으로 시간을 보내곤 했다. 그런데 최근 친구와 함께 엔쓰사를 방문했다가 그곳 역시 교토병에 감염되었다는 사실을 알게 되었다. 아름다운 풍경은 그대로였지만 '고즈넉'했던 툇마루의 정취는 사라졌다. 안내 방송 시스템을 통해 주지승이 정원에 대해 설명하는 녹음된 소리가 시끄럽게 울려 퍼지고 있었다. 친구는 불편해했고 우리는 서둘러 사원을 떠났다.

나는 일본을 방문하는 친구들에게 항상 세 가지 물품을 챙겨오라고 권한다. 일본의 건물에 쉽게 드나들 수 있게 벗고 신기 편한 신발, 바닥에 편안하게 앉을 수 있는 헐렁한 바지나 치마, 그리고 선종 사원에서 들리는 소음을 차단할 수 있는 귀마개다. 돌로 꾸민 정원으로 유명한 료안사龍安寺는 녹음된 안내 방송을 틀어주는 것으로 악명이 높았으나 최근에는 외국인 관광객들의 잦은 불만으로 방송 횟수를 줄였다. 료안사 입장권 뒷면에는 '조용히 마음의 눈을 열고 자신과 내면의 대화를 나누라'고 적혀 있다. 사원 관계자들은 이 말의 의미를 잊어버린 것이 틀림없다.

다이토쿠사大德寺 경내에 있는 부속 사원 중 하나인 다이센인大仙院은 선종의 위대한 작품 중 하나다. 사원 내부로 들어서면 흐르는 듯한 모래의 강 위에 들쭉날쭉한 바위가 놓여 있다. 예찬의 산수화를 떠올리게 하는 풍경이다. 계속해서 툇마루를 따라 걷다보면 모래의 강에 떠 있는 배 모양의 돌을 만난다. 그걸 보고 있으면 자신의 시점이 가까이 다가오는 것을 느낄 수 있다. 그다음 모퉁이를 돌면 모래가 넓게 펼쳐지고 그 안에 두 개의 작은 모래 더미가 나타난다. 이제 모래의 잔물결이 보일 만큼 가깝다. 그리고 마지막으로 선禪의 핵심인 무無의 세계를 나타내는 평평한 모래만이 있다. 그런데 바로 거기서 무엇이 눈에 들어오는가? 커다란 금속 안내판에 빨간 글씨로 이렇게 쓰여 있다. '다이센인. 문화재. 히타치HITACHI.'

마지막으로 세어봤을 때 다이센인에는 '히타치'가 협찬하는 안내판이 모두 네 개 있었는데, 다이센인 말고 대부분의 역사적인 기념물 앞에서도 볼 수 있다. 문화청이 히타치 광고를 일본 문화유산의 일부로 지정한 이유는 알 수 없다. 파리에서는 '노트르담, 르노 자동차'라는 안내판을 볼 수 없고, 방콕에서는 '왓 프라깨우 에메랄드 사원, 타이 시멘트'라는 안내판을 볼 수 없다. 사실 이런 문화유적지에서는 아무런 광고도 볼 수 없다.

수십 년에 걸친 고의적인 파괴의 최종 결과로 오늘날의 교토에는 매우 잘 보존된 사원들이 전선과 금속과 플라스틱이 뒤섞인 혼돈의 도시 속에 위치해 있다. 승려들은 안내판과 확성기로 사원의 정원을 가득 메우고, 전통문화예술 단체는 광택 화강암으로 본부 건물을 치장하고 있다. 현대 도시에는 기모노, 병풍, 족자와 같은 전통 공예품을 위한 공간이 없다. 이런 공예는 모두 치명적으로 쇠락하고 있다. 역사를 공부하는 학생들에게는 상관이 없다. 도시의 정글을 빠져나가 긴카쿠사金閣寺에 가서 무로마치 시대의 것이라며 기뻐하면 된다. 그러고는 산주산겐도에 가서 가마쿠라 시대의 조각에 대해 배우면 된다. 그러나 다른 모든 사람, 어딘가를 천천히 둘러보고 그 장소가 주는 기운을 즐기고 싶어하는 모든 이에게 교토는 더 이상 만족을 주지 못한다. 그래서인지 완전히 새로운 유형의 문화 명소인 유럽 테마파크가 이를 대체하고 있다. 일본에 존재하는 여러 곳 중 미에현의 시마 스페인 마을志摩スペイン村과 나가사키현의 네덜란드 마을 하우스텐보스Huis ten Bosch가 가장 크다. 이곳을 찾는 관광객의 수는 이미 교토를

방문하는 관광객 수에 근접하고 있으며 수년 내에 이를 앞지를 것이다. 특히 하우스텐보스에는 동남아에서 온 관광객들이 몰려들고 있다.

처음 하우스텐보스에 대해 들었을 때 나는 도저히 이해할 수 없었다. 일본에는 교토와 나라라는 전통 도시가 있는데 어째서 가짜 네덜란드 도시를 만들려고 하는 것일까. 나는 한 일본 잡지의 청탁으로 하우스텐보스를 방문하고 이 문화적 모조품에 대해 폭로하는 글을 쓰려고 했다. 그러나 그곳을 방문하고 나는 완전히 충격을 받았다. 그곳은 내가 지난 10년간 일본에서 본 가장 아름다운 장소라고 할 만했다. 간판도, 전선도, 플라스틱도, 시끄러운 확성기 소리도, '히타치'도 없었다. 모든 건물의 마감재로 표면이 거친 벽돌과 천연 소재를 사용했고 내부 인테리어도 세심한 주의를 기울여 색을 칠하고 조명을 달았다. 바다를 따라 쌓은 제방 역시 해안 생태계를 보존하기 위해 콘크리트가 아닌 돌을 쌓아올려 만들었다. 하우스텐보스 안에 내가 머물렀던 현대식 호텔에서는 운하 위로 뻗은 나무 데크에 앉아 아침 식사를 하는 동안 새가 지저귀는 소리를 들을 수 있었다. 교토에 남아 있는 오래된 여관 중에는 이런 일이 가능한 곳이 있을지도 모르지만, 교토의 황량한 현대식 호텔에서는 꿈도 꿀 수 없다. 하우스텐보스는 새로운 교토가 아닌 모든 것을 대변하고 있었다.

즉, 평화롭고 아름다웠다. 일본 예술을 사랑하는 사람으로서 너무나 당혹스럽게도 나는 그곳을 떠날 수가 없었다.

일본, 어쩌면 동아시아 전체의 미래는 테마파크일지도 모른다. 교토와 같은 살아 있는 도시는 퇴락하고 복사본으로 대체될 것이다. 예를 들어 베이징의 구시가지를 대대적으로 밀어버리는 와중에도, 도시 외곽에 수천 채의 주택을 건설하는 새로운 '중국의 옛 도시'를 계획 중이다. 현재 일본에서는 유럽의 도시들을 모방하는 것이 가장 인기를 끌고 있지만 일본 자신의 도시를 모방하기 시작할 날도 멀지 않았다. 예를 들어 미에현의 이세시伊勢市에는 이세신궁伊勢神宮 입구 근처에 전통 양식을 모방해 지은 대규모 관광 마을이 들어서고 있다.

다마사부로는 최근 "교토의 보존은 이미 불가능해. 이제 필요한 것은 재창조야"라고 말했다. 이것은 어떤 면에서 좋은 일일 수 있다. 특히나 가와세 씨가 우리 일행을 데려갔던 첫 번째 '교마치야' 같은 결과물을 얻을 수 있다면 말이다. 그러나 이것이 단순히 외관의 문제라면 교토는 결코 잘 계획된 테마파크를 따라잡을 수 없다. 슬프게도 과거의 모방은 필요 없는 일이다. 와비를 현대로 가져오는 방법에는 여러 가지가 있다. 이를테면 일본 건축가가 개발한 노출 콘크리트 방식의 건축은 거칠고 단순한 재료를 세련된 방식으로 사용하려는 시도, 즉 현대적으로 해석한 와비라고 할 수 있다. 다카세강을 전체 디자인으로 끌어들인 안도 다다오의 타임스 빌딩은 교토에서 보기 드문 현대적 걸작이다. 이러한 건축은 교토의 전통적인 정신을 현대적 소재를 통해 구현한 것이다. 안도의 건축물은 나무와 종이를 사용하는 것과 잘 다듬어진 대리석과 플라스틱을 사용하는 것의 중간 어디쯤이다. 단순히 과거를 끝없이 지키는 것이 아닌 이러한 시도는 교토의 가장 흥미로운 앞길이 될 수 있었다. 그러나 교토는 그 길을 가지 않았다.

교토의 보물은 사원에 있지도 않고, 거리의 외관에 있지도 않다. 그것은 교토 시민들의 복잡다단한 관습과 우아한 삶에 담겨 있다. 이들은 여름날 다들 즐기던 요미세의 흔한 즐거움 정도로는 만족하지 못하는 자부심 강한 사람들이었다. 수 세기 동안 교토 시민들은 술책과 우월감과 예술적 세련됨으로 자신들을 위한 현란한 와비의 거미줄을 짜왔다. 그것이 아직 남아 있지만 가까스로 명맥을 유지하는 정도다. 그마저 사라지면 나는 하우스텐보스로 떠날 것이다.

10장

나라로
가는 길

궁극의 사치,
무용無用

손님에게 교토와 나라 주변을 안내해줄 수 있느냐는 부탁을 종종 받는다. 보통은 교토에서 시작하는데 며칠 지나면 이내 손님이 지치기 시작하는 순간이 온다. 교토 생활의 강렬한 세련미와 세세한 관습이 억압적으로 느껴지는 것이다. 물론 아무도 이것을 대놓고 말하지는 않는다. 대부분의 사람은 그 느낌을 의식조차 못 하지만 그들의 흐릿한 눈빛에서 분명히 드러난다. 이때가 바로 교토를 떠나 나라奈良로 갈 때다.

6세기와 7세기 일본의 초창기 수도는 나라의 남서쪽에 위치한 야마토大和 평원에 자리 잡고 있었다. 수도는 빈번히 옮겨지다 720년에 점차 지금의 나라까지, 그리고 794년에 북서쪽의 교토까지 이르렀다. 수도를 옮겨다니는 과정에서 평원의 광대한 지역과 야마토, 아스카飛鳥, 요시노吉野, 고야高野, 우지宇治 등 나라를 둘러싸고 있는 산 곳곳에 수많은 사원과 궁

궐과 무덤을 남겼다. 이후의 통치자들이 이 유적들을 경건한
태도로 계속 후원했기 때문에, 권력이 다른 곳으로 이동한 후
에도 나라의 건설과 재건은 오랫동안 계속되었다. 따라서 '나
라'는 단순히 도시 하나, 혹은 나라가 수도였던 시대를 훨씬 뛰
어넘는다. 6세기부터 16세기까지 1000년이 넘는 세월 동안
건설된 교토와 와카야마和歌山 사이의 전 지역을 가로지른다.

6세기까지의 일본 역사는 명확지 않다. 고고학적 발굴을
통해 그 이전의 삶이 어떠했는지 유추할 뿐이다. 그러나 6세
기에서 8세기 사이에 한자와 건축과 불교를 받아들이면서
서서히 일본 문화의 기본 틀이 드러났다. 토착 신도, 황권, 밀
교, 궁중 귀족의 역할, 초기 시가, 그리고 목재와 석재를 활용
한 예술의 원형이 만들어졌다. 아직은 거친 목재와 같은 수
준이었지만 나중에 교토 문화가 이를 잘 다듬고 정제해 광택
을 입힌 반듯한 나무가 된다.

교토 문화의 영향력은 교토역 부근까지다. 내 생각에 역의
남쪽과 동쪽에 있는 지역은 모두 교토보다는 나라에 속한다.
그래서 나는 손님들과 함께 역에서 출발해 교토의 동쪽 산기
슭을 따라 남쪽으로 이동한다. 산허리를 따라 나무들이 무성
한 거대한 부지에 센유사泉涌寺, 도후쿠사東福寺와 같은 사원들
이 자리 잡고 있다. 관광객이 거의 없고 광활하고 편안한 분
위기다. 도후쿠사 경내에는 본당 건물에서 뻗어나온 작은 회

랑이 단풍이 무성한 협곡을 굽어보고 있다. 그 위에 서서 나뭇잎을 스치는 바람 소리를 들으며 계곡 저 아래에 있는 작은 나무 다리를 내려다보고 있노라면 깊은 산속에 들어와 있는 듯한 느낌이다. 교토역에서 남쪽으로 불과 10분 거리에 있는 절인데도 말이다.

일본의 건축물이 자연과 조화를 이루는 방식을 다룬 글은 많지만 또 하나 보탤 것이 있다. 바로 일본의 건축물은 자연을 묶어두고 제약하는 경향이 강하다는 점이다. 교토의 정원은 이러한 경향으로부터 발전되었다. 모든 나무를 조심스럽게 가지치기해서 직사각형으로 세심하게 펼쳐놓은 하얀 모래 사이에 배치했다. 한번은 교토에 있는 한 선종 사원의 툇마루에 앉아 유난히 잘 다듬어진 소나무를 칭찬했더니, 주지승이 미안해하며 이렇게 말했다. "음, 아직은 아니지요. 저 모습을 갖추기까지 150년이 걸렸지만 앞으로 한 70년, 아니 80년 정도 더 있으면 완벽해질 겁니다."

덴만구와 치이오리에서 오랜 세월 잡초와 넝쿨들과 고군분투했던지라 정원을 잘 가꾸고 싶다는 욕망을 이해한다. 잠시만 한눈을 팔면 순식간에 엉망으로 웃자라버린다. 그래서 옛날 일본인들은 사원이나 궁궐을 지을 때 제일 먼저 숲을 개간하고 그 위에 자갈을 깔았다. 이를 사니와砂庭 혹은 '모래 정원'이라고 불렀다. 중요한 통치 행위들이 이곳에서 이뤄졌다. 거기서 죄인을 심판하고, 거기서 무녀가 무아지경에 빠져 신탁을 전했다. 이후 선종과 무사도의 영향 아래 사니와는 오늘날 교토에 남아 있는 돌 정원의 기초가 되었다.

교토의 료안사에 있는 돌 정원은 세계적으로 알려져 있다. 돌의 배치, 모래를 갈퀴로 긁어놓은 형태, 심지어 정원 둘레 벽의 질감에 이르기까지 료안사 돌 정원을 묘사한 글이 넘쳐난다. 그러나 벽 뒤에 서서 그늘을 드리우고 있는 나무에 대해서는 아무도 이야기하지 않는다. 이는 바다를 무시하고 물고기에 대해서만 떠드는 것과 마찬가지다. 료안사의 정원은 주변의 나무 때문에 비로소 살아난다. 문제는 사니와와 같은 전통의 뿌리가 잊히고 그것이 원래의 환경을 벗어나 확장될 때 발생한다. 스코틀랜드의 풀로 덮인 완만한 구릉에서 시작된 골프는 여가생활과 야외 활동이 결합된 무해한 스포츠였다. 그러나 오늘날 전 세계에 건설되고 있는 골프 코스는 사막과 숲과 산의 모양을 심각하게 바꾸며 이루 말할 수 없는 환경 파괴를 초래했다. 마찬가지로 교토의 모래 정원이 빛을 발했던 이유도 풍성한 야생 숲에 둘러싸여 존재했기 때문이다. 숲이 사라지거나 산업용 소나무 밭으로 대체될수록 모래 정원의 필요성은 점점 줄어든다. 현대 도시의 환경에서 갈퀴질한 모래 정원을 무분별하게 만드는 행위는 그저 무의미를 만들어낼 뿐이다. 때로 일본 지배층 관료들의 목표가 일본 사회 전체를 하나의 사니와로 만드는 것은 아닐까 생각한다. 거기에는 조그만 녹지의 조각들이 흰 콘크리트의 바닷속에서 그저 미미한 변주로 존재할 뿐이다. 이는 단풍나무 가지가 제멋대로 무성한 가운데 협곡의 작은 다리만이 인간의 흔적을 보여주는 도후쿠사 회랑의 현대적 맥락이다.

도후쿠사 바로 남쪽에는 역시 동쪽 산기슭을 따라 지어진 후시미 이나리 다이사伏見稲荷大社라는 신사가 있다. 곡물의 신 (그래서 재물과 번영의 신이기도 한)과 신의 사자인 여우를 모시는 이나리 신사의 총본산이다. 일본 각지에 수많은 이나리 신사가 있으나 이곳이 가장 크고 오래되었다. 이 신사에는 역사적 중요성을 갖는 건축물이나 정원이라고 할 만한 것이 없기 때문에 일본인이 외국인 방문객을 이곳으로 안내하는 일은 거의 없다. 신사의 경내에 있는 여우 정령과 마법의 돌을 모시는 수백 개의 작은 사당이 애니미즘과 미신의 기운을 풍기기 때문이기도 하다.

교토의 정원은 치밀하게 관리되기도 하지만 보통 툇마루와 같이 정원을 바라보도록 되어 있는 장소가 있다. 정원은 '예술작품'이라는 강한 정서가 있으므로 특정한 각도에서 봐야 한다는 뜻이다. 그러나 후시미 이나리는 하나의 특정한 각도에서 보도록 만들어진 장소가 아니다. 마치 꿈을 꾸듯이 통과해야만 하는 하나의 경험이다. 신사 입구에는 거대한 주홍색 일주문이 있고, 그 너머에 야외 무대와 본당이 있다. 본당 앞에는 두 마리의 커다란 여우 석상이 있는데 한 마리는 입을 벌리고 있고, 다른 한 마리는 열쇠를 물고 있다(여우는 영적인 존재로 사람을 홀리는 재주가 있다고 여겨진다). 입구 위에는 이나리 신사의 또 다른 상징이자 주술적 힘을 나타내기도 하는 호무라호주焔寶珠(타오르는 보석)가 그려진 휘장이 걸려 있다. 본당 뒤로는 수백 개의 붉은 도리이들이 촘촘히 늘어서 터널을 이루고 있다. 대부분의 방문객은 이 도리이 터널을 통과한 다음 약간 실망한 기분으로 돌아간다. 그러나 그것은 꿈나라로 들어가는 입구에서 발길을 돌리는 것이다.

첫 구간에 늘어섰던 도리이를 지나 언덕을 계속 올라가면 처음의 도리이보다 훨씬 더 큰 붉은 도리이들이 줄지어 있는 것을 보게 된다. 그리고 그 뒤에는 또 다른 도리이들이 늘어서 있다. 수만, 어쩌면 수십만 개의 도리이가 구불구불 깊은 산속으로 이어진다. 각 도리이에는 그것을 시주한 업체의 이름이 적혀 있다. 일본의 많은 기업이 자기가 소유한 토지의 작은 제단이나 이나리 신사 경내에 붉은 도리이를 가지고 있다.

이 조용한 주홍빛 세계로 모험을 떠나는 사람은 많지 않다. 언덕을 넘어 골짜기로 내려서며 점점 더 깊은 산속으로 들어가지만 뒤를 돌아봐도 앞을 바라봐도 오직 푸른 숲에 둘러싸인 붉은 도리이들이 줄지어 있을 뿐이다. 주홍은 마법의 색이다. 중국 도교의 색이었고, 수천 년 전 상商나라 때부터 신들의 신성한 색으로 숭배되었다.『논어』에 따르면 주홍색은 고귀한 자질을 의미한다. 공자는 '자색이 주색의 자리를 찬탈하는 것은 통탄할 일惡紫之奪朱'이라고 했다. 즉 '상스러운 것이 고귀한 것의 자리를 빼앗는다'는 의미다.

도교의 영향을 받아 주홍색은 불교 사원의 색이 되었고 나중에는 궁궐의 색으로 쓰였다. 고대 교토와 나라의 건물 대부분은 한때 선명한 붉은색으로 칠해졌으나 세월이 흘러 점차 바래졌다. 한편 교토에서 와비 문화가 유행하면서 모든 색채는 흐려지고 부드러운 톤을 띠게 된다. 그러는 사이 '예술'이 '주술'의 자리를 대체하고 주홍색도 바래져갔다. 그러나 후시미 이나리에서는 그 색이 아직 살아남아 고대 도교의 영향을 떠올리게 한다.

한참을 걷다 보면 쓰카塚라고 불리는 작은 사당이 무리 지어 있는 광경을 만나게 된다. 본당에서 봤던 이나리의 테마가 여기서 작은 규모로 반복되고 있다. 사당마다 그 앞에 한 쌍의 동물 석상이 있고, 돌로 된 제단이 있고, 제단 뒤에는 주술적 의미의 돌이 놓여 있다. 호무라호주의 휘장이나 그게 새겨진 조각이 있기도 하다. 돌 제단 위에는 대여섯 톨의 쌀, 1엔짜리 동전들, 줄지어 선 붉은 도리이의 작은 모형들과 자판기에서 파는 유의 작은 사케 병이 놓여 있다. 제단 위에는 호무라호주의 모습을 따라하듯 일본식 촛불이 심지를 태우며 일렁이고 있다. 이곳의 분위기는 보통 일본적이라고 하면 떠오르는 그 무엇보다 오히려 힌두교에 가깝다.

사람 키보다 큰 쓰카도 있고 무릎 높이보다 낮은 쓰카도 있다. 홀로 서 있는 것도 있고 수십 개씩 무리 지어 있기도 하다. 동물 석상은 여우가 가장 흔하고 개중에는 말, 뱀, 다람쥐, 개, 고양이, 심지어 악어도 있다. 당신이 여기서 보고 있는 것은 신도의 애니미즘과 주술의 뿌리다. 호무라호주와 붉은 도리이와 여우라는 몇 가지 기본 주제가 크고 작게 반복되면서 환각적인 분위기를 만들어낸다. 운하, 다리, 사자와 고딕 양식의 창문들이 반복되는 베네치아처럼 일련의 형식이 끝없이 반복되는 장소에서는 필연적인 현상이라고 생각된다.

도리이 아래로, 돌 제단 무리 사이로 몇 시간이고 거닐다 보면 방향감각을 완전히 잃기 쉽다. 한번은 다이앤과 함께 후시미 이나리의 위쪽 길을 걷다가 길을 잃은 적이 있다. 어두워지기 시작했고 깜빡이는 촛불로 인해 주변은 그야말로 환상적인 풍광이 되었다. 그때 누군가가 다가오는 것을 보았다. 그러나 가까이 다가서자 그것은 여우 석상으로 변해 있었다. 결국 우리는 여우들 사이에서 혼을 놓게 될까봐 겁에 잔뜩 질린 채 거의 뛰다시피 하며 산을 내려왔다.

후시미와 이세신궁을 비교하는 것은 흥미로운 일이다. 엷은 색 목재로 단순하게 직각으로 지은 이세신궁은 흔히 신도를 가장 순수한 형태로 구현했다고들 한다. 색을 칠하지도 않고 장식도 하지 않은 건물의 강렬한 힘은 마치 거대한 신성을 마주하고 있는 듯한 경외감을 불러일으킨다. 후시미의 그 무엇도 여기에 범접조차 못 한다. 하지만 '가장 순수한 신도'를 논하자면, 이세신궁은 신도의 진정한 기원에서 좀 벗어나 있다고 생각된다. 대지와 건물을 둘러싸고 있는 울타리가 완벽한 대칭으로 깔끔하게 배열되어 있고, 그 동심원의 형태는 신성이 점점 강해지는 내부 구역을 명확히 구분 짓는다. 이런 배열은 중국 궁궐 건축의 영향을 받은 것으로 보인다. 그러나 순수한 일본식 예술과 건축은 항상 사물을 엇갈리게 하거나 심지어 꼬불꼬불하게 배치했다. 중국의 수도를 모방했던 교토와 나라를 제외하면 일본의 어떤 도시도 계획된 모습을 보이지 않는다. 쇼군의 수도인 에도는 그중에서도 무계획의 극치였다. 중국에서 통치자의 궁궐은 정사각형 혹은 직사각형이다. 중앙의 대로가 궁궐을 향하고 북쪽과 남쪽으로 성문이 있었다. 그러나 에도의 궁전 경내는 지그재그 모양의 해자와 성벽으로 둘러싸인 무정형 덩어리였으며, 대로도 없고 성문이나 내부 건물에 그 어떤 규칙도 없었다.

중국의 좌우 대칭 배열에는 강렬한 힘이 있지만 일본의 지그재그 배열도 즐거움을 준다. 도쿄 궁궐의 해자 뒤쪽을 걸어보면 여전히 그 즐거움을 느낄 수 있다. 지그재그 방식은 다도에서 볼 수 있는 복잡한 십자형 공간 배치라든가, 병풍 그림에서 볼 수 있는 과감한 사선 구도, 목판화 디자인을 비롯해 전통적이든 현대적이든 '일본스럽게' 보이는 거의 모든 디자인으로 이어졌다. 이 스타일의 기원을 후시미 이나리에 있는 어지러운 쓰카의 배치에서 찾아볼 수 있다.

후시미를 떠나 손님들을 모시고 남쪽의 뵤도인平等院으로 이동한다. 이곳 봉황당의 모습이 일본 10엔짜리 동전의 뒷면에 새겨져 있기 때문에 일본에 사는 사람이라면 누구라도 아는 곳이다. 헤이안 시대의 절정기에 후지와라 가문의 섭정관이 지었고 현재까지 남아 있는 몇 안 되는 헤이안 시대 사원 중 하나다. 봉황당은 독특한 모습이다. 중앙에 본당이 있고 솟아오르는 듯 휜 처마를 가진 회랑이 양쪽으로 펼쳐지며 호수를 마주하고 있다. 이것이 마치 호수 위로 내려앉는 봉황의 형상과 닮았다 하여 봉황당이라고 불리게 되었다. 뵤도인은 12세기 막부 정권이 시작된 이후 건설된 교토에도 속하지 않으며 종교적 경건함이 가득했던 초창기 나라에도 속하지 않는다. 그것은 한가한 헤이안 귀족들의 세계라고 하는, 오늘날 우리가 거의 알지 못하는 영역에 살아남아 있는 에어포켓과도 같은 존재다.

뵤도인은 사원이면서 동시에 사원이 아니다. 오직 서방극

락의 부처인 아미타를 모신 중앙 본당만 사원이라 할 수 있고 나머지 부속 건물들은 거의 아무런 쓸모가 없어 보인다. 예를 들어 본당 뒤편에 있는 미랑은 봉황의 꼬리를 나타내는 것 외에는 뚜렷한 기능이 없다. 본당 좌우의 회랑 역시 1층은 단지 높은 기둥이 늘어선 것에 불과하고 위층 역시 벽이나 미닫이문도 없이 개방된 공간이다. 상인방▪이 사람 키보다 낮게 놓여 있어서 들어가기도 어렵다. 위층이 과연 어떤 용도였을지는 상상하기 쉽지 않다. 아마 귀족들이 호수에서 뱃놀이하는 동안 악단이 거기서 연주를 했을 것이라는 추측은 있다.

> 문이나 창의 아래나 위로 가로지르는 나무

　한번은 영국의 오래된 개인 영지에 초대받은 적이 있는데, 영지를 산책하다가 높은 울타리로 둘러싸인 정원을 발견했다. 정원 중앙에는 그리스 신화에서 튀어나온 듯한 작고 둥근 신전이 있었다. 주인에게 이 건물의 용도를 물었더니, 아무 용도도 없다고 했다. 그것은 단순히 '쓸모없는 장식품Folly'일 뿐이었다. 이런 장식용 건물은 영국 각지에서 볼 수 있지만 일본에서는 찾아보기 어렵다. 가쓰라 이궁桂離宮과 같은 가장 고급스러운 건물과 정원도 모두 분명한 기능을 염두에 두고 지어졌다. 궁극의 사치라고 할 '완전히 쓸모가 없는無用' 것은 존재하지 않는다. 특히 진지함을 내세우는 선禪에서 무無는 미덕이지만 무용無用은 죄악이다. 선종의 정원은 명상에 도움이 되거나 깨달음에 이르는 길의 이정표 역할을 한다는 구체적인 목표를 염두에 두고 설계된다. 달리 표현하자면, 선종의 정원을 바라보는 일은 공짜가 아니다. 즐거움을 느끼기 위해 치러야 하는 영적인 비용이 있다. 이에 반해 뵤도인은 헤이안 귀족의 즉흥성에서 탄생한 완벽하게 '쓸모없는 장식품'이다. 뵤도인을 바라보고 있으면 마음이 어쩐지 가벼워지고 봉황과 함께 하늘로 날아오르고 싶은 생각이 든다. 헤이안 시대 이후 막부의 쇼군들이 엄격하게 통치하던 일본에서 그런 즉흥성은 생각조차 못 할 일이었다. 뵤도인은 일본에서 자유의 공기를 들이마실 수 있는 몇 안 되는 장소 중 하나다.

뵤도인을 나와 일행을 데리고 나라로 향한다. 가장 유명한 사찰들이 잘 보존되어 있는 나라 공원으로 들어가기 전, 먼저 한냐사般若寺에 들른다. 관광객이 거의 없는 이곳은 지혜를 상징하는 문수보살을 모신 사원이다. 이곳의 일주문도 넓은 처마가 하늘로 날렵하게 솟은 새처럼 생겼다. 경내로 들어서면 나라에서만 볼 수 있는 정원을 만나게 된다. 경내의 길을 따라서도, 높게 솟은 석탑 아래에도 야생화가 우거졌고 특히나 코스모스가 가득하다.

교토와 일본 대부분의 다른 지역에서는 이러한 야생이 결코 허용되지 않는다. 최근 나는 일본 서해 연안의 다카오카에 있는 대규모 선종 사원의 재건 현장을 방문했다. 거기서 문화청의 고위 공무원인 감독관이 "이 사원의 중앙 정원은 원래 수백 년 된 느티나무와 소나무로 가득했어요. 그 보기 흉한 나무들을 다 잘라냈습니다. 이제 1000평이나 되는 정원 가득 하얀 모래를 채우고 갈퀴질을 할 수 있게 됐어요!"라고 자랑스럽게 이야기하는 바람에 충격을 받은 적이 있다. 이것이 바로 일본 문화청의 비전이다. 하지만 한냐사에는 여전히 야생화가 무성하게 자라고 있다. 불전에는 사자를 타고 있는 문수보살의 멋진 동상이 코스모스의 바다를 내다보며 아무런 방해도 받지 않은 채 긴 시간의 흐름을 사색하고 있다.

우리 일행은 한냐사를 떠나 나라 공원으로 내려간다. 목적지는 도다이사東大寺의 남대문南大門이다. 나라 공원을 찾는 대다수의 관광객은 도다이사의 대불전과 길 양쪽에 수천 개의 석등이 놓여 있는 가스가 신사春日大社를 찾는다. 남대문은 도다이사 경내로 들어가기 위해 통과해야 하는 건축물 정도로밖에 여기지 않는다. 하지만 나에게 남대문은 나라 공원에서 가장 완벽한 건축물이다. 목재가 풍부했던 13세기에 지어진 남대문의 거대한 기둥은 거의 21미터 높이로 솟아 있다. 가마쿠라 시대에 만들어진 사원의 두 수호신 형상이 노기등등하게 우뚝 서서 무서운 얼굴 표정과 우락부락한 근육의 엄청난 힘을 드러내고 있다. 그러나 가장 숨 막힐 정도로 멋진 것은 그 거대한 지붕이다. 지붕의 처마는 새가 날아오르려는 듯 바깥을 향했다가 위로 솟아오르는 형상을 하고 있다.

　새의 비유 하면 뵤도인과 한냐사가 떠오른다. 이 세 건축물 모두 중국 송나라와 원나라의 영향을 받아 지어졌기 때문이다. 그 시절의 중국인들은 구불구불한 처마로 장식된 정자를 여러 층으로 쌓아올려 환상적으로 보이는 건축 양식을 실험했다. 중국에 있던 당시의 건축물은 거의 다 소실된 반면 일본에는 아직 극소수가 남아 있다. 대부분 나라 주변 지역에 있다. 북방 중심지에서 유래한 고대 중국의 지붕은 원래 곧은 A자 형태였으나 점차 동남아시아의 영향이 스며들었다. 오늘날에도 볼 수 있듯이 태국이나 미얀마 건물의 처마는 아래로 뻗어나가다가 급격히 하늘로 솟아오르는 불꽃 모양을 하고 있다. 송나라와 원나라 시기 중국에서도 솟아오르는 듯한 처마를 실험했고, 이러한 양식이 당시의 일본에도 전파되었다.

　일본은 아시아와 태평양 전역으로부터 영향을 받아 다양한 형태의 지붕 양식을 갖게 되었다. 송나라와 원나라 시기의 나팔꽃 모양 처마 말고도 남방에서 들여온 폴리네시안 스타일도 있다. 집을 기둥 위에 세워 야자나무 잎으로 지붕을 덮었고 지붕의 위쪽 절반은 바깥쪽으로 뻗어나간다. 야요이 시대의 수혈竪穴 주거지 지붕 양식도 있다. 땅에 구멍을 파고 둥근 천막 모양의 지붕을 거의 지면에 닿을 듯이 덮었다. 일본 고유의 지붕 양식은 중국 본토와 남양의 섬에서 들여온 양식과 결합하여 동아시아 어느 나라에 가도 찾아볼 수 있는 가장 폭넓은 양식을 탄생시켰다. 그 결과 일본의 오래된 도시, 특히 교토와 나라의 지붕 라인은 그야말로 장관이었다.

위로 치솟는 처마는 하나의 건축 양식이라고 하는 것만으로는 설명하기 어려운 희망과 해방감을 자아낸다. 도교를 연구한 존 블로펠드는 내게 이렇게 말했다. "고대 동남아시아에서는 건물을 짓는 행위 자체를 금기시했습니다. 땅속 깊이 기둥을 박고 그 위에 지붕을 덮는 것은 대자연에 죄를 짓는 일이라고 여겼죠. 그래서 그들은 지붕의 처마를 아래로 향하게 했다가 다시 올려서 하늘로 솟게 만들었습니다. 이렇게 함으로써 금기를 깨는 것을 용서받고자 했습니다."

위로 휘어 올라간 지붕은 일본 건축의 일부분이 되었고 심지어 이야 계곡의 초가지붕조차 처마 끝에 볏짚을 더 넣어 살짝 올라가도록 만든다. 그러나 도다이사의 남대문이나 한냐사의 일주문같이 극단적으로 휘어 올라간 처마는 드물다. 에도시대에는 심지어 높이 솟은 처마를 지양하는 움직임마저 있었다. 다도의 대가들은 다실을 매우 낮게 설계하고 직선 지붕이 여러 각도로 어지럽게 섞여 있도록 했다. 이는 후시미 이나리에서 볼 수 있는 '지그재그'식 접근법으로의 회귀였으며, '스키數寄'라고 알려진 재미있는 건축 양식의 일부로 발전했다.

'스키'는 교토 와비의 종착지였다. 일반적으로 예술운동은 세 단계를 거친다. '초기'는 힘이 있고 단순함이 그 특징이다. '고전기'에는 모든 요소가 조화를 이루어 성숙함에 다다른다. '바로크'에 이르면 비틀리고 정교해진다. 와비 역시 비슷한 단계를 따랐다. '초기'의 와비는 더 이상 단순할 수 없었다. 교토의 신주안眞珠庵에 있는 무라타 주코村田珠光의 다원(1500년경)이 그 순수함의 정점을 보여준다. 다원의 툇마루를 따라 이끼가 작은 띠를 이루고 있고 세 개, 다섯 개, 일곱 개의 바위가 놓여 있다. 그게 전부다. 17세기에 다도가 본격화되면서 와비는 '고전기'로 접어든다. 이 시기의 와비는 가쓰라 이궁과 같은 극적인 공간을 탄생시킨다. 인공 언덕과 연못으로 이루어진 몇천 평의 공간에 별장과 다실이 널려 있다. 규모가 커지고 디자인이 복잡해졌다. 미닫이문에 파란색과 흰색의 정방형 장지를 교차해 발랐고, 산책로에는 기다란 직사각형의 돌과 작은 정사각형의 돌이 섞여 깔려 있다.

18세기에 들어 가쓰라 이궁의 장식적인 효과는 한 걸음 더 나아가 '스키'가 되었다. 가장 단순한 예술도 건축가와 디자이너의 손을 거치면 바로크가 될 수 있다는 증거다. 스키는 디테일에 집착하는 건축 스타일이다. 창문은 여기에 달고 툇마루는 저기에 놓고 하는 식이다. 여전히 자연 소재를 강조하지만 환상적이고 정교한 방식으로 구현된다. 도코노마의 곡선미 넘치는 들보라든가, 희귀한 목재로 만든 격자, 이끼가 깔린 정원에 정취를 자아내려 놓는 앤티크한 기와와 오래된 주춧돌 같은 것들이다. 지붕에는 짚과 기와와 나무껍질과 구리가 뒤섞여 있고 처마는 사방으로 뻗쳐 있다.

솟아 있건 뻗쳐 있건 동아시아에서는 지붕이 가장 중요하다. 교토의 히가시 혼간사東本願寺의 고에이당御影堂 앞에 서면 이 거대한 건물의 4분의 3이 지붕이라는 사실을 알게 된다. 베이징의 자금성이나 방콕의 왕궁을 떠올려보라. 거의 전적으로 지붕의 이미지만 떠오르지 않는가. 그래서 교토와 나라의 관료들은 도시를 파괴하기 시작하면서 지붕부터 손댔다. 교토의 경우에는, 교토타워를 세워 도시의 스카이라인에 치명타를 입혔다. 나라에서는 돌출된 콘크리트 이랑을 두른 나라현청 건물이 비슷한 효과를 낸다. 1965년 현청 건물이 완공된 이후, 나라를 방문하는 관광객들은 줄곧 이 흉물스러운 콘크리트 건물을 피해서 사진을 찍어야 했다. 이는 짐작할 수 있듯이 도다이사 남대문과 그 주변이 이루는 스카이라인에 가하는 심각한 일격이었다. 그러나 다행히 나라는 교토를 괴롭히는 자기혐오를 겪지 않았기 때문에 그 뒤에 나라 공원에서 이루어지고 있는 개발은 희망적이다. 최근 완공된 대형 관공서의 길게 펼쳐진 기와 지붕은 나라 건축의 정신을 잘 드러내고 있다.

동아시아의 전통 지붕 양식은 복잡한 미래를 마주하고 있다. 일본의 경우 대부분의 도시는 이미 콘크리트 정글로 변해버렸고, 방콕과 베이징 역시 그 과정이 상당히 진행 중이다. 아래로 떨어지다 곡선을 그리고 솟아오르는 형태의 지붕은 모더니즘과 좀처럼 결합하기 힘든 문화 전통이다. 전쟁 전의 일본, 그리고 1950년대의 중국에서 대형 현대 건축물의 꼭대기를 넓은 기와로 덮는 시도를 했던 시기도 있다. 그러나 오늘날의 자존심 있는 현대 건축가라면 그런 일을 하다가 죽으려고 하지는 않을 것이다.

일본의 도심에서는 화려한 지붕의 스카이라인이 사라져가지만 교외와 시골에서는 그 모습이 여전히 유지되고 있다. 그런 지역에 새로 짓는 주택에서는 '스키' 양식 지붕의 복잡하게 뻗은 선과 이음새를 흔히 볼 수 있다. 그러나 대부분의 일본 건축가는 고유의 전통 양식을 현대 도시의 삶 속에 결합시키는 데 거의 완벽하게 실패했다. 교외의 주택지에서만 흥미로운 지붕 양식이 살아남은 유일한 이유는 주택 건축을 이류의 일로 여겨 무시해왔기 때문이다.

서구에서는 포스트모던 건축가들이 무자비한 모더니즘의 반세기에서 깨어나, 아치와 돔과 기둥과 같은 전통을 재발견하고 이를 새로운 현대의 문법에 편입시키는 데 성공했다. 태국은 관광산업의 번창에 힘입어 현대식 건물에 전통 양식의 지붕을 결합하는 창의적인 실험을 해오고 있다. 푸켓의 아만푸리 호텔이나 방콕의 수코타이 호텔 같은 곳이 특히 성공적인 사례. 그에 반해 일본의 엘리트 건축가들은 네모난 사무용 건물에 집중하고 있다. 이 중 과감한 이들이 간혹 서구의 포스트모더니즘 시각으로 아치형 구조물과 기둥을 거기에 적용하기도 한다.

일본인들은 1950년대와 1960년대 서구를 휩쓸었던 모더니즘에 아직도 거의 종교적인 열정으로 매달려 있다. 해외로부터 무언가를 받아들이면 그것이 원조 국가에서 사라진 뒤에도 오래도록 거기에 집착하는 일본의 보수적인 습관을 여기서 볼 수 있다. 예를 들어 일본의 고등학생들은 여전히 19세기 프로이센에서 들여온 높은 옷깃에 구리 단추가 달린 군대식 검정 교복을 입는다.

변화를 거부하고 서구의 모델에서 벗어나길 두려워하는 일본의 성향은 1995년 베니스 비엔날레에서도 드러났다. 일본 정부는 비엔날레의 일본관 입구를 현대적인 '스키' 양식으로 꾸미자는 예술가 이토 준지伊藤 潤二에게 일본관의 전시를 맡겼다. 아직 주류라고까지는 할 수 없지만 스키 양식은 최근 부흥기를 맞아 젊은 컨템퍼러리 예술가와 건축가들에게 영감을 주고 있다. '전통주의자', 즉 구식 모더니스트들이 여기에 거세게 저항했다. 한 대표적인 사진작가가 '일본적인 것'에 대한 부적절한 침해라며 비엔날레에서 중도 하차했다. 미술평론가들은 "일본의 예술가들은 더 이상 컨템퍼러리 예술의 주요 테이블에서 식사를 할 수 없게 되고 말 것"이라고 경고하며 이토 준지를 격렬히 비판했다.

일본의 도시에 넘쳐나는 구식 모더니즘 건축 양식은 일본의 문화적 뿌리와도, 최근 여기저기 등장하는 조화로운 환경과 안락한 생활이라는 새로운 기준과도 관계없다. 불행히도 비엔날레에서 선보인 이토 준지의 제안을 그토록 위협적이라고 여긴 전통주의자 중에는 관료도 포함되어 있었다. 이들이 만드는 건축 규정이 도시 건축 디자인의 추세를 궁극적으로 결정한다. 그들의 관점에서는 옥상에 에어컨 실외기가 있고 엘리베이터 통로를 갖춘 정육면체의 건물이 '현대적'으로 만족스럽고, 따라서 뵤도인이 주는 환상이나 남대문의 솟아오른 처마 날개나 스키 양식 가옥이 주는 재미보다 낫다. '자색이 주색의 자리를 찬탈하는 것은 통탄할 일'이라는 공자의 말씀이 떠오를 수밖에.

11장

나라
외곽 지대

숨겨진 부처

친구 하나가 분경盆景을 공부한 적이 있다. 모래가 깔린 접시에 특이하게 생긴 돌과 분재 식물을 배치해서 풍경의 축소판을 만들어내는 법을 배운다. 분경 기법을 기초부터 고급까지 차근차근 배워가던 친구가 도저히 알아낼 수 없는 마지막 비밀이 있었다. 갖은 방법을 써봐도 도저히 모래를 스승의 것처럼 알갱이 하나하나까지 정밀하게 배치된 완벽한 파도와 동심원의 형태로 유지할 수가 없었다. 다년간 비싼 수업료를 내고 마침내 분경사 자격증을 받던 날 친구는 드디어 그 비밀을 알게 되었다. 발 앞에 엎드려 절을 하는데 스승이 이렇게 말했다. "접착제를 써."

  일본은 온통 비밀에 사로잡혀 있다. 비밀이야말로 일본에서 전통 예술이 전수되고 보존되는 방식의 본질이다. 이러한 방식은 일본 정부와 기업에서 많은 문제를 일으킨다. 같은 조직 내 다른 부서들이 각자의 지식을 무던히도 지키기 위해 서로 간에 소통을 하지 않는 경향이 있기 때문이다. 박물관에서는 진귀한 작품일수록 대중에게 공개되는 경우가 드물다. 그렇기 때문에 애써 박물관에 가도 우리가 보는 국보는 사실 모조품인 경우가 허다하다. 진품은 수장고에 보관되어 극소수의 선택받은 큐레이터만 볼 수 있다.

이런 전통은 신사에 모셔진 돌이나 거울과 같은 신체神体에 신비로운 비밀주의를 부여하던 고대 신도 시대까지 거슬러 올라간다. 일본의 가장 오래된 신도 사원인 이즈모 신사出雲大社는 신사에 보관된 신체를 오랫동안 공개하지 않은 나머지 그 신체가 무엇이었는지조차 알 수 없게 되어버렸다. 다들 그냥 '그 물건'이라고 부른다. 이세신궁에 모셔진 신체는 거울이라고 알려져 있지만 최소한 지난 1000년 동안 아무도 그 거울을 실제로 보진 못했다. 19세기 일본학 학자였던 배질 홀 체임벌린은 이세신궁의 신체에 대해 질문을 받고 이렇게 답했다. "보여줄 것도 없고, 보여주지도 않을 것이다."

밀교의 비밀주의는 만다라(영적 진리를 구현하는 도해)를 통해 드러난다. 만다라는 수많은 사각과 원 속에 부처님이 적재적소에 그려져 있는 그림일 수도 있다. 마찬가지로 만다라는 불상일 수도 있고, 가람의 설계도일 수도 있고, 순례객들이 따라 도는 사원의 길일 수도 있다. 가장 큰 만다라는 시코쿠섬 전체를 차지하고 있고, 홍법대사弘法大師 구카이가 창건한 88개 사원이 형성하고 있는 고리로 인해 신성함을 갖게 되었다. 공교롭게도 이야 계곡은 이 거대한 시코쿠 만다라의 심장에 위치하고 있다. 만다라의 심장은 접근할 수 없는 비밀이어야 하므로 참으로 적절하다고 하지 않을 수 없다. 특별한 힘을 가진 불상은 비불祕佛(히부쓰)이 되어 1년에 오직 한두 번만 공개된다. 중요한 비불은 몇십 년에 겨우 한 번 공개되며, 심지어 몇백 년 동안 공개되지 않기도 한다.

고대 신도가 발전하고 밀교 진언종眞言宗이 융성했던 나라 일대는 비밀주의의 궁극적인 도가니다. 시간이 흐르면서, 나라를 둘러싼 산들은 하나의 거대한 만다라가 되었고, 작은 단위의 만다라로 나뉘어 있다. 산봉우리와 계곡마다 낭만적이고 심오한 느낌이 그득하다.

요시노산吉野山이 좋은 예다. 나라의 남쪽에 자리한 요시노는 벚꽃으로 유명한 곳이다. 요시노로 벚꽃놀이를 가는 것은 겉으로는 봄에 일본의 여느 지역으로 가는 벚꽃놀이와 다르지 않다. 그러나 가부키에 익숙한 사람들에게 요시노의 벚나무는 「요시쓰네 센본 자쿠라義経千本櫻」의 무대 배경이다. 이 유명한 가부키 극은 요시노로 피란 온 비운의 장군 미나모토노 요시쓰네와 그의 아름다운 부인 시즈카 고젠, 그리고 요시쓰네의 부하로 둔갑한 여우가 중심인물이 되는 이야기다.

요시노는 또한 14세기 남북조시대 남조의 중심으로, 적통 천황을 지지하는 세력들이 막부에 맞서 게릴라 전투를 벌인 곳이기도 하다. 이러한 역사를 알고 있는 이들에게 이곳의 벚나무는 용맹한 충신들이며 벚꽃을 구경하려고 황실 앞에 늘어선 행렬을 생각나게 한다. 종교적인 관점에서도 요시노는 중요하다. 산악 신앙인 슈겐도修験道의 본부가 이곳이기 때문이다. 밀교 진언종에 대해 아는 사람이라면 요시노의 능선을 따라 늘어선 벚나무를 경계로 거대한 두 개의 만다라가 각기 동쪽과 서쪽의 산을 덮고 있는 것을 볼 수 있다.

이렇게 요시노와 같은 장소의 흥미로운 점은 맨눈으로는 쉽게 보이지 않는다. 역사와 문학과 종교의 베일로 겹겹이 싸여 있기 때문이다. 따라서 오사카나 교토에서 겨우 한두 시간 운전하면 쉽게 닿을 수 있는 거리임에도 나라 외곽의 산악지대는 일반인들이 잘 가지 않는 곳이다. 심리적으로는 이른바 '삼대비경'보다 더 멀게 느껴진다. 이곳은 봄철 벚꽃놀이 시기를 제외하면 사람들이 거의 발걸음을 하지 않는다. 하지만 세월이 흐르며 내게는 이곳이 놀이터가 되었다.

오사카와 나라와 이세의 가운데에 위치하고 있는 고야산高野山은 이 지역 만다라 중 하나의 중심이 되는 곳이다. 9세기에 홍법대사 구카이가 창건한 고야산은 나라시의 남서쪽 와카야마의 고원지대에 있는 여러 사원과 수도원의 단지다. 밀교 진언종의 성지이기도 하다. 나는 오랫동안 이곳을 방문할 기회를 갖지 못하다가 마침내 몇몇 친구의 초대로 고야산 순례길에 동행하게 되었다.

예전에 티베트의 라마승이 만다라를 참배하는 방법을 알려준 적이 있다. 절대 성급하게 중심으로 돌진하지 마라. 만다라를 사유하는 적절한 방법은 먼저 주변부의 문을 지키는 부처에 대해 생각하는 것이다. 일단 안에 들어서면, 조금씩 내부로 들어가며 중심에 도착할 때까지 촘촘해지는 원을 따라 빙글빙글 돌게 된다. 이 조언을 마음에 새기고, 우리 일행은 나라의 남부와 요시노의 능선 지역을 차로 돌아다니며 사흘을 보내고 고야산으로 향했다. 마침내 산꼭대기 가까이에 도착하자 주위를 둘러싼 산들은 점점 높아졌고, 정상으로 가는 구불구불한 길은 그야말로 장관이었다. '속세의 때'에서 멀리 벗어나 이런 신성한 장소를 찾던 순례객들의 기분을 충분히 상상할 수 있었다. 만다라의 중심에는 나라와 교토에 알려지지 않은 어떤 불가사의한 신비가 있을까 궁금해하며 우리는 흥분을 더해갔다. 그러나 막상 산 정상에 도착하자 우리가 기대했던 신비의 세계는 찾아볼 수 없었다. 고야산의 사원들은 작은 마을을 이루고 있었는데, 그 사실 자체는 놀랍지 않았다. 놀라운 것은 그게 일본 어디에서나 볼 수 있는 그런 마을이라는 점이었다. '속세의 때'는 이곳까지 파고들어와 있었다.

　고야산은 이런 실망스러움의 연속이었다. 중심에 있는 대상이 아니라 거기까지 도달하는 과정에 온전히 초점이 맞춰져 있기 때문이다. 예를 들어 구카이 대사의 무덤으로 가는 숲길에는 역사적으로 유명한 가문의 무덤을 표시하는 석탑이 줄지어 서 있다. 울창한 나무로 둘러싸인 순례길을 걸으며 이끼로 뒤덮인 돌에 새겨진 전설적인 인물들의 이름을 하나씩 읽어나가다보면 역사의 향기가 점점 짙어진다. 그러나 막상 구카이 대사의 무덤은 매끈한 철근 콘크리트로 지어져 이끼와 석탑과 오래된 침엽수의 배경과는 어울리지 않는 등롱당燈籠堂에 가려져 있다.

　실망스러운 사원 단지를 충실하게 순례하면서, 만다라로 이제 막 들어섰을 뿐이라고 나 자신을 다독였다. 진언종의 중심인 근본대탑根本大塔에 다다르기까지는 참배해야 할 곳이 아직 많았다. 원형 탑에 정사각형 지붕을 덮은 근본대탑은 우주의 중심을 상징한다. 일본 전역의 진언종 사원에서는 높은 제단 앞에 놓인 정사각형의 단을 볼 수 있는데, 이 단의 측면에는 기하학적으로 배열한 실, 꽃, 종, 화병, 접시, 잔들이 표면에 새겨져 있다. '고마護摩'라고 불리는 이러한 배열은 제구로 구성된 입체적인 만다라다. '고마'라는 단어는 인도 범어에서 왔고, 만다라는 하늘의 수도를 나타내는 지도다. 지도의 중앙에는 성스러운 수메르산이 있는데 티베트에 있는 카일라스산이 거기라고 한다. 그곳을 우주의 위대한 신 시바의 남근이라고 여긴다. '하늘의 수도'라는 개념은 동아시아에 널리 퍼져 있고, 앙코르와트 사원의 배치나 태국 궁전의 설계에서도 찾아볼 수 있다. 일본 '고마'의 경우는 흔히 제구들 한가운데에 있는 작은 탑을 하나 볼 수 있다. 수메르산의 상징인 이 탑이 고야산의 큰 탑을 모델로 만든 근본대탑이다.

오모토 전통 예술 세미나에서 통역하던 시절, 현대 선종의 대가이자 교토 다이토쿠사의 주지인 다치바나 다이키立花大亀가 방문한 적이 있다. 학생 한 명이 "선禪이란 무엇입니까?" 하고 묻자 다이키 노사老師는 이렇게 답했다. "선이란 우주의 근본대탑이다." 초보 통역사였던 당시의 나는 완전히 당황하고 말았다. 이 답이 함축하고 있는 상징을 모두 알 수 없었던 나로서는 어째서 선종의 승려가(진언종인) 고야산의 탑에 대해 이야기하는지 이해할 수 없었다.

마침내 우리는 근본대탑 앞에 도착해서 두 눈으로 직접 이 신비로운 탑을 보게 되었다. 그러나 탑은 전혀 신비롭게 보이지 않았다. 원래의 탑은 불타버렸고, 메이지 시대에 재건된 현재의 탑은 아무런 신비감을 주지 않는다. '고마'의 배열에서는 근본대탑이 따로 실과 꽃에 둘러싸여 있다. 그러나 고야산의 근본대탑은 텅 빈 공간에 홀로 서 있다.

그것으로 나는 고야산을 포기했다. 그날 저녁 우리 일행은 고야산의 순례객과 여행자들에게 묵을 방을 제공하는 사원 중 한 곳인 금강삼매원金剛三昧院에 묵었다. 우리가 도착한 것은 오후 4시 반경이었다. 승려 한 명이 우리에게 본당의 불상을 보겠느냐고 물었고 너무 지쳐 있던 우리는 사양했다. 이른 저녁을 먹고 방으로 돌아가 책을 읽으며 잠시 휴식을 취했다. 그날 밤 목욕하러 가다가 승려와 마주쳤다. "좋은 저녁입니다." 그는 예의 바르게 인사를 건네며 "오늘 저희 사원에 머무시다니 참으로 운이 좋으십니다. 부처님의 권능을 보실 수 있으셨지요"라고 이야기를 꺼냈다. "저, 실은 오늘이 아니고 내일 보려고 합니다"라고 대답하자, 그는 고개를 저었다. "안타깝지만 그러실 수 없습니다. 금강삼매원의 부처님은 비불이십니다. 고야산의 다른 불상들은 일반 공개되기도 하고 다른 사찰이나 박물관에 대여하기도 합니다만, 저희 부처님은 한 번도 고야산을 떠난 적이 없으시지요. 중생들에게 공개되는 것은 이번이 처음입니다. '500년 비불'이라 불리지요. 부처님을 뵐 기회는 오늘 5시까지였습니다. 다시 뵈려면 다음 500년을 기다려야 합니다."

여행 가이드로서 일생일대의 실패였다. 너무 당황스러워서 일행에게 말할 수조차 없었다. 친구들은 이날 500년 만에 공개되는 비불을 볼 기회를 30분 차이로 놓쳤다는 사실을 아직도 알지 못한다.

　내 친구이자 가부키 멘토인 파비온 바워스가 그레타 가르
보에 관한 이야기를 해준 적이 있다. 어느 날 그녀와 함께 뉴
욕의 거리를 걷는데, 팬 한 명이 사인을 받으려고 다가왔다.
눈물까지 흘리며 애원했지만 가르보는 차갑게 거절했다. 팬
이 떠난 후, 파비온이 그녀에게 몸을 돌려 말했다. "팬에게 너
무 매몰차게 구는 거 아닌가요! 사인 하나 해주는 게 그리 어
려운 일은 아니잖아요. 그 사람은 평생 당신의 사인을 보물
처럼 간직할 텐데 말입니다." 가르보는 이렇게 되받아쳤다.
"사인을 해주었다면 한두 주 뒤에는 식상해져서 그걸 어디엔
가 처박아둘 거예요. 내가 거절했기 때문에 그 사람은 죽는
날까지 내 사인을 소중하게 여길 거라고요."

　이제 와서 생각해보니 만약 그날 500년 만에 공개된 비불
을 봤더라면 그렇게 감동받지 못했을지도 모른다. '접착제를
써'라는 말만큼 전혀 영감을 불러일으키지 못했을 수도 있
다. 보지 못한 비불 덕분에 고야산은 신비스러운 곳이 되어
버렸고 일본의 수없이 많은 불상 중 금강삼매원의 비불은 내
게 독보적인 존재로 남아 있다. 나는 고야산이 황량한 근본
대탑이나 거슬리는 철근 등롱당 이면에 여전히 어둡고 비밀
스러운 장소들을 감추고 있다는 깨달음에서 환희를 느낀다.
여전히 숨겨진 불가사의를 품고 있는 고야산은 어떤 면에서

일본의 모든 것을 대변한다고 할 수 있다.

　나라에서는 역사를 상당히 공부한 사람이 아니라면 각종 신의 이름을 이해할 수 없고 심지어 사원이 존재하는 이유도 알기 어렵다. 오미와大神 신사의 야마토노 오모노누시 구시미카타마 노 미코토倭の大物主櫛甕魂の命처럼 난해한 음절들이 와르르 쏟아지면 현대 일본인들에게는 그 의미가 전혀 와닿지 않는다. 고대 신도나 밀교 진언종에는 눈에 보이지 않는 각종 신과 영적인 것이 가득해 속세의 일반인들은 이해할 수 없다. 이 점이 바로 나라와 교토의 근본적인 차이다. 교토가 선, 와비, 스키 같은 개념들의 바탕이 되는 온갖 철학에도 불구하고 예술의 도시인 반면, 나라는 종교의 영역이다.

　심지어 관광객으로 넘쳐나는 나라공원에도 이런 종교적인 매력을 가진 장소들이 있다. 도다이사의 대불전 옆에 있는 법화당三月堂에 들어서면 공원의 부산한 관광객들로부터 동떨어진 고요한 공간을 만나게 된다. 어둑어둑한 이곳에 참으로 아름다운 불공견삭 관음不空羂索観音 금불상이 우뚝 서 있다. 좌우로는 일광보살과 월광보살이, 그리고 또다른 보살상들이 둘러싸고 있다. 금불상 머리 뒤쪽의 광륜에서 금빛 광선이 나와 어둠을 비춘다. 웃고 떠들며 법화당에 들어섰던 관광객들은 불공견삭 관음상의 위엄 서린 빛 앞에서 이내 조용해진다. 나를 포함해 그 누구도 불공견삭 관음상의 의미나

중요성에 대해 잘 알지 못한다. 하지만 상관없다. 뿜어져 나오는 그 빛만으로 충분하다.

법화당을 빼면 나라의 진면목은 나라 공원 밖에 있다고 생각된다. 그래서 친구들을 나라에 데려오면 나라 공원을 빠르게 한 바퀴 돌고 이내 도시 밖으로 향한다. 도시 주변의 평지에 흩어져 있는 사원과 유적지들을 지나 남쪽과 동쪽에 있는 산악지대로 가는 것이 우리 목표다.

첫 방문지는 아키시노사秋篠寺다. 이곳의 기예천伎藝天(예술의 신)은 일본의 조각을 통틀어 최고의 작품 중 하나다. 섬세한 얼굴 표정, 살짝 숙인 머리, S형으로 휘어진 몸체와 우아하게 구부린 손가락 ― 기예천은 다마사부로의 춤이 떠올리게 하는 모든 순수한 아름다움을 하나의 조각에 모두 응축시켜 놓은 듯하다. 기예천을 보고 있노라면 살짝 움직인다고 느껴질 정도다. 과연 진정한 밀교 진언종의 작품답게 조각상 안에 예술의 신의 영혼이 실제로 깃들어 있다고 믿을 만하다. 나라에서는 조각상을 본 것이 아니라 '만났다'는 느낌을 종종 받는다.

아키시노사를 떠나 남쪽으로 이동하다보면 왼쪽으로 산기슭을 따라 아주 오래된 옛길인 야마노베 노 미치山の辺の道가 이어진다. 나는 간혹 산 아래쪽에 있는 작은 산촌 마을을 보려고 일부러 돌아가곤 한다. 오른쪽은 야마토 대평원이다.

일본의 토속 종교와 문화의 발상지인 이곳은 지금은 복잡하게 얽힌 전깃줄이 뒤덮고 있고, 눈길을 빼앗는 유리와 네온으로 치장한 파친코 업소들이 불을 밝히고 있다.

파친코는 가벼운 형태의 도박이다. 플레이어는 구슬이 여러 겹의 핀 사이로 줄지어 떨어지는 수직 핀볼 기계 앞에 앉아 게임을 한다. 구슬이 특정한 슬롯에 떨어져 대박이 나면 플레이어는 수백 개의 구슬을 받는다. 게임이 끝나고 남은 구슬을 카운터로 가져가면 담배나 사탕 같은 경품으로 교환해준다. 그리고 경품을 파친코 업소 바깥에 있는 점포에 가져가면 현금으로 바꿔준다.

일본 대부분의 지역에서는 간판을 통제하거나 구역을 제한하지 않기 때문에 파친코 업소 건물은 독특하고 요란한 스타일로 발전했다. 수 미터 높이의 거대한 네온 간판이 일곱 빛깔 무지개색으로 번쩍이며 늘어서 있고, 건물 지붕에는 자유의 여신상이나 우주선이나 공룡의 모양을 한 타워가 과장된 조명을 받고 서 있다. 최근에 유럽에서 온 건축가를 데리고 시코쿠와 나라 지역을 방문할 기회가 있었다. 나는 그에게 일본의 사원과 가옥과 자연경관을 보여주고 싶었다. 그러나 그의 눈을 사로잡은 것은 오로지 파친코 업소들뿐이었다. 그는 이렇게 이야기했다. "오래된 사원과 신사는 죽은 유적에 불과합니다. 교토에서 벌어지고 있는 일들을 보면 그런 것들은 지금의 일본인에게 아무 관계가 없는 게 분명합니다. 그렇다고 일본이 진정한 모더니즘을 구현하고 있는 것 같지도 않고요. 새로 지은 오피스 빌딩이나 아파트의 구조는 일본이 아닌 외부 세계의 관점에서 볼 때 시대에 몹시 뒤떨어져 있어요. 창의적이고 환상적으로 지은 파친코 건물만이 자신만의 방식으로 호화롭습니다. 물론 천박한 취향입니다만, 이런 형편없는 취향이야말로 현대 일본을 정확하게 정의하고 있지 않나요? 파친코 업소는 이러한 취향을 완성했기 때문에 현대 일본 디자인의 가장 일관되고 흥미로운 사례입니다."

우울하지만 나는 이것이 매우 예리한 지적임을 깨달았다. 과거 한 시대의 문화 유적을 보면, 그 시대에 주류였던 사상을 감지할 수 있다. 나라와 헤이안 시대에는 밀교 사원이 있었고, 가마쿠라 시대부터 에도 말기까지는 선종 사원과 다실이 있었다. 메이지 시대의 위대한 기념물은 철도 역사驛舍다. 지금은 어떤가? 유럽이나 동남아시아의 시골 지역을 여행하다 보면, 마을의 가장 높은 곳에는 항상 교회의 첨탑이나 모스크 혹은 솟아오른 불교 사원의 처마가 있다. 일본의 시골에서 가장 높고 요란한 건물은 예외 없이 파친코 업소다.

파친코 기계 앞에 앉아 있는 행위는 현대적 형태의 명상이다. 기계 안에 원형으로 배열된 핀은 오늘날의 만다라다. 바깥쪽으로부터 중심으로 생각의 흐름이 향해 가던 옛 방식이 파친코 기계 위에서 아래로 흘러내리는 구슬로 바뀌었을 뿐이다. 파친코의 압도적인 영향력은 아무리 과장해도 지나치지 않는다. 일부 농촌지역에서는 가계 가처분소득의 최대 20퍼센트가 파친코에 쓰이고 있다. 파친코는 현재 자동차와 컴퓨터 산업을 앞질러 단일 산업으로는 규모가 가장 크다. 계산 방법에 따라서는 파친코 기계의 대부분을 제조하는 회사의 소유주가 일본의 최고 부호라는 이야기도 있다. 파친코는 크롬 도금과 네온을 사용한 밝은색 방과 플라스틱으로 만든 커다란 행운의 신 또는 동물의 조각상들로 장식한 특유의 스타일을 발전시켰다. 이것이 일본 오락산업이 선호하는 스타일이 되어 레스토랑과 바에서부터 가장 인기 있는 텔레비전 프로그램의 세트에 이르기까지 어디에서나 볼 수 있다. 건축에도 영향을 미쳐서 수많은 화려한 호텔 로비에 영감을 주었다. 교토타워가 바로 이런 파친코 스타일에 속한다.

　파친코 스타일은 산업디자인까지 물들이고 있다. 최근 일본 디자인 협회의 간부와 이야기를 나눈 적이 있다. "10년 전만 해도 일본은 세계 산업디자인의 선두에서 워크맨같이 심플하고 클래식한 제품을 만들어냈습니다." 그는 이렇게 한탄했다. "그러나 요즘은 모던 디자인의 주류라는 것이 돼지 모양의 핑크색 토스터랍니다. 어떻게 이런 일이 벌어졌을까요?" 그 답은 물론 '파친코'다. 경제와 문화의 모든 에너지가

파친코 업소로 흘러 들어가면서 이들이 일본의 현대판 '근본
대탑'이 되었다.

다시 내 일행에게로 돌아가자. 나라에서 차로 20분가량
남쪽으로 내려가면 두 개의 커다란 봉분에 다다른다. 스진
천황릉崇神天皇陵과 구시야마 고분櫛山古墳이다. 오사카, 나라,
아스카 일대에는 능과 고분이 많이 있는데 어떤 것은 둘레가
몇백 미터나 되기도 한다. 오사카 외곽에 있는 닌토쿠 천황
릉仁德天皇陵은 세계에서 가장 큰 봉분이라고 한다. 보통 이런
봉분들은 열쇠 구멍처럼 생긴 특이한 형태▪로,   전방후원분前方後圓墳
해자 가운데에 봉분이 언덕처럼 올라와 있다.
천황이나 왕족의 능은 궁내청의 관리하에 있
어 발굴해서는 안 되고 심지어 안으로 들어가는 것조차 금지
되어 있기 때문에, 교외의 작은 원시림 상태로 보존되고 있다.

두 개의 봉분은 도로에서 멀지 않지만 동쪽 산기슭에 자리
잡고 있어 뒤쪽의 국립공원이 배경으로 보인다. 두 봉분 중
앞쪽의 것이 스진 천황릉이다. 봉분은 고요한 물이 들어찬
넓은 해자로 둘러싸여 있고 앞에는 장대한 도리이가 서 있
다. 양쪽으로는 논이 있고, 뒤쪽 더 멀리에 구시야마 고분이
솟아 있다. 찾는 이가 거의 없는 이곳은 언제나 조용하다. 여
름에는 논의 벼가 파랗게 자라고, 봉분 위 나무는 잎이 무성
한 가지를 해자의 수면 저 위로 하늘을 향해 뻗어올리고, 대

기는 매미 울음소리로 진동한다. 구시야마 고분에 누가 묻혀 있는지는 알려져 있지 않고 나는 스진 천황이 누구인지 전혀 모른다. 그러나 해자를 따라 걷다보면 마치 신도의 전설에 나오는 '신들의 시대'로 되돌아간 듯한 기분이 든다. 매미 울음소리에 맞춰 내 심장 박동도 머나먼 과거를 배회한다. 깜짝 놀라 몽상에서 깨어나 우리가 어느새 능 앞에서 한 시간도 넘게 머물렀음을 깨닫는다.

'신들의 시대'에서 빠져나와 차를 타고 더 남쪽으로 이동한다. 이 지역을 좋아하는 이들은 나라의 비밀주의 정신에 따라 알려지지 않은 은신처나 되도록 일반 대중에게 공개되지 않은 곳을 자주 찾는다. 소설가 미시마 유키오가 엔쇼사円照寺라는 비구니 사원의 귀족 주지승을 때때로 방문했던 것도 이러한 비밀주의에 그 뿌리가 있다. 내게도 비밀의 사원이 있다. 요시노의 동쪽 산악 지대와 고야산 사이에 있는 세이센암淸泉庵이라는 곳이다. 세이센암으로 차를 타고 가는 길은 매우 즐겁다. 도중에 하세사長谷寺나 무로사室生寺 같은 유명한 사원들도 지나간다. 이런 사원들이 있는 깊은 산중에 오우다大宇陀라는 마을이 있다. 이 지역에는 특별하게 볼만한 것이 없기 때문에 관광객이 거의 오지 않는다. 1978년경 다이토쿠사의 주지 다이키 노사가 오우다 근처에서 옛 마을 촌장의 오래된 저택을 발견해 개조했다. 다이키 노사는 거기에 조금씩 부속 사원과 참선당을 더해 단지를 만들었는데 그중 하나가 세이센암이다. 깊은 산중에 있던 무너진 농가를 오우다로 옮겨와 재건한 것이다.

세이센암의 주지는 다이키 노사의 제자로 존 톨러라는 이름의 미국인이다. 1973년 데이비드 키드의 집에 머물 때, 머리를 완전히 삭발한 남자가 방문한 일이 있다. 그가 바로 존 톨러였다. 광고회사 덴쓰에서 작가로 일하다가 선종의 승려가 되기 위해 사직한 사람이다. 나는 밤늦도록 그의 이야기를 들었다. 그는 선종의 교리와 다이토쿠사의 승려 생활에 대해 온갖 이야기를 들려주었다. 그중에는 미국 텍사스 러벅에 사는 가족과의 오해에 관한 이야기도 있었다. 한번은 그의 어머니가 그를 보러 왔는데, 며칠 동안 교토 선종 사원의 정원을 둘러보고는 존에게 이렇게 말했다고 한다. "미안하지만, 존, 내가 좀 혼란스럽구나. 다시 한번 설명해줄래? 네가 이런 정원들을 숭배한다는 거니?"

존은 다이토쿠사에서 평신도로 4년 동안 참선을 하고, 승단에 들어가 다시 4년 동안 전문 도장에서 수행을 했다. 1980년 스승인 다이키 노사가 그를 오우다로 보냈다. 나는 우리가 만나기 하루 전날 존이 처음으로 삭발했다는 사실을 최근에야 알게 되었다. 하루 차이로 머리를 기른 그의 모습을 보지 못한 것이다. 500년 만의 '비불'을 30분 차이로 놓치고, 머리를 기른 존을 하루 차이로 놓치다니, 나는 불교에 업보가 있는가보다. 어쩌면 신도 종파인 오모토에서 일했던 세월에 대한 벌인지도 모른다.

　일행과 함께 세이센암을 방문하니 존이 승복 차림으로 나와 우리를 맞이한다. 참선 도장을 둘러보도록 안내한 후, 땅거미가 질 무렵 다른 손님들과 함께 거실에 둘러앉아 이야기를 나눈다. 세이센암은 외진 곳이지만 예술가, 무용가, 작가와 승려들이 모여드는 장소이기 때문에 언제나 흥미로운 사람들을 만날 수 있다. 20년 전 내가 처음 존을 만났을 때처럼 우리는 선禪과 예술과 삶에 대해 밤늦도록 이야기를 나눈다. 한번은 내가 존을 꽤 취하게 만든 다음 유명한 선문답에 대한 답을 내놓으라고 구슬려본 적이 있다. "두 손바닥을 치면 박수 소리가 나는 거 알지요? 그러면 한 손바닥으로 내는 소리는 무엇인가요?" 존은 선문답의 가치는 답을 아는 데 있지 않고 그 답을 얻는 과정에 있는 것이라며 질문에 대한 답변을 거부했다. 나는 계속 술을 권하며 그에게 답을 해달라고 우겼다. 존은 마침내 대답했다. 답은 천둥소리만큼 분명해서 그 앞에서 다른 모든 추론은 쓸모없을 정도였다. 그렇지만 존이 옳았다. 단지 답만 알아서는 아무런 소용이 없었다. 비밀의 핵심은 그 비밀을 모른다는 데 있는 것 아닐까. 세이센암에 오면 나는 소동파의 「적벽부赤壁賦」가 적힌 병풍 아래서

잠을 청한다. 내가 가장 좋아하는 구절이 베개 바로 옆에 적혀 있다. '하늘의 한구석에서 사랑하는 이를 물끄러미 바라보네望美人兮天一方.' 멀고도 가질 수 없는 것들로 가득한 나라의 산들을 이야기하기에 완벽한 주제처럼 들린다.

세이센암에서 가장 좋은 시간은 아침이다. 저녁형 인간인 나는 대체로 아침이 힘들다. 그러나 세이센암에서는 늘 일찍 일어난다. 이곳 사람들은 새벽 일찍 일어나 본당의 종을 울리거나 경전을 암송하므로 나 혼자만 자고 있으면 미안하기 때문이다. 사원의 툇마루에 놓인 등나무 의자에 앉아 정원을 바라보며 커피를 마신다. 정갈하게 갈퀴질한 모래 정원이 새하얀 종이처럼 눈앞에 펼쳐져 있다. 모래 정원 주위에는 나무들이 서 있고, 그 너머로 푸른 산들이 저 멀리 끝없이 이어져 있다. '세이센암, 히타치'라고 쓰여 있는 안내판도, 설명을 늘어놓는 녹음 방송도 없다. 오로지 나 홀로 가만히 생각하는 시간이다.

세이센암에 머물면서 부근의 산을 차로 돌아보는 것을 좋아한다. 일본의 고대 신앙은 산으로부터 시작되었다. 잘 알려진 예로 스진 천황능에서 남쪽으로 몇 킬로미터 떨어진 곳에 위치한 오미와 신사大神神社가 있다. 이 신사에는 숭배의 대상인 신체神体가 감춰져 있지 않다. 신사 뒤의 산이 바로 신체다. 많은 신사와 사원에서는 뒤편의 산을 신성히 여겨 본

당 뒤 언덕에 오쿠노인奥の院(안쪽의 성소)이라고 부르는 성스러운 장소를 지어놓았다. 나는 무로사의 오쿠노인을 특히 좋아한다. 시간만 있으면 항상 친구들을 데리고 가는 곳이다. 한번은 나라의 박물관 큐레이터와 이런 이야기를 나눈 적이 있다. "무로사는 리트머스 테스트와 같습니다. 누군가에게 '나라에서 가장 좋은 곳이 어디냐'고 물었을 때, '요시노'라든가 '야마노베 노 미치'라고 답한다면 그것도 나쁘지 않습니다. 하지만 '무로사'라고 답한다면 나라를 제대로 아는 사람이라고 할 수 있죠."

　나는 무로사가 나라를 이해하는 리트머스 테스트라고까지는 생각하지 않지만, 확실히 특출한 곳이다. 오우다 동쪽의 산악지대에 자리한 무로사는 나라 지역의 가장 끝자락이라 미에현과의 경계에서 멀지 않다. 1880년대까지 고야산은 여인금제라 하여 여성의 참배를 완전히 금지했으나 무로사는 여성에게 열려 있었다. 무로사는 '여인고야女人高野'로 알려졌고, 고야의 양과 무로사의 음이 조화를 이루는 만다라의 중심이 되었다.

　협곡으로 난 길을 따라 무로사로 가다보면 절벽 면에 새겨진 15미터 높이의 불상이 눈앞에 불쑥 나타난다. 중국에는 흔하지만 일본에서는 보기 드문 마애불摩崖佛이다. 무로사 근처의 마애불은 미래의 부처인 미륵보살로 13세기 중국에서 건너온 조각가가 새긴 것이다. 하지만 어째서 뜬금없이 미륵보살이 이런 산중에 있을까? 미륵보살을 이곳에 새겨야 했던 상징적인 필요가 분명히 있었을 것이다. 어쩌면 이 지역의 커다란 만다라의 한 부분으로 그 자리에 미륵불이 필요했을 수도 있고, 혹은 조각가가 이 절벽 면에서 특별한 풍수지리적 힘을 느꼈는지도 모른다. 어찌 됐든 퇴위한 고토바 상황後鳥羽上皇이 부처의 개안공양開眼供養 행사에 참석하기 위해 멀리 교토에서부터 왔다고 한 걸 보면 당시 이 마애불을 새기던 일이 국가 차원의 사업이었음을 알 수 있다.

무로사의 부지는 자연적인 만다라를 이루고 있다. 먼저 강 위에 놓인 다리를 건너 경내로 들어간다. 이는 옛 신사와 사원에서 흔히 볼 수 있는 형태지만 무로사의 다리는 '여기서부터는 신의 세상神境입니다'라는 메시지를 특히 효과적으로 전달한다. '여인고야'라는 표지석은 여기서 양이 아닌 음의 기운을 느끼게 될 것이라고 일깨워준다. 산문을 지나면 '갑옷 언덕鎧坂'을 오르게 된다. 아래쪽에서 보면 넓게 쌓은 돌계단 꼭대기에 본당의 지붕만 보이는데, 이것이 마치 판자를 엮은 갑옷 위에 놓인 투구 같다고 해서 이런 이름이 생겼다. 이 계단을 따라 올라 숲속을 지나가면 점점 더 큰 신비함을 갖춘 여러 개의 불당이 등장하고 본당에서 그 정점을 이룬다. 여기에 미륵보살이 모셔져 있다. 거기서 조금만 더 걷다보면, 크기가 작아서 마치 인형처럼 보이는 매력적인 오층탑五重塔을 만나게 된다. 매우 여성적인 분위기를 띠는 이 탑이 바로 무로사의 근본대탑이다. 그리고 마침내 양치식물과 천년 된 삼나무가 우거진 사이에 솟아 있는 400개의 좁은 돌계단을 오른다. 이 돌계단을 기어올라 무로사의 오쿠노인을 눈앞에 마주하면 세상의 맨 끝에 도착했다는 기분이 든다.

여기서 발걸음을 멈춘다. 천년 된 삼나무가 우거진 숲을 둘러보며 산의 공기를 깊게 들이마셔보라. 당신은 지금 만다라의 중심에 서 있다.

12장

오사카

자해공갈단과

가격정탐꾼

다른 많은 나라처럼 일본에도 양극이 있다. 중국에서는 수천 년간 정권의 중심지였던 북부 지역과 국부의 원천이었던 남부 지역 사이를 권력이 오갔다. 미국에서는 동해안 지역과 서해안 지역의 간극이 너무 명징한 나머지, 오모토 세미나에서 있었던 가장 큰 컬처 쇼크가 미국인이 일본인을 만났을 때가 아니라 캘리포니아 사람들이 뉴욕 사람들을 만났을 때였을 정도다. 일본의 두 양극은 동쪽의 도쿄 지역(간토)과 서쪽의 네 도시 오사카-고베-교토-나라(간사이)다.

수도로서 도쿄가 큰 국제 행사들을 유치하지만 간사이에도 마땅한 역할을 주는 것이 정치적으로 중요하게 여겨진다. 1964년 올림픽을 마치고 일본이 제2차 세계대전으로부터 회복해서 이제는 세계적 산업 강국이 되겠다고 선언했을 때 오사카에서 국제 행사를 개최했다. 내가 일본 전역을 히치하이크하다 이야 계곡을 발견했던 여름에 있었던 '엑스포 70'이다.

오사카 외곽의 만국박람회장은 조각가 오카모토 다로의 '태양의 탑'을 중심으로 펼쳐져 있었다. 이 탑은 일본 전역을 휩쓸었고 포스터와 텔레비전에 등장하는 탑의 이미지가 그해 여름 내내 나를 따라다녔다. 탑은 콘크리트와 금속 구조물로, 원통 모양으로 생긴 몸통에 지느러미 모양으로 쭉 뻗은 두 팔과 피카소풍의 둥그런 머리를 하고 있었다. 마치 유치원 미술 시간에 조립한 듯한 지구 밖 거대한 생명체의 모습이다. 교토와 오사카를 오가는 메이신 고속도로를 달리다보면 여전히 볼 수 있다. 한번은 데이비드 키드와 함께 그 옆을 자동차로 지나가는데 그가 이렇게 말했다. "인류의 손으로 만들어낸 가장 못생긴 작품이 저기 있네."

이것이 오사카다. 선진국의 주요 도시 중 도시 경관의 전반적인 못생김에서 오사카를 능가할 만한 곳은 거의 없다. 오사카의 대부분은 뒤죽박죽 몰려 있는 정방형 빌딩들과 거미줄처럼 엉킨 고속도로와 시멘트로 벽을 바른 운하로 이루어져 있다. 고층빌딩이 별로 없고 박물관은 더더욱 없으며 오사카성을 제외하고는 역사 유적지도 거의 없다. 하지만 오사카는 내가 일본에서 제일 좋아하는 도시다. 오사카는 재미있는 곳이다. 일본 최고의 유흥가가 있고, 가장 활발한 젊음의 거리가 있고, 가장 카리스마 있는 게이샤 마담들과 가장 개성이 강한 불량배들이 있다. 오사카는 또한 유머를 독점하고 있기 때문에, 일본에서 대중 코미디언으로 성공하려면 오사카에서 공부하면서 오사카 사투리를 배우는 것이 거의 필수가 됐을 정도다.

오사카 사람들은 참을성이 없고 규칙을 어기길 좋아한다. 그런 면에서 오사카에 접근하는 가장 좋은 방법은 나머지를 생략하고 곧장 만다라의 중심으로 향하는 것이다. 오사카의 경우 쓰텐카쿠津天閣가 바로 그 중심이다. 쓰텐카쿠는 도쿄타워나 교토타워처럼 제2차 세계대전 이후 주요 도시마다 지었던 타워 중 하나다. 전쟁 때의 폭격으로 옛 도심이 거의 완전히 사라졌기 때문에 오사카는 불타버린 거대한 지역에 새로 거리를 만들고 그 한가운데에 쓰텐카쿠 타워를 세웠다. 타워는 신세카이新世界라고 불리는 약 스무 개의 정사각형 블록으로 이루어진 직사각형 지대의 가운데에 서 있다. 식당과 상점과 극장으로 가득한 곳이다. 파리의 개선문에서 나오는 대로들처럼 타워 아래의 아치로부터 도로가 방사형으로 뻗어 있다. 하지만 파리와의 유사성은, 혹은 심지어 일본 내 다른 도시 유흥가와의 유사성도 딱 거기까지다. 전후 수십 년간 도시로 몰려들던 이야 계곡의 농민과 같은 노동자들의 메카였던 신세카이는 이제 슬럼이 되어버렸다. 깨끗하고 질서 있고 법을 준수하는 현대 일본에서 이는 이례적인 현상이다.

신세카이를 찾는 사람들은 대부분 이마미야역에서부터 신세카이 중심까지 뻗어 있는 아케이드 상점가인 잔잔요코초ジャンジャン横丁를 통해 들어온다. 기차역에서 나오는 순간 완전히 다른 나라에 왔음을 실감할 수 있다. 술주정꾼과 노숙인들이 비틀거리며 지나가고, 젊은 남자들은 도쿄의 트렌디한 하라주쿠 지역의 최신 패션이 아니라 품이 넓은 작업복 바지 차림일 확률이 크다. 중고 속옷이나 신발 한 짝을 살 수 있는 길거리 시장을 지나게 된다. 잔잔요코초는 어둡고 우중충하지만(이쪽 건물에서 저쪽 건물로 쥐가 쪼르르 지나가는 것이 종종 보인다) 사람들로 붐빈다. 이들은 길거리에 늘어선 구시카쓰串カツ 식당에 식사를 하러 온다. 거기서 돼지고기, 닭고기, 양파, 계란을 나무 꼬치에 꽂아 튀겨주는 싸구려 음식을 먹고 맥주와 쇼추焼酎(쌀로 만든 보드카)를 잔뜩 마셔 씻어내린다. 구시카쓰 식당들 사이에는 장기將棋 회관들이 있는데, 이곳에서는 사람들이 짝지어 앉아 장기를 두는 동안 바깥에 모인 수많은 사람이 열린 격자창을 통해 지켜본다.

나는 신센카이에 갈 때면 저녁을 먹기 전에 이발소에 들른다. 머리 깎는 비용은 다른 지역 시가의 5분의 1 수준인 500엔이고, 요즘 일본에서는 철 지난 취급을 받는 바리깡을 사용한다. 사촌 에단과 트레버가 나와 머물고 있을 때 이곳을 매우 편리하게 이용했다. 아이들은 머리에 대해 매우 까다로웠는

데 트레버는 양옆을 바짝 치켜올리고 위는 길게 기른 모히칸 스타일을 좋아했다. 가메오카와 교토의 화려한 이발사들은 이걸 제대로 하지 못했다. 잔잔요코초의 이발사에게 그런 머리로 깎아줄 수 있느냐고 묻자 영어로 이렇게 대답했다. "오키도키. 전쟁 끝나고 미국 병사들 머리를 깎았지. 어떻게 깎는지 정확히 알아." 그가 바리깡을 휙 꺼내는가 싶더니 작업을 1분 만에 끝냈다. 아이들이 바라던 그대로의 머리였다. 신센카이의 키워드는 '싸고 쉽다'는 것이다. 바꿔 말하자면, 여기는 일본이 아니다.

쓰텐카쿠에서 멀지 않은 곳에 '일본에서 가장 싼 극장!'이라는 간판을 밖에 내건 작은 극장이 있다. 가장 싸기만 한 게 아니라 매우 훌륭한 곳이다. 입장료는 200엔(방석을 사용하려면 추가 50엔)이고 유랑극단들이 유명 가부키 극을 공연한다. 한두 가족을 중심으로 조직되어 있는 이 유랑극단들은 제2차 세계대전 이전에 일본을 누비던 수백 개의 극단 중 아직 남아 있는 곳들이다. 전쟁이 끝나고 대부분의 소규모 극단은 문을 닫았고, 좀더 잘 알려진 배우들은 오늘날 도쿄에서 볼 수 있는 그랜드 가부키에 흡수되었다. 하지만 가부키를 현대인의 입맛에 맞게 변형시켜 살아남은 한 무리의 가족들이 있다. 이들은 사미센과 쓰즈미鼓(장구)가 아니라 현대가요인 엔카에 맞춰 춤을 춘다. 이들의 기모노는 분홍색 거

금속성 실로 만든 천

즈와 황금색 라메[*]로 되어 있고 가발은 빨간색이나 보라색이나 은색이다.

　　처음에는 사랑과 충성에 관한 이야기가 있고 춤으로 이어진다. 관객은 맥주 상자나 담배 보루를 무대에 놓거나 배우의 허리띠에 5000엔이나 1만 엔짜리 지폐를 쑤셔넣어 감사를 표한다. 그러고는 안내 방송이 나온다. '신사 숙녀 여러분, 섹시하고 볼륨감 넘치는 베이비 하나코를 소개합니다!' 그러면 드럼이 울리고 네 살쯤 되는 어린 여자아이가 마이크 앞으로 걸어나와 귀가 찢어질 정도의 큰소리로 노래를 부른다. 이런 유랑극단의 어린아이들은 읽고 쓰는 것을 배우기도 전에 노래와 춤을 시작한다. 지금 내가 제일 좋아하는 아이는 바쿠단(폭탄) 유키라는 이름의 11세 소년으로, 그랜드 가부키의 응석받이들 중 누구보다 노래와 춤이 더 뛰어나다. 그랜드 가부키에서는 더 이상 대중의 마음에 호소할 필요가 없지만 바쿠단 유키는 허리띠에 꽂힌 돈의 액수를 통해 자신의 영향력을 금세 알아차린다. 공연이 끝나면 극단은 바깥의 길가에 모여 서서 관객에게 손을 흔들며 작별 인사를 한다.

　신세카이에서 몇 블록 떨어진 곳에 일본의 마지막 구루와 曲輪인 도비타가 있다. 에도 시절에는 매춘을 철저하게 관리했고 매춘부들은 도시 안에 담으로 둘러싼 작은 마을에 살았다. 마을에는 출입문과 폐장 시간이 있었다. 이런 도시 속 도시를 구루와라고 불렀다. 교토에 가면 시마바라는 없어졌지만 시마바라 구루와로 들어가는 작은 문이 아직도 남아 있다. 가장 큰 구루와는 도쿄의 우구이스다니역 근처에 있는 요시와라였다. 요시와라의 담장 안에는 격자 모양의 길거리에 매춘 집들이 죽 늘어서 있다. 가부키 극장에서 흔히 보는 풍경인데 많은 애정극의 배경이 이런 길거리이기 때문이다. 각각의 집으로 들어가는 입구에는 집의 이름이 적힌 깃발이 걸려 있고 안에는 화려한 기모노를 입은 여인들이 늘어서 있다. 요시와라는 요즘에도 영업을 하고 있다. 하지만 담장과 격자무늬 거리와 집과 깃발은 이제 러브호텔과 사우나가 즐비한 뒤죽박죽의 거리로 변해 도쿄의 여느 곳 대부분과 크게 다르지 않아 보인다. 간판을 읽을 수 없다면 아마 이 동네가 어떤 곳인지도 모를 것이다. 하지만 도비타는 거의 변함없이 옛 모습을 유지하고 있다. 담장은 없지만 정확한 격자무늬 거리에 낮은 기와지붕의 집들이 늘어서 있다. 집집마다 깃발이 걸려 있고 입구 안쪽에는 화로 옆에 젊은 여인과 마담이 나란히 앉아 있다. 이것이 현대의 가부키에 가장 가까운 모습이다.

주의의 말 한마디. 외국인이라면 일본인 친구 없이 신세카이나 도비타를 혼자 돌아다니지 않는 편이 좋다. 불량배나 이상한 취객이 시비를 걸어올 수 있기 때문이다. 나는 보통

사토시라는 이름의 오사카 친구와 함께 간다. 사토시는 워낙 험상궂게 생겨서, 한번은 검은 양복에 선글라스를 끼고 결혼식에 참석하러 가던 중 경찰이 야쿠자로 의심하고 불러세우기도 했다. 많은 일본인이 오사카 시내의 동네에 들어가기를 꺼려한다. 특히 아타리야當たり屋 때문에 택시 기사들이 절대로 가지 않으려고 하는 지역이 하나 있다. 아타리야(자해 공갈단)는 남의 차에 일부러 부딪혀서 차에 치였다고 비명을 지르는 것으로 생계를 삼는 사람들이다. 이웃 전체가 뛰쳐나와 아타리야를 두둔하며 돈을 내지 않으면 소송에서 증인이 되겠다고 운전자를 협박한다. 그렇다고는 해도 뉴욕이라든지 유럽의 많은 대도시에서 일어날 수 있는 일들에 비하면 나쁘지 않은 편이다. 오사카와 고베의 야쿠자는 일본에서 가장 잔인하다고 알려져 있지만 사람들 눈에 잘 띄지 않고 폭력 범죄는 대체로 흔치 않다. 일본이 거둔 가장 큰 성공 중 하나는 범죄가 상대적으로 적다는 것이다. 이것이 일본의 삶을 매우 편안하게 만드는 눈에 보이지 않는 요소 중 하나다. 일본의 낮은 범죄율은 매끄럽게 돌아가는 사회 시스템의 결과이고 많은 나라에게 부러움의 대상이다. 이것이 국민을 온순하고 순종적으로 훈련시킨 것의 좋은 일면이다. 오사카가 다른 점은 그 정도의 차이일 뿐이다. 오사카의 길거리는 여전히 대체로 안전하다. 신세카이에서 보이는 것은 심각한 범죄

라기보다는 '나쁜 품행'의 형태에 가깝다. 품위 있게 행동하지 않는 것이다. 고함치고, 울고, 비명 지르고, 서로를 밀친다. 품행이 방정한 현대 일본에서는 쇼킹한 일이다.

오사카는 옛 유흥을 보존할 뿐만 아니라 계속해서 새로운 것을 꿈꾼다. 예를 들어 오사카는 '노팬티 카페'를 처음 선보였다. 팬티를 입지 않은 웨이트리스가 있는 이 카페는 나중에 일본 전역을 휩쓸었다. 다른 도시에서는 카페에 국한되었지만 오사카에는 이제 '노팬티 오코노미야키' '노팬티 규동'도 등장했다. 최근에 들은 것은 '가슴을 비비는 커피'로, 토플리스 차림의 웨이트리스가 테이블에 커피를 서빙하면서 가게 이름에 적혀 있는 대로 손님의 얼굴을 문지른다.

유흥은 결코 섹스 산업에만 국한되어 있는 것도 아니다. 오사카는 고속도로의 도요나카 나들목 근처에 고시키유라는 이름의 새로운 종류의 드라이브인 대중목욕탕을 선보이기도 했다. 욕조와 샤워실이 딸린 집이 늘어나면서 대중목욕탕은 일본에서 서서히 없어지는 중이다. 그러나 사업가 기질이 있는 오사카의 어느 목욕탕 주인이 대중목욕탕에서의 저녁 나들이가 완벽한 가족 오락이라는 개념을 홍보했다. 자동차 중심으로 재편되는 일본의 새 라이프스타일에 맞춰 커다란 주차장이 딸린 다층 목욕탕 건물을 만들었다. 안에는 식당과 사우나와 각종 욕조가 갖춰져 있는 여러 층의 목욕탕이

있다. 열탕, 냉탕, 미지근한 탕에 자쿠지나 샤워 시설이나 폭
포를 갖춰놓았다. 토요일 밤이면 고시키유 주차장에 빈자리
가 없다. 어린아이를 데리고 온 가족들로 꽉 찬다.

　오사카의 패션 또한 여느 곳의 패션과 다르다. 도쿄는 트
렌드의 고향이다. 모든 회사원은 똑같은 남색 정장을 하고
주부들은 똑같은 아르마니 옷을 입고, 예술가들은 똑같은 높
은 깃의 파스텔 셔츠를 입는다. 요요기에서 노는 젊은이들은
무엇이 되었든 최신 유행의 옷을 입는다. 교토 사람들은 뭐
든지 눈에 띄는 일은 하지 않으려 하기 때문에 옷을 좀 칙칙
하게 입는다. 마치 궂은 날의 도쿄 사람들 같다. 하지만 오사
카는 어울리지 않는 색상과 볼품없는 신발과 기괴한 헤어스
타일이 난무하는 곳이다. 사토시는 이렇게 표현했다. "도쿄
에서는 남들이 다 입고 있는 걸 입고 싶어하지. 오사카에서
는 사람들을 놀래고 싶어해."

　획일성은 일본의 국가적 문제다. 학교에서는 모두가 똑
같은 것을 말하고 생각하도록 가르친다. 관료주의가 케이
블 TV, 초고속 정보통신망, 심지어 영화관의 개발까지 제한
한다. 그 결과 홋카이도에서 규슈까지 어디를 가더라도 모
든 집이 똑같이 생겼고, 사람들이 입고 있는 옷도 똑같아 보
이고, 모두의 삶이 똑같은 단조로운 활동을 중심으로 이루어
진다. 모두가 품행이 바르고 모두가 스스로의 소시민적 삶에

만족하는 일본에서는 낮은 수준의 쾌락을 추구한다. 파친코가 그 대표적인 예다. 왜 파친코가 일본을 휩쓸고 있을까? 리스크와 보상이 매우 낮기 때문에 도박이 주는 흥분이 그 이유일 리는 없다. 파친코 기계 앞에서 보내는 몇 시간 동안 가끔 구슬이 우르르 쏟아지는 것 말고는 자극이 거의 전무하다. 아무런 생각도, 아무런 움직임도 없다. 구슬의 기계 위로 쏘아올리는 작은 레버를 붙들고 있는 것 말고는 구슬의 움직임도 전혀 통제할 수 없다. 당신은 주변을 둘러싼 기계를 뚫고 떨어지는 수백만 개의 구슬이 내는 시끄러운 소리에 반쯤 멍한 상태로 짙은 담배 연기에 둘러싸여 앉아 있다. 파친코는 감각의 박탈에 가깝다. 이것이야말로 궁극의 정신적 마비이자 교육제도의 최종 승리다.

최근 도쿄의 어느 백화점 시세이도 화장품 카운터에 있던 한 소녀의 모습이 이걸 상징적으로 보여주었다. 직원이 메이크업 키트로 뭔가를 하는 동안 소녀는 얌전히 앉아 있다. 고개는 앞으로 숙였고 길고 검은 머리카락이 사방으로 드리워져 소녀의 모습을 완전히 가린다. 두 손은 포갠 채 무릎 위에 언제까지라도 놓여 있다. 숙이고 있는 머리는 테이블을 바라보고 있다. 소녀의 머리카락이 바깥세상을 차단하고 있는 모습에서 보이는 수동성―이것이 내가 일본에서 수없이 봐온 특징적인 자세다. 감각의 박탈? 수동적인 침묵? 세상에 대한 두려움? 정확히 뭐라고 불러야 할지 모르겠지만 일본은 이런 사람들의 나라가 되어가고 있다.

도쿄의 일본학 학장이라고 할 수 있는 도널드 리치가 언젠가 내게 이런 말을 한 적이 있다. "무인 시대의 병영화에서 탈출한 것은 이야 계곡 사람들뿐만이 아니야. 한 무리의 사람들이 더 있었지. 에도와 오사카 같은 큰 도시의 중심에 살던 사람들일세. 이런 도시의 상인들은 벼를 키우기 위해 협력할 필요가 있는 농민이나 충성심과 예의범절을 갖춘 사무라이와는 부류가 다른 이들이었지. 사무라이들은 상인을 사회 계급의 밑바닥 부류 사람들이라며 깔봤지만, 동시에 상인에게는 스스로 즐길 수 있는 자유가 있었어. '우키요浮世'의 화려한 영역—가부키, 유곽, 멋진 기모노, 목판화, 소설, 춤—은 옛 도심에 자리하고 있었다네. 오늘날에도 그 지역 출신들은 보통의 일본인과는 달라."

오사카가 특히 더 그렇다. 도쿄에도 도심의 지역이 아직 존재하지만 그 정체성을 대부분 잃어버렸다. 오사카는 오랜 역사를 지닌 치열한 독립심을 아직 유지하고 있다. 원래 오사카는 나니와難波라고 불리던 내해의 어촌 마을이었다. 작가 시바 료타로는 오사카의 요란한 언어와 지독스러운 솔직함은 나니와가 항구이던 시절로 거슬러 올라간다고 주장한다.

오사카 사투리는 확실히 요란하다. 내 사촌 에단과 트레버에게는 실망스럽게도 표준 일본어에는 욕이 거의 존재하지 않는다. 타인에게 소리칠 수 있는 가장 못된 단어가 기사마貴樣인데, 글자 그대로는 '존경하는 당신'이라는 뜻이다. 하지만 오사카 사람들은 듣고 있으면 앉아서 받아 적고 싶을 만큼 생생한 상상을 불러일으키는 말을 내뱉는다. 대부분 활자로 옮길 수 없는 것들이지만 아주 고전적인 오사카 욕을 하나 소개한다. "네 두개골을 반으로 쪼개서, 뇌를 휘저은 다음에 빨대로 마셔버릴 거야!" 욕쟁이 아주머니식 독설과 놀래고자 하는 욕심이 오사카 사투리의 전매특허인 장난스러운 언어를 만들어냈다. 사토시가 은행에 다녀온 일에 대해 이야기를 시작하면 웬만한 전문 코미디언의 레퍼토리보다 재미있다. 은행에서 시작했다가 사토시 숙모님 왼쪽 어깨에 주사위를 문신하는 걸로 끝나는 이야기다. 이런 유의 자유로운 이야기를 만자이漫才라고 부르는데, 일본에서 가장 인기 있는 형태의 코미디다. 오사카 사람들의 피에는 만자이가 흐른다. 코미디언들이 오사카에 와서 공부해야만 하는 이유다.

나라 시대 초기, 중국과 한국의 대사관들을 위한 주요 기항지였던 나니와는 일본을 세계로 연결하던 창구였다. 오사카가 외교 거점으로서 아주 중요했기 때문에 7세기에 여러 번 수도를 이곳에 두었다가 나중에 최종적으로 나라로 옮기기로 했다. 그 과정에서 중국과 한국의 수많은 가문이 나니

와 지역으로 이주해왔고, 헤이안 시대의 인구조사를 보면 인구의 상당수가 대륙 출신이었다. 6세기 말에 오사카의 항구가 나니와에서 몇 킬로미터 남쪽으로 떨어진 사카이堺로 옮겨갔다. 중국의 비단과 동남아의 자기가 일본으로 쏟아져 들어오면서 오사카 상인들은 부자가 되었다. 그중 한 명이 다도의 창시자인 센노 리큐다. 오사카는 그로부터 수십 년간 다시 한번 일본을 세계로 연결하는 창구가 되었고 새로운 문화 발전의 중심지로서 교토를 압도했다. 에도시대에는 막부가 항구들을 봉쇄하면서 300년간의 고립이 시작됐으나 오사카 상인들이 쌀 도매상과 대부업자로 자리매김하며 오사카의 번영은 계속되었다. 그 와중에 독특한 직업들이 생겨났는데, 예를 들면 오늘날에도 존재하는 '가격정탐꾼走り屋'이 있다. 이들은 이쪽 거리에 있는 도매시장을 찾아 판매 가격을 받아 적어서 저쪽 거리의 도매시장으로 달려가 경쟁 업체에 알려주는 일을 한다. 그러고는 똑같은 일을 거꾸로도 한다.

오사카의 이 같은 상인정신 덕에 일본 최대의 기업 중 많은 수가 오사카에 자리 잡고 있다. 스미토모라든지, 1995년에 전 세계 그 어느 회사보다 거래 금액이 컸던 이토추 상사 같은 곳들이다. 오사카의 행운은 정부가 이들을 거의 간섭하지 않고 내버려두었다는 데 있다. 도쿄에는 쇼군이 있었고 교토에는 천황이 있었다. 하지만 오사카에는 오사카 성에 틀어박혀 있는 쇼군이 보낸 소수의 관리 외에는 윗사람이 아무도 없었다. 이들은 약삭빠른 오사카 상인들과 머리싸움을 할 상대가 전혀 아니었다. 전체 인구에서 사무라이가 차지하는 비중이 매우 낮았기 때문에 오사카 사람들은 사무라이를 한 명도 만나지 않고 평생을 보낼 수도 있었다. 에도에서는 막부가 다리를 건설했다면 오사카에서는 개인 상인들이 다리를 건설했다. 달리 말해 오사카에서는 사람들이 직접 자신의 삶을 통치했다.

최근에는 신세카이와 같은 지역이 슬럼화되었다는 사실이 일종의 보호 장치로 작용한다. 도쿄의 땅값을 올리고 도시의 모양을 뒤바꾼 개발업자와 투자자들이 들어오려 하지 않기 때문이다. 오사카는 나니와의 옛 항구 시절까지 거슬러 올라가는 정체성을 유지하고 있다. 따라서 친구들이 '옛 전통을 간직한 진짜 일본'을 보여달라고 하면, 나는 이들을 교토로 데려가지 않는다. 오사카로 데려간다.

그러나 지금의 오사카는 중대한 분기점에 서 있다. 오사카는 일본의 그 어느 도시보다 더 성공적으로 현지 방언을 보존해왔다. 사람들의 자신만만한 태평함도 대체로 여전하다. 하지만 1000년 동안의 사무라이 정권이 해내지 못한 일을 텔레비전과 현대식 교육이 하고 있다. 오사카 사람들은 점점 예의 바르게 변해가고 있으며, 새로 익힌 예의범절은 이들을 다른 곳의 사람들과 똑같이 만든다. 슬럼화된 신세카이의 명성을 부끄러워하는 오사카시는 잔잔요코초를 허물고 아무 데서나 볼 수 있는 무색무취한 아케이드 상점가로 바꾸려고 계획 중이다. 잘못된 도시 재개발의 전형적인 사례다.

신세카이를 재활성화할 수 있는 또 다른 선택지는 아메리카무라(아메리카 마을)에서 찾아볼 수 있다. 아메리카무라ｱﾒﾘｶ村는 수입상품점과 선물상점이 몇 블록에 걸쳐 모여 있는 지역으로 1980년대에 개발되었다. 아메리카무라를 개발하기로 결정한 도시 행정가는 아무도 없다. 아메리카무라라는 이름이 언제 생겼는지도 알려져 있지 않다. 지금은 보통 줄여서 아메무라라고 부른다. 젊은 영세 사업가들이 닛코호텔 뒤쪽 거리에서 미국 청바지와 부츠를 팔기 시작하면서 자연적으로 생겨났다. 오사카 엑스포가 열리던 즈음 히지리 마리코日限萬里子라는 여성이 이 근처에 루프라는 카페-바를 열었다. 루프가 인기를 끌자 히지리는 1976년 영업을 확장해 팜스 디스코를 열었고 오사카의 젊은이들이 몰려들었다. 그 뒤로 더 많은 카페와 디스코와 상점이 생겨나면서 수백 개의 업장을 자랑하게 된 지금의 아메리카무라는 밤낮을 가리지 않고 젊은이로 가득하다. 사람들 손에 맡겨두는 것이 오사카의 전통적인 방식이나, 이것이야말로 현대 일본에서는 기대하기 어려운 방식이기도 하다.

알고 보면 오카모토 다로의 '태양의 탑'은 바벨탑만큼이나 불행한 운명이었다. 오사카의 마지막 빛나는 순간이었던 엑스포 70 때까지만 해도 간사이의 네 도시는 도쿄와의 세력 경쟁에서 밀리지 않고 자리를 지켰다. 하지만 일본 경제가 고도성장하던 기간에 핵심적으로 이루어진 변화 중 하나는 무역과 기술에 정부 기관이 대대적으로 개입하게 된 일이다. 이런 기관들이 모두 도쿄에 위치해 있으므로 무엇을 해도 도쿄에 있는 것이 중요하게 되었다. 그 결과 도쿄는 거의 완전한 지배력을 갖게 되었고 간사이는 지도에서 서서히 사라지고 있다. 1995년 고베 대지진에 대한 중앙 정부의 믿을 수 없을 정도로 느렸던 반응보다 이걸 더 잘 보여주는 사례도 없다. 당시 오사카와 고베 사람들은 이렇게 말했다. "도쿄에서 재난이 일어났어도 총리가 반나절이나 기다렸다가 구조대를 보냈을까? 아니지, 지진이 간사이에서 일어났기 때문에 정부가 부실하게 대응한 거야."

1990년대에는 미술계의 새로운 변화가 교토와 나라를 우회한다. 무역과 경영의 세계에서 오사카와 고베는 빠져 있다. 공식적으로는 오사카에 등록되어 있는 스미토모와 이토추 같은 초거대 기업들도 도쿄에 있는 본사에서 경영을 한다. 오사카는 일본 주식회사의 지점으로 격하되었다. 오사카를 부활시킬 수 있는 유일한 희망은 다시 한번 국제항이 되는 것이고, 오사카를 '아시아의 관문'으로 만들자는 이야기가 많이 오간다. 하지만 불행히도 그렇게 될 가능성은 낮다. 국토교통성 같은 곳의 관료주의가 항구와 공항을 줄곧 옥죄고 있기 때문이다. 예를 들어 최근에 완공된 간사이 국제공항은 비싼 사용료와 과도한 규제 때문에 대부분의 해외 항공사가 비껴가려고 한다. 간사이가 동아시아의 항공 허브가 될 수 있었던 절호의 기회가 잠시 있었으나 그 주도권은 한국과 홍콩과 싱가포르로 넘어가버리고 말았다.

오사카가 미래에도 재미있는 곳일까는 의문이다. 오사카는 일본 전역을 휩쓸고 있는 평범함에 대항하는 마지막 보루고, 그게 사라진다면 많은 이가 그리워할 것이다. 다마사부로의 말이다. "교토의 쇠락은 참을 수 있어. 하지만 오사카만은 제발, 제발 변하지 말아줘!"

13장

무위

무위

임제종의 창시자인 중국의 임제臨濟가 누워서 죽음을 맞을 때 제자들이 그를 안심시키려고 이렇게 말했다. "저희가 스승님의 지혜를 미래 세대에게 전달하겠습니다." 임제는 이렇게 울부짖었다. "그럼 모두 망하고 말겠구나. 내 가르침이 너희 손에 없어질 줄이야. 이 눈먼 당나귀들!"

교토 남쪽 만푸쿠사의 개산당開山堂에는 '장님 당나귀의 눈瞎驢眼'이라고 적힌 커다란 글씨가 걸려 있다. 이 글을 가져온 것은 명나라가 멸망하면서 중국에서 일본으로 건너온 임제종의 은원隱元 선사다. 당시 일본의 선종은 타락해 있는 상태였다. 선종의 본산인 교토 다이토쿠사와 묘신사妙心寺의 가르침은 활력을 완전히 잃었고 선禪은 그저 형식에 지나지 않았다. 1654년 나가사키에 도착한 은원 선사는 센세이션을 일으켰다. 훤칠한 키에 성성한 백발, 근엄한 모습의 은원 선사는 허튼소리를 용납하지 않았다. 만푸쿠사에 그가 쓴 한 쌍의 명판 한쪽에는 '몽둥이로 머리를 내리쳐 누가 살고 누가 죽을지를 정한다痛棒頭明殺活'라고 쓰여 있다. 다른 쪽 명판의 글씨는 '뜨거운 할喝을 외쳐 누가 용이고 누가 뱀인지 가려낸다熱喝下辨龍蛇'이다.

곧 묘신사의 여러 고승이 은원의 선종으로 개종했고 그중 한 명이 은원을 교토에 초대해 묘신사의 주지로 추대하려고 했다. 이로 인해 묘신사 내부에는 사원이 외국인에게 접수되기를 원치 않던 승려들에 의해 은원에 반대하는 시위가 촉발되었다. 그러던 와중에 젊은 쇼군 도쿠가와 이에쓰나德川家綱가 은원의 이야기를 듣고 그를 에도로 초대했다. 은원에게 완전히 매혹된 18세의 쇼군은 묘신사보다 더 좋은 제안을 했다. 교토 남쪽의 수십만 평에 달하는 땅에 중국식 선종 사찰을 짓고 오바쿠黃檗라고 알려진 은원 자신의 종파를 설립하도록 한 것이다. 은원은 막부의 전폭적인 지원을 받아 태국과 미얀마에서 티크 원목을 여러 척의 배에 가득 실어오고 베이징에서 조각한 대리석 기둥 받침을 들여와, 완전한 중국식으로 만푸쿠사를 지었다. 막부와 군벌들은 더 나아가 일본 전역에 수백 개의 오바쿠 사찰을 짓도록 지원했다.

은원은 선불교뿐만 아니라 명나라 서예와 센차煎茶(중국식 다도)도 갖고 들어왔다. 그러는 사이 묘신사에는 '은원의 충격'이 수십 년간 계속되었다. 승려들은 만푸쿠사의 건물을 따라해 선당禪堂(명상하는 곳)을 부활시켰다. 반反은원파 지도자들은 더 크게 '할!'을 외치고 더 세게 죽비를 내리쳤다. 반은원파 제자 중에는 하쿠인白隱과 다쿠안沢庵과 같은 위대한 선승들이 있었고, 묘신사의 선禪은 다시금 살아났다. 이렇듯 작용과 반작용을 거치며 중국의 승려 한 명이 일본의 임제종을 혁명적으로 변화시키는 데 성공했다.

만푸쿠사는 은원의 시대로부터 여전히 거의 변함없이 보존되어 내려오고 있다. 입구는 중국의 장식용 대문인 파이로우牌樓를 본떠 만든 세 단계의 대문으로 되어 있다. 안으로 들어가면 티크 목재로 된 기둥과 만卍자 무늬 패턴의 난간이 소나무가 심어져 있는 안뜰을 감싸고 있다. 모든 대문과 모든 건물에는 은원과 그의 제자들이 쓴 글씨가 걸려 있다. 만푸쿠사는 명나라의 모습 그대로다.

일본은 굴과도 같다. 굴은 이물질을 싫어한다. 껍데기 안쪽으로 아주 조그마한 모래알이나 조개껍질 부스러기만 들어와도 견디지 못한다. 자개 성분을 분비해서 이물질의 표면을 겹겹이 덮어 결국에는 아름다운 진주를 만들어낸다. 진주는 크기나 광택이 모두 조금씩 다르지만 다들 대체로 비슷한 모양이다. 층층이 코팅하는 과정에서 그 안에 있던 알갱이나 모래의 모양과 색깔은 전혀 남지 않게 된다. 일본도 이와 비숫하게 해외에서 들어온 모든 문화를 코팅해서 일본식 진주로 탈바꿈시킨다. 완성된 진주는 아름다우나(다도에서 볼 수 있듯 원래의 것보다 훨씬 더 세련된 경우도 많다) 원래 물건의 본질적인 성격은 사라지고 없다. 일본에 이탈리아 식당과 중국 식당이 수만 군데 있어도 진짜 이탈리아 음식과 진짜 중국 음식이 거의 없는 것은 그런 까닭에서다. 재료는 바뀌고 희석된다. 심지어 '일본인 입맛에 맞게 특별히 재구성'했다고 쓰여 있는 올리브유 브랜드도 있다.

외국의 영향력은 환영이지만 외국인에게 책임을 맡겨서는 안 된다는 가장 중요한 원칙이 존재한다. 이것이 트래멀 크로사와 스미토모 신탁 사이의 중요한 갈등 요인 중 하나였다. 스미토모 신탁은 트래멀 크로사의 노하우를 적극적으로 원했지만 댈러스에서 온 매니저가 일본 법인을 운영하는 데는 강하게 반발했다. 트래멀 크로사는 다른 무엇보다 이것 때문에 지분을 스미토모 신탁에 팔고 고베 패션 마트가 완공되기도 전에 프로젝트에서 철수하는 결정을 내리게 되었다.

회사에서 일하던 시절, 나는 종종 일본 은행이나 보험회사들의 본점에 도움이 되라고 고용된 외국인 직원들을 만나곤 했다. 가끔 일이 끝나고 함께 한잔하러 가면 이들은 예외 없이 고민을 털어놓았다. 당시에는 뉴욕이나 런던의 잘나가는 주식 중개인들이 부유한 일본을 커리어를 위한 최고의 기회로 여겼다. 이들은 뻗어나가는 도쿄의 비즈니스 세계에서 자신만의 틈새를 찾으려는 기대를 갖고 왔다가, 자신을 고용한 회사가 아무 권한도 주지 않고 자신의 조언도 전혀 듣지 않는다는 사실을 깨닫는다. 오래 머물수록 비참함도 커진다. 일본의 경영진은 이에 대해 이렇게 털어놓는다. "외국인에게 의존할 수는 없어요. 회사로 영입해서 모든 걸 보여주면 그 친구들은 다른 회사로 이직해버리지요." 이직하는 이유는 물론 대부분의 경우 일본 회사에서 외국인에게 주어지는 직위가 커리어의 막다른 골목이기 때문이다. 이는 일본 회사들이 막대한 투자를 해온 동남아시아에서 잘 교육받은 현지인 직원을 무엇보다 필요로 하는 현시점에 매우 심각한 문제다. 잘 교육받은 직원이야말로 줄곧 낮은 직위에 머물러 있기를 원치 않는 사람들이고 곧 회사를 떠난다.

유사 이래 대부분의 기간 동안 일본은 외국인이 들어오지 못하도록 효과적으로 막아왔다. 이에 대한 가장 큰 예외가 제2차 세계대전 이전의 수십 년간이었다. 수천 명의 화교가 요코하마와 고베로 들어왔고, 수십만의 조선인이 노동자로 강제로 끌려왔다. 그 후손들이 오늘날 규모가 크고 발언력을 가진 공동체를 이룬다. 외국인이 일본에 머물렀던 그 외의 잘 알려진 사례들, 특히 서양인에 관한 사례는 대부분 성공이 아닌 실패를 잘 포장한 것에 불과하다. 예를 들어 에도

시대에 네덜란드인들은 나가사키 항구의 데지마出島라는 섬에서 교역할 수 있도록 허용되었다. 삼엄한 경계가 이뤄지던 데지마는 본토와 좁은 둑길 하나로 연결되어 있었고 근무 시간 뒤에는 폐쇄되었다. 상인들은 특별한 허가증이 있어야만 제한된 시간 동안 본토에 다녀올 수 있었다. 데지마에 대해 특기할 만한 점은 이게 네덜란드인들을 들여오기 위한 것이 아니라 들어오지 못하도록 막는 장치였다는 사실이다.

19세기 말, 20세기 초에 외국인 상인들이 살던 대저택이 모여 있는 고베의 이진칸異人館('외국인의 집')은 인기 있는 관광지다. 여행 책자에는 이진칸을 고베의 국제주의를 보여주는 사례로 소개하고 있지만, 이는 사실 실패한 공동체의 사례다. 한때 이진칸에 살던 가족들은 사라졌고 고베의 외국인 거주자 수는 매년 줄어들고 있다. 1980년대에 미국 영사관이 오사카로 옮겨갔고 1990년대에 고베의 국제학교들은 살아남기 위해 허덕이고 있다.

외국인이 들어오지 못하도록 막는 일본의 역사는 매끄럽게 작동하는 사회 시스템과 불가분하게 엮여 있다. 일본이 지금까지 많은 수의 외국인 노동자나 학생을 받아들이지 않은 것도 그래서다. 일본의 산업이 저렴한 노동력을 필요로 하고, 일본 미래의 일부가 일본에서 교육받은 외국인 기술자와 사업가를 성공적으로 키워낼 수 있느냐에 달려 있음에도 불구하고 말이다. 보수적인 정부 관료들은 다양한 인종과 신앙과 철학을 가진 사람들이 일본 사회에서 너무 자유롭게 돌아다니는 것을 안정에 대한 위협으로 본다. 따라서 일본의 문은 당분간 아주 살짝만 열려 있는 상태다.

만푸쿠사는 달랐다. 젊은 쇼군이 은원에게 실제 권력을 위임했고 은원의 제자들과 나가사키에 기반을 둔 중국인 상인 공동체는 환영받았다. 은원이 죽자, 은원과 함께 중국에서 건너왔던 제자인 목암木庵이 오바쿠 종파의 지도자 자리를 계승했다. 그로부터 21대에 걸쳐 중국인 주지들이(한두 명의 일본인 제외) 123년간 만푸쿠사를 이끌었다. 마침내 중국인 이민자가 부족해져서 일본인들이 주지 자리를 맡게 되자, 그때부터 코팅 프로세스가 시작되었다. 만푸쿠사는 천천히 또 하나의 진주로 변해가고 있다. 그렇다고 해도, 만푸쿠사는 중국의 정체성을 포기한 적이 없다. 일본 역사에서 외국인이 시작한 가장 성공적이고 가장 오래 지속된 모험이다.

하지만 이 모든 것은 만푸쿠사의 진정한 중요성에 비하면 부수적이다. 바로 만푸쿠사가 일본 문인의 중심지라는 사실이다. 16세기에 일본에 처음 등장한 이후로 문인은 막대한 영향력을 행사해왔고 오늘날에도 여전히 수천 명 규모로 존재한다. 그럼에도 일본 문화 하면 선禪을 떠올리는 세상에서 문인들의 존재는 거의 알려져 있지 않다.

일본은 '도道'의 나라다. 차의 길인 다도, 검의 길인 검도 등
등. 이러한 모든 도는 극도의 진지함을 수반하는 듯 보인다.
무도인스러운 엄격함을 강조하고 자유로운 영혼이 비집고
들어갈 틈이 거의 없다. 하지만 나는 미술품 수집을 하면서
이러한 도에서 동떨어져 있는 사물들을 발견했다. 에도시대
학자들의 서예 족자와 센차의 도구 같은 것들이다.

에도시대의 서예 족자에는 내가 경험했던 각종 도의 융통
성 없는 규율과 완전히 모순되는 장난스러운 시각이 들어 있
다. 일찍이 발견한 족자 중 하나는 대유학자 이치카와 베이
안市河米庵의 것이다. 이렇게 쓰여 있다. '술을 사랑하는 이는
하늘 아래 부끄러운 것이 없다愛酒不愧天.' 매우 진지한 유교 사
상으로는 들리지 않았다. 베이안과 그 주변인들은 일본의 문
인이었다. 이들의 연원은 중국 문인의 긴 전통을 거슬러 올
라간다. 문인은 글자 그대로 글의 인간이라는 뜻이다. 나는
곧 도처에서 이들의 존재를 보기 시작했다.

센차에서 잘 쓰는 도구 중 먼지떨이처럼 생긴 홋수拂子라
고 부르는 물건이 있다. 홋수에는 다양한 종류가 있다. 말이
나 야크의 털을 다발로 묶어 붉은 옻칠을 한 막대기도 있고,
엮은 대나무나 울퉁불퉁한 가지에 고정하기도 한다. 학자들
의 모임을 묘사한 옛 책들을 보면 홋수가 도코노마 옆에 걸
려 있다. 나는 홋수가 4세기 중국의 도교 성인들로까지 거슬

러 올라간다는 사실을 알게 되었다. 이들은 벗들과 청담淸談
('순수한 대화')을 나누면서 파리를 쫓는 데 홋수를 사용했다.
시간이 흐르면서 홋수는 근심의 파리를 날려 보내는 행위를
상징하게 되었다. 근처에 홋수를 걸어놓으면 '순수한 대화'
를 나눠보겠다는 뜻이다.

나는 덴만구의 소파 옆 한쪽 벽에 다양하게 수집한 홋수
를 걸어놓고 있다. '이 공간에서는 순수한 대화를 나누겠다'
는 의미다. 물론 손님의 대부분은 이 사실을 전혀 모른다. 아
마 그냥 집에 파리 문제가 심각하다고 생각할 것이다! 반대
편 벽에는 족자 한 쌍이 걸려 있다. 서예의 형태를 띤 대화다.
1930년대 교토의 도자기공이 쓴 첫 번째 족자에는 '홋수로
세속의 모든 욕망을 털어낸다拂盡煩惱之塵'고 적혀 있다. 옆의
족자는 이에 대한 선승 난텐보南天棒의 답이다. '모든 것을 털
어냈어도 먼지는 그대로야竹蔭拂借塵不動!' 이러한 족자로부터,
또 홋수 같은 도구로부터 나는 일본 문인이 존재했음을 추측
한다. 이들에 대해 설명해놓은 책도 없고, 이들의 예술을 기
리는 박물관도 없고, 이들의 지혜를 전수하는 데 전념하는
학파도 없다. 내가 이들의 흔적을 찾을 수 있는 것은 오로지
옥스퍼드에서의 경험 덕분이다.

올솔스 칼리지All Souls College의 학장 존 스패로를 처음 만난
것은 내가 옥스퍼드에서 3년 차가 되었을 때의 일이다. 올솔

스 칼리지는 옥스퍼드대학을 이루는 40여 개의 칼리지 중에서도 가장 까다로운 곳으로 수 세기에 걸쳐 입학 기준을 높여오다가 200년 전부터는 아예 신입생을 받지 않고 있다. 올솔스에는 이제 교수들밖에 없다. 이들은 연구조사를 하거나 학생을 가르칠 필요도 없다. 그저 생각만 하면 된다. 올솔스야말로 원조 '싱크탱크'다.

존 스패로는 수십 년간 올솔스의 학장을 맡아왔고, 은퇴를 앞둔 마지막 해였다. 열렬한 책 수집가였고 이해하기 어려운 문학적 주제들에 대해 많은 글을 써내던 작가였으며, 20세기 영국의 수많은 유명 작가 및 예술가와 친구였다. 한가함으로 가득한 긴 인생을 살며 그는 비할 데 없이 뛰어나 거의 투명한 경지의 위트를 구사할 줄 알았다. 말 한마디로 남을 웃게 만들 수 있었지만 나중에 그가 뭐라고 했는지는 기억나지 않는 식이다. 스패로가 나를 문하에 거둬들여서 나는 마지막 한 해를 올솔스에서 살게 되었다. 꿈같은 기회였다. 늦은 오후면 그의 서재에 가서 함께 차를 마시며, 이디스 시트웰과 버지니아 울프가 그에게 보낸 옛 편지들을 자세히 읽어보곤 했다.

스패로와 그의 친구들은 박학다식했고 그 사실을 자랑스러워했다. 하지만 그토록 아는 것이 많았음에도 이들 대화의 특징은 가벼움이었다. 학구적인 설명은 금물이었다. 뭔가를 설명해달라고 하면 이들은 하이쿠만큼이나 간결한 하나의 동작이나 문구로 뜻을 알려주곤 했다. 어느 날 계관시인 존 베처먼 경(1906~1984)의 부인인 퍼넬러피 베처먼 여사가 점심을 먹으러 왔다. 여사가 네팔로 여행 갔던 일을 얘기하던 중 누군가가 티베트 오체투지가 도대체 무슨 뜻인지 물었다. 품위 있는 60대 여성이었던 퍼넬러피는 격식을 갖춘 식탁에서 벌떡 일어나더니 바닥으로 몸을 던지며 납작하게 엎드려 오체투지 시범을 보였다. 스패로의 친구 중 또 한 명으로는 『007』의 저자 이언 플레밍의 과부 앤 플레밍이 있었다. 앤은 오후 1시에 기상해 핑크색 가운 차림으로 아래층으로 내려와서는 장미 덩쿨로 둘러싸인 잔디밭을 우리와 함께 거닐곤 했다. 그러면서 상아로 된 담배 파이프를 흔들며 친구 에벌린 워(1903~1966, 영국 작가)의 이야기를 했다. 에벌린은 귀가 어두워 나팔형 보청기를 사용했다. 한번은 에벌린이 디너 파티에서 앤과 언쟁을 벌이다 그녀가 하는 말이 들리지 않는 척하기 시작했다. 앤은 그에게 다가가서 나팔형 보청기 안에 상아 담뱃대를 집어넣더니 시끄럽게 두들겨댔다. 에벌린의 관심이 돌아왔음은 물론이다.

앤 플레밍과 핑크 가운과 상아 담배 파이프. 오후 햇살에 반짝거리던 잔디밭. 웃음을 터뜨리던 존 스패로의 눈. 이 모든 것은 진실로 눈부신 나태함의 세계였다. 당시 나는 '문인'

이라는 개념을 제대로 알지 못했지만 스패로를 통해 이미 그 세계에 들어와 있었다. 문인은 인생을 통째로 예술과 문학에 바쳤지만, 그 무엇도 이들에게는 의심하거나 비웃지 못할 만큼 고귀하지 않았다. 이들은 자유로운 영혼이었다.

얼마 지나지 않아 나는 일본으로 돌아와 오모토 재단 일을 시작했다. 존 스패로와 그 주변 친구 같은 이들을 다시는 만나지 못하리라는 체념을 안은 채였다. 그러나 옛 서예 족자에서 발견한 유식하지만 재치 있는 글과 내 수집품 중 홋수가 상징하는 '순수한 대화'의 개념은 옥스퍼드에서 봤던 것과 놀랍도록 비슷해 보였다. 일본에 한때 문인이 번성했던 게 분명했고, 오늘날에도 여전히 존재한다는 사실을 나중에 알게 되었다. 하지만 더 깊게 들어가보니 일본의 문인은 서양의 문인과는 매우 달랐다.

일본 문인 전통의 뿌리는 유교와 도교가 융합된 중국의 문인이다. 이들의 진지한 면은 유교로부터 왔고 그 바탕은 배움을 사랑하는 자세다. 『논어』의 첫 구절에 잘 나와 있다. '배우고 때로 그것을 익히면 즐겁지 아니한가?學而時習之不亦說乎?' 유교의 학자들은 과거의 지혜를 공부하고 그 과정에서 주변 모든 것에 영향을 끼치는 신비한 '덕'을 쌓게 된다. 덕은 바깥으로 뻗어나가고, 옛 가르침에 따르면 덕만 있어도 충분히 세상을 변화시킬 수 있었다. 그것이 바로 내가 간다의 중

고책 시장에서 중국철학 책을 펼치던 날 처음 봤던 텍스트를 뒷받침하는 논리였다. '나라를 다스리고 싶으면 먼저 집안을 가지런하게 하라. 집안을 가지런하게 하고 싶으면 먼저 스스로를 수양해라. 스스로를 수양하고 싶으면 먼저 마음을 바르게 가져라.'

우선은 마음을 바르게 갖는 방법을 찾아야 한다. 그에 대한 답으로 중국에서 발전된 방법은 예술을 익히는 것이었다. 문인은 문학에 대한 폭넓은 지식 외에도 시·서·화의 삼절三節을 공부해야 했다. 시간이 흐르며 이것이 문인의 공간에 존재하는 모든 순수 예술을 망라하게 되었다. 대나무 공예, 도자기, 금속공예, 수석, 먹, 붓, 벼루 등등.

그러나 유교에는 덕을 지나치게 강조한다는 단점이 있다. '덕이 있는 자는 외롭지 않다德不孤'고 배우기는 하지만, 덕에만 모든 것을 쏟는 삶은 그다지 매력적이지 않다. 여기서 도교가 등장한다. 도교는 속세의 제약으로부터 자유로운 성인들이 언덕을 거니는 세계다. 장자는 이렇게 말했다. '성인은 자유로이 거닌다. 지식은 곁가지에 불과하다聖人有所遊, 而知爲蘖.' 도교의 추종자들은 삶을 물이나 바람처럼 자유로운 것으로 본다. 덕이 뭐가 중요한가? 이들은 산과 폭포와 달을 사랑한다. 시인 이백은 어느 밤 배를 띄워놓고 놀다 물에 비친 달을 잡으려다 빠져 죽었다. 이 사람들은 세속을 떠나 오직 벗들과

'순수한 대화'를 즐기면 되었던 은자들이다.

시간이 흘러 이 양극의 이미지(교양 있는 학자와 자유로운 영혼의 자연주의자)가 하나의 이상으로 합쳐졌으니 그것이 문인이다. 명나라 때는 뚜렷이 구분되는 문인의 문화가 형성 되었다. 문인 문화는 은거, 즉 반쯤 속세를 떠나 사는 삶을 중심으로 이루어졌다. 은거의 삶이 어떠해야 하는지에 대한 명확한 가이드라인이 있었다. 어느 명나라 작가의 말에 따르면 이렇다. '깊은 산속에 사는 것이 제일 좋다. 아니면 지방의 시골이다. 그것도 안 되면 교외를 골라라. 절벽과 계곡 속에 살지는 못할지라도 문인의 오두막은 일상 세계로부터 동떨어진 은퇴의 분위기를 풍겨야 한다. 정원에는 오래된 나무와 이국적인 꽃. 서재에는 예술작품과 책. 이 집에 사는 사람들은 시간의 흐름을 잊어버리고 손님들은 떠날 줄을 모른다.'

15세기까지 문인 문화의 발전은 전적으로 중국에서 이루어졌다. 그동안 일본은 문과 예의 반대에 있는 무의 나라가 되었다. 군인들이 막부幕府('천막 정부')라고 불리는 본부에서 나라를 통치했다. 수 세기가 지나 쇼군이 교토의 황궁보다 수십 배나 더 큰 에도의 화려한 궁에 살게 되었는데도 막부라는 말이 여전히 사용되며 일본을 다스리는 것은 기본적으로 천막 속 군인들이라는 사실을 상기시켰다.

이런 무인정신은 일본 사회에서 여전히 지배적인 힘으로

작용하고 있다. 일본에 오기 전 트레버와 에단은 가메오카에서의 생활이 어떤지 물었다. 나는 '군대에 가는 것과 비슷해'라고 답해주었다. 실제로는 내가 생각했던 것보다 군대와 더 많이 비슷했다. 에단이 3학년에서 제일 처음 배운 일본어 단어는 '기립!'이었다. 교실에 도착하면 모든 학생이 손을 옆에 가지런히 붙이고 일어나서 선생님에게 한 몸처럼 인사해야 했다. 마치 사열에 참여한 병사들처럼. 일본에서 야구 선수로 활동했거나, 선을 수련했거나, 증권회사에서 일했던 외국인들이 쓴 수많은 책을 읽어보면, 이들 경험을 관통하는 유일한 공통점은 군대식 규율이다.

나는 『일본 삶의 하루*A Day in the Life of Japan*』라는 책의 제작에 참여했던 사진가를 도와 통역 일을 하던 중 이 사실을 시각적으로 절실히 느꼈다. '삶의 하루' 시리즈는 수십 명의 사진가가 특정 나라를 한꺼번에 방문해 24시간 동안 찍은 사진으로 만든다. 일본 편에는 깜짝 놀랄 정도로 많은 사진이 사람들이 나란히 줄서 있는 모습을 담고 있었다. 경찰, 학생, 백화점 직원, 회사원 등등.

그렇게 보면 일본은 문인의 이상이 뿌리내리기에 가장 어울리지 않는 나라일지도 모른다. 그러나 1600년대가 되면 수 세기에 걸친 전쟁이 막을 내린다. 한가한 삶을 누릴 수 있게 되었고, 한가함이야말로 문인을 길러내는 비옥한 토지다.

사실은 없어서는 안 될 요소다. 문인이라면 한가한 삶을 방해하는 그 무엇도 용납하지 않는다. 앤 플레밍과 그 친구들의 '눈부신 나태함'은 영국의 계급 제도에서 나온 단순한 우연이 아니었다. 그것은 동서양 모두의 문인 문화에 필수적인 요소였다. 문인이 위대한 학자인 경우는 드물다. 왜냐하면 호기심으로 인해 이상한 샛길로 빠져서 진지한 학자의 자격을 인정받지 못하기 일쑤이기 때문이다. 마찬가지로 이들은 위대한 예술가나 작가도 아니다. 사회에서 명성을 쌓거나 상업적으로 성공하려는 야심을 가진 경우가 드물기 때문이다. 간단히 말해 이들은 중국에서 방외方外(시스템의 바깥)라고 부르던 아마추어다. 이들에 대한 연구가 그토록 적고 이들을 찾기가 그토록 어려운 것은 그래서다.

일본에서 처음 수면 위로 등장한 문인은 16세기의 다도가들이었다. 이들은 교토의 선종 사원에 머무르며 당대의 전쟁과 혼란으로부터 보호받았다. 은거라는 명나라의 이상을 받아들였고 와비 다실을 발전시켰다. 다실은 세속을 벗어나기 위한 장소였고 거기에는 문인들의 모든 예술이 들어 있었다. 도코노마의 서예, 시가, 도자기, 대나무와 돌과 철로 된 공예품. 다도는 선禪으로부터 탄생했다. 선에는 두드러진 무가적 측면 외에도 재치 있고 엉뚱한 측면이 있는데, 이는 임제와 그가 제자들에게 했던 충격적이고도 재미있는 이야기들에 그 연원이 있다. 다도가들은 자신의 재치를 주변의 모든 사물에 적용해 환상적으로 다채로운 놀이의 세계를 만들어냈다. 후루타 오리베古田織部(1543~1615)는 가장자리가 뒤틀리고 한쪽으로 치우친 특이한 찻그릇을 만들어냈다. 고보리 엔슈小堀遠州(1579~1647)는 거센 비가 내리고 나면 도코노마에 꽃꽂이를 놓는 대신 한 양동이 가득 물을 쏟아부어 손님들을 놀라게 했다.

1600년대 초반이 되면 문인 문화가 선의 우산 속으로부터 걸어나와 진정한 꽃을 피우기 시작한다. 위대한 초기 문인 중 한 명으로 이시카와 조잔石川丈山이 있다. 실패한 무장이었던 그는 은퇴하여 교토에 아직도 남아 있는 시센도詩仙堂라는 은거지를 짓고 살았다. 조잔은 은거지 안에서 홀로 노니는 일 외에는 세상만사에 아무런 흥미가 없었다. 퇴위한 고미즈노後水尾 천황이 찾아왔을 때도 만나러 나오기를 거부했다고 한다. 조잔의 철학을 다른 말로 바꿔 풀자면 이렇다. '때로 정원의 꽃을 따고 때로 거위 울음소리를 듣는다. 때로는 낙엽을 쓸고 때로는 국화를 심는다. 동쪽 언덕에 올라 달에게 노래한다. 북쪽 창에서 책을 읽고 시를 암송한다. 이외에는 아무것도 하지 않는다.'

얼마 지나지 않아 일본 전역에 아무것도 하지 않는 문인이 수십만 명 생겨났다. 아무것도 하지 않는 것은 체제 전복의 바로 전 단계다. 쇼군은 에도의 유시마 유교성당湯島聖堂에 학문소를 세웠다. 유교적 충성심과 예절로 나라의 기강을 잡을 교육자들을 길러내려는 목적이었다. 유시마의 학생들이 졸업하면 출신 지역으로 돌아가 고향 마을에 학교를 세우리라는 기대가 있었다. 그러나 이러한 정책은 역효과를 부르고 말았다. 왜냐하면 이 시골 학자들의 많은 수가 문인이 되었고 문인은 어떤 체제에도 충성하지 않기 때문이다. 이들은 남는 시간에 옛 신도를 공부했다. 얼마 지나지 않아 쇼군을 비난하고 천황의 복귀를 요구하는 책을 펴내기 시작해 훗날 막부의 멸망을 부르고 마는 초석을 놓았다. 이들은 그러는 동안에도 계속해서 여행을 다니며 편지와 시와 서예를 교환하기도 했다.

이 모든 것이 무르익어가던 와중에 은원이 명나라로부터 서예와 중국식 다도 센차를 갖고 도착했다. 센차는 와비와는 전혀 달랐다. 센차는 일본의 다도에서 사용하는 짙은 말차 가루를 사용하는 대신 오늘날에도 여전히 흔한 일반적인 녹차를 마신다. 따라서 훨씬 더 편안하고 접근하기 좋다. 센차에서는 형식이 최소화되고 유희가 최대화된다. 신흥 부자로 등장한 에도 상인들의 취향에 딱 맞춰져 있었고 곧 전국을 휩쓸었다. 요즘에도 수만 명의 추종자를 거느린 센차 학교가 수십 군데나 있고, 그 본부는 만푸쿠사다.

에도의 문인 중 가장 눈에 띄는 두 사람은 베이안市河米庵과 보사이龜田鵬齋다. 나도 이들의 서예 글씨를 수집한다. 일본의 문인도 중국에서처럼 유교의 학자와 도교의 자유인이라는 양극단의 불안정한 조합이었다. 보통 둘 중 한쪽으로 치우치곤 한다. 베이안과 보사이는 각각 양극을 대표한다. 베이안은 게이샤나 가부키 배우와 같은 미심쩍은 사람들은 가르치지 않는 엄격한 도덕주의자였다. 행위에 대한 그런 높은 기준 때문에 수많은 지역 영주를 포함해 수천 명의 제자를 모았다. 베이안은 훌륭한 미술품 수집가이자 학자였고, 그가 쓴 서예 인용문 책은 오늘날에도 여전히 표준 교과서로 남아 있다. 나가사키의 중국 상인으로부터 배운 선명하고 고전적인 스타일의 글씨를 썼다.

때로 '시타마치下町*의 문인'이라고 불리던 보사이는 항상 취해 있었고, 그의 붓글씨는 해독이 완전히 불가능했다. 잔치를 열길 좋아했고 그의 잔치에는 게이샤와 가부키 배우들이 떼 지어 몰려왔다. 보사이는 손님이 있을 때조차 습관적으로 집 근처를 벌거벗고 돌아다녔고, 봉건 영주들과 사이가 대단히 좋지 않았다. 한번은 최고 원로 가신이었던 마쓰다이라 사다노부松平定信 (1759~1829)와의 면접을 위해 쇼군의 성에 불려갔다. 그런데 보사이는 남이 입던 옷만 사는 습관이 있었으므로 기모노 상

> * 서민들이 모여 살던 곳

의의 문장이 하의와 어울리지 않았다. 사다노부는 혐오스러워하며 그를 내쳤고, 보사이의 관직 경력은 그것으로 끝났다.

내가 처음 만난 일본의 문인은 오모토 재단의 다도가였던 사와다 미노루였다. 사와다는 일본 서해의 찢어지게 가난한 농촌 마을에서 자랐고 젊은 시절 정원사로 오모토 재단에 일하러 오게 되었다. 거친 젊은이였던 그는 한번은 술에 잔뜩 취해 재단 본부의 유리창을 모조리 부순 일로 유명했다. 어느 날 오모토 재단의 교주인 나오히의 저택에 초대받아 가서 앉은 채로 이야기하며 담배를 피웠다. 담배를 다 피우고 둘러봤지만 재떨이가 보이지 않았다. 다행히 근처에 어릴 때 마을에서 봤던 것과 같은 바닥 난로가 있어서 그 안에 담배를 껐다. 그러자 손님 중 한 명이 꾸짖었다. '그게 다도 난로라는 사실을 모르는가?' 자신의 무지가 너무나 부끄러웠던 사와다는 오로지 자기를 꾸짖었던 사람보다 더 나아지기 위해 다도를 배우기로 결심했다. 오늘날 그는 교토 지역에서 가장 유명한 다도가 중 한 명이다.

사와다의 방식은 다음의 이야기를 보면 알 수 있다. 다도에 쓰이는 차는 고운 가루로 된 녹차이고, 나쓰메라고 부르는 위아래가 평평한 계란처럼 생긴 칠기 차통에 보관한다. 어느 날 학생 한 명이 차통을 제대로 받쳐 들지 않고 뚜껑만 집어드는 바람에 차통이 1미터 정도 높이에서 다다미 바닥으로 곧장 떨어졌다. 모두가 놀란 눈을 뜨고 보는 가운데 찻가루가 뿌옇게 공중으로 높이 퍼지며 구름을 만들었다가 다다미에 내려앉아 녹색 동그라미를 만들었다. 다들 얼어붙고 말았다. 그때 사와다가 침묵을 깨고 이렇게 물었다. "이런 때에 할 수 있는 적절한 말은 뭘까요?" 아무도 대답하지 않자 그가 다시 말했다. "'정말 아름답구나!'라고 해야죠."

다다미 위의 녹차 동그라미는 정말이지 아름다웠다. 사와다는 우리에게 가까이 다가와서 살펴보라고 했다. "평생을 가도 이런 것은 다시 못 볼지도 모릅니다. 차통이 이렇게 완벽하게 똑바로 선 채 바닥에 떨어지기란 거의 불가능해요. 보고 감탄하세요!" 우리가 다 살펴보고 나자 사와다는 이어서 다다미를 어떻게 청소해야 하는지 가르쳐주었다. 바닥을 한 땀 한 땀 두드려 차를 홈 밖으로 밀어내는 고통스러운 작업이었다. 우리는 그 다다미에서 서너 시간이나 작업을 했다.

다도는 문인들이 만들어낸 것이긴 하지만, 무인 정신에 경도되어 원래의 재치와 즉흥성이 거의 잠식될 만큼 형식화되었다. 다도가들은 수많은 규율과 규칙에 사로잡혀 있기 때문에 대체로 재미없는 사람들이다. 유가의 엄격함과 도가의 자유로움을 겸비한 사와다 같은 사람은 무척 드물다. 행실이 고약한 사람만이 진정으로 위대한 문인이 된다는 것이 나의 이론이다. 창문을 깨뜨리거나 에벌린 워의 나팔형 보청기 안에다 담뱃대를 두들기는 종류의 사람이 되어야 한다.

사와다는 다도 외에도 노의 피리를 불고 검을 휘두르고 전문적인 붓글씨를 쓰고 도장을 새긴다. 삼절三節이 아니라 육절, 아니 칠절을 익혔다. 오모토의 경내에서는 나무를 오르고 있거나, 울타리를 다듬거나, 돌을 놓아 길을 만드는 사와다의 모습을 종종 볼 수 있다. 이러한 행위에서 동서양 문인의 중요한 차이를 볼 수 있다. 자유로운 영혼, 가벼움, 나태함, 문학과 예술에 대한 사랑—이런 것은 전 세계 문인들의 공통된 특징이다. 그러나 존 스패로와 앤 플레밍은 글이든 말이든 본질적으로 언어를 다루는 사람이었다. 예술을 감상하기는 했지만 가끔 피아노 치는 것을 제외하면 스스로 예술활동을 하지는 않았다. 풀밭을 걷고 장미를 감탄하며 바라보기는 했어도 직접 장미를 심거나 잔디를 깎지는 않았다. 이들은 진정으로 '문文의 인간'이었다. 하지만 중국의 이상은 이보다 훨씬 더 넓었다. 도가 쪽에는 자연에 대한 강렬한 사랑이 있었고 유가 쪽에서는 예술을 완벽하게 습득토록 했다.

유가의 영향력은 오늘날의 일본에서도 뚜렷이 보인다. 사람들은 정치인이나 관료나 회사 경영자라면 무엇이 되었든 예술에 어느 정도 정통하리라 기대한다. 트래멀 크로에서 일하던 시절 나는 은행가와 주식 중개인 중 상당수가 검도나 유도나 하이쿠의 대가라는 사실에 끊임없이 놀라곤 했다. 어느 정도 위치나 권위를 가진 사람이라면 최소한 붓글씨 실력을 갈고닦아야 했다. 어디를 가더라도 붓과 종이를 내오고, 사인해달라는 요청을 그레타 가르보처럼 무신경하게 거절할 수 없기 때문이다. 다도와 시 또는 그 외의 예술에 능숙한 사람의 수는 깜짝 놀랄 정도다. 수백만이나 된다. 그렇게 보면 문인은 어마어마한 영향을 끼쳐왔다.

일본에 현존하는 최고의 문인은 아마 시라스 마사코白洲正子라는 80대 여인일 것이다. 도쿄의 외곽에 살고 있는 시라스는 작가이자 미술품 컬렉터이자 노 전문가다. 여성이 가면을 쓰고 무대에서 공연하는 것이 허용되지 않던 시절부터 일찍이 노 공부를 시작했다. 1920년대에는 이 금기를 뚫고 역사상 공식적으로 노 무용을 공연한 첫 여성이 되었다.

시라스는 메이지 귀족의 딸이었고 남편은 일본 헌법을 만드는 작업에 참여했던 사람이다. 이런 특권층 계급에서 자라기는 했지만 자신이 원하는 방식대로 해야 직성이 풀리는 강한 마음의 소유자였다. 예를 들어 그녀는 1930~1940년대에 활발히 활동했던 전설적인 도예가 로산진의 친구였다. 로산진을 알던 사람들은 모두 그의 괴팍한 성격을 두려워했지만 시라스는 아니었다. 로산진이 작업한 자신의 기모노 디자인이 과하다며 눈앞에서 주먹을 흔들어댔다. 한번은 내가 시라스 씨를 찾아갔다가 로산진 이야기가 나왔다. 그녀는 이렇게 말했다. "도자기나 그림을 진정으로 사랑한다면 거기에 대해 분노할 줄 알아야 해요." 저녁 식사를 하며 나는 그다지 미식가가 아니라고 말하자 시라스 씨는 웃으며 말했다. "음식에 대해서도 화를 내야 해요!"

시라스에게는 재능을 알아보는 능력이 있었다. 아직 무명의 20대이던 꽃꽂이의 대가 가와세 도시로와 디자이너 잇세이 미야케 같은 이들을 발굴하기도 했다. 강한 성격이었지만 그녀의 화법에는 문인 특유의 고전적인 간결함이 있었다. 언젠가 가와세는 시라스의 집을 방문했다가 도자기에 관한 대화를 나눴던 저녁의 일을 이야기해주었다. 가와세가 시라스에게 도자기의 형태와 질감이며 도예가의 정신과 같은 것에 대해 묻고 있었다. 시라스는 모모야마 시대의 시노와레志野焼 잔을 꺼내 거기다 위스키를 따랐다. "마셔요." 시라스가 말했다. 가와세는 잔을 입술에 갖다댔다. 가와세의 말이다. "그 순간 깊은 입맞춤으로 끌려들어간 듯한 느낌이었어요. 잔에서 어떤 고결함이 솟아올라 온몸을 사로잡았습니다. 그때 시라스 씨가 나를 돌아보고 조용히 말했어요. '그게 바로 도자기예요.'"

이것이 문인이 삶을 살고 가르치는 방식이다. 그 맛이 너무 미묘해서 맛을 거의 느낄 수 없다. 나는 일본의 문인세계가 오늘날 이토록 알려져 있지 않은 이유는 그래서라고 생각한다. '와 케이 세이 자쿠'처럼 한마디로 표현할 수 있는 편리한 정의가 존재하지 않는다. 존 스패로와 그 주변 친구들을 알지 못했다면 나도 어디서 이들을 찾아야 할지 절대로 알지 못했을 것이다.

그러나 문인의 전통은 비록 잘 알려져 있지 않았어도 오랜 세월에 걸쳐 비범한 영향력을 과시해왔다. 특히 일본에서 외국인의 역할은 문인 전통의 운명과 줄곧 함께였다. 15세기에서 20세기 초반까지 중국이 일본에 끼쳤던 영향의 대부분은 문인 사상의 전파와 관계있다고 해도 과언이 아니다. 은원과 만푸쿠사는 1930년대까지 이어졌던 과정의 일부분일 뿐이었다. 일본에서 서양인의 역할 또한 문인과 연관되어 있다. 20세기에 일본 현지에 가장 큰 문화적 영향을 끼쳤던 두 서양인은 작가 라프카디오 헌(1850~1904)과 예술평론가 어니스트 페놀로사(1853~1908)인데, 둘 다 문인 유형의 인물이었다.

문인의 이상은 일본 전통문화와 전혀 어울리지 않는 것이었으나 뿌리를 내리고 자라서 세계에 유례가 드문 종류의 예술을 꽃피웠다. 이는 선이나 다도와 같은 전통이 서양에서 생각보다 더 쉽게 받아들여질 수 있음을 암시한다. 이런 것을 서양에 전파한 이는 다년간 유럽과 아메리카와 중국을 여행하며 강의했던 사와다 같은 현대판 문인들이다. 반면 오늘날 일본 문화의 타락은 은원이 도착했을 당시 묘신사의 상황과 비슷하다. 지휘자 오자와 세이지나 영화음악 작곡가 사카모토 류이치 같은 일본의 수많은 대표적 예술가들이 해외에 머물며 활동할 수밖에 없는 이유는 그래서다. 현시대는 외부로부터의 신선한 충격을 애타게 필요로 한다. 국제적인 혜안을 갖춘 누군가가 죽비를 휘두르고 가차 없이 일갈하기를 기다리고 있다. 문인과 외국인의 교류에 관한 이야기는 이제 완전히 새로운 장을 맞이하게 될지도 모른다.

그러나 문인이라면 이렇게 얘기할 것이다. "그게 무슨 상관인가? 다음 세대는 그저 눈먼 당나귀 떼에 지나지 않아." 특정한 전통이 후대에 이어지고 말고는 문제가 아니다. 문인에게 가장 중요한 것은 산과 호수와 달과 시와 차와 담소에서 얻는 즐거움이기 때문이다. 스스로 즐길 줄 아는 법이야말로 문인들의 위대한 업적이다.

14장

마지막 눈길

영광 직후의

순간

미술품 수집에 관한 미스터리를 하나 이야기하겠다.

8~9년 전 한 쌍의 수묵산수화를 구매했다. 극히 추상적인 그림이었다. 열두 폭이나 되는 백지를 가로지르는 것은 아주 적은 양의 먹뿐이다. 지붕처럼 보이는 몇 개의 획, 붓에서 '뿌린' 듯 튀어 있는 먹 자국으로 보여주는 산비탈. 무로마치 시대에 유행했던 하보쿠破墨('먹 뿌리기')라는 기법이었다.

옛 병풍이 여러 세기가 지나도록 그대로 유지되는 경우는 드물다. 대부분 한 두 번의 재표구 과정을 거친다. 내 병풍은 에도 중기쯤 한 번 수리되었던 것 같다. 에도 중기면 무로마치의 추상이 가부키와 목판화의 화려한 '우키요'에 자리를 내준 지 오래였다. 지나치게 많은 흰 여백이 만족스럽지 않았으리라. 표구상은 병풍에 활기를 불어넣기 위해 넓은 여백을 금칠로 덮었다. 동시에 그는 원작자의 이름을 지우고 에도 상인들 사이에서 인기가 높았던 유명 화가 가노 단유狩野探幽 (1602~1674)의 서명을 넣었다. 그러나 이 병풍이 가노 단유의 작품일 리는 없었다. 병풍은 금칠로 덮인 채 몇 년 동안 우리 집 구석에 '미스터리 작품'으로 남아 있었다.

마침내 나는 호기심을 더 이상 이길 수 없었다. 표구상 구사카 씨에게 병풍을 가져가 어떻게 생각하느냐고 물었다. 그는 그림을 보더니 이렇게 말했다. "이 병풍은 원작자의 의도로부터 완전히 뒤바뀌었군요. 금칠을 벗겨내는 데만 2년은 걸릴 거예요. 그대로 두는 편이 나을 겁니다." 교토 사람인 구사카 씨의 이 말을 해석하자면 곧장 복원하자는 뜻이었다. 또한 가노 단유의 가짜 서명을 지우자고 제안하기에 그 자리에서 동의했다. 스펀지를 사용하니 쉽게 지워졌다.

2년 뒤 되돌아온 병풍을 보고 나는 상당한 충격을 받았다. 이것은 평범한 수묵산수화가 아니었다. 중국에서 일본으로 하보쿠를 처음 들여왔던 15세기 전설의 화가 셋슈雪舟 (1420~1506)의 작품과 스타일이 거의 동일했다. 그림의 넓고 탁 트인 하얀 여백에는 료안사나 다이센인의 고전적인 선禪 정원에서 볼 수 있는 명상적 공허함과 같은 분위기가 가득했다.

나는 하보쿠에 대해 공부하기 시작했으나 연구는 쉽지 않았다. 셋슈의 작품이 너무 유명하기 때문에 같은 스타일로 그린 그림이 아주 많을 것이라고 생각했지만 실제 그런 작품은 놀라울 만큼 드물었다. 하보쿠는 무로마치 시대의 1470년부터 1550년 사이에 가장 유행했으나 모모야마* 말기에는 빛이 바랬고, 에도 중기에 오면 완전히 사라지고 없었다. 셋슈 스타일로 된 또 다른 병풍을 구해서 비교해보려고 했으나 족자만 있을 뿐 병풍은 없었다. 이러한 의문이 생기기 시작했다. 하보쿠 병풍은 단 하나만 존재한 것이 아니었을까?

> *도요토미 히데요시가 지배하던 1568~1603년의 시기

　여러 명의 학자에게 자문을 구했지만 하보쿠 병풍 전문가는 찾을 수 없었다. 사람들은 해당 사례가 없거나 단 하나만 존재하는 것을 전공하지는 않는다. 미스터리는 여전히 풀리지 않았다.

　좀더 조사해보니 하보쿠의 역사는 15세기 중반의 '히가시야마東山 문화'와 관련 있었다. 1467년 오닌의 난応仁の乱이라 불리던 사무라이 세력의 충돌이 교토를 휩쓸었다. 13년간 지속된 대혼돈의 와중에 수도 교토는 무참히 파괴되었고 그 결과 교토에는 오닌의 난 이전에 지어진 건물이 몇 채 남아 있지 않다. 한번은 교토의 찻집 가이카에서 어떤 나이 많은 여성을 만나 골동품에 대해 얘기하게 되었다. "우리 집안은 예전에 훌륭한 골동품 컬렉션을 갖고 있었어요." 그러고는 그녀가 한숨을 내쉬며 이렇게 말했다. "하지만 지난번 전쟁 때

모두 파괴되고 말았지요." 내가 말했다. "하지만 교토에는 전쟁 때 폭격이 없었던 걸로 아는데요." 내가 무지를 더 드러내려던 찰나 가이카의 주인이 내 쪽으로 몸을 기울이고 귀에 이렇게 속삭였다. "저분이 얘기하는 '지난번 전쟁'은 오닌의 난을 가리키는 거예요."

500년이 지난 지금도 여전히 기억되는 오닌의 난은 일본 역사를 통틀어 제2차 세계대전에서의 패전 다음으로 충격적인 사건이다. 교토는 새카맣게 탄 폐허가 되었다. 선종 사원은 모조리 파괴되었고 귀족인 구게는 지방으로 피신했으며 쇼군은 교토 중심부를 버리고 동쪽의 언덕 히가시야마에 자리를 잡았다.

오닌의 난이 시작되기 오래전부터 선禪의 '무無'와 '공空'에 대한 가르침은 일본인들 마음속에 깊게 자리 잡았다. 『반야심경』에 나오는 유명한 구절 '속세가 곧 공이고 공은 곧 속세다色則是空 空則是色'는 여전히 많은 일본인이 외우고 있는 말이다. 하지만 그때까지 '무'는 문학적 수사에 지나지 않았다. 오닌의 난과 함께 교토의 문화 엘리트들은 공과 충격적인 첫 대면을 하게 된다. 화가 셋슈는 전쟁이 일어나던 해에 중국으로 떠났다가 하보쿠 기법을 갖고 돌아왔다. 하보쿠의 극단적인 추상주의와 즉흥성은 그 시대의 절박한 성격에 완벽하게 어울렸다. 사람들은 간결하고 빠른 무언가를 원했다. 연

못과 크고 이국적인 돌이 있는 대형 정원 대신 작은 모래 정원을 창조해냈다. 하얀 모래밭 위에 흩뿌려진 야트막하고 어두운 돌멩이들은 '먹 뿌리기'를 삼차원으로 구현해놓은 것이나 마찬가지였다. 꽃꽂이에서는 꽃을 꽃병에 정식으로 배치한 다테바나立花('서 있는 꽃')보다 바구니에 꽃아넣는 나게이레投入れ('던져넣은 꽃')를 선호했다. 단순함에 대한 이러한 움직임은 곧 와비의 사상을 낳았다.

'공'의 개념은 심지어 가부키와 같은 대중 예술에도 영향을 끼쳤다. 가부키 극「도조사道成寺」에서는『반야심경』의 구절들을 대중의 언어로 바꿔 사용한다. '없다고 생각하면 있고, 있다고 생각하면 없지.' 추상의 문화가 오닌의 난으로부터 등장해 오늘날의 일본 예술을 규정하게 되었다. 일본 문화에 화려한 면만 있다면 외국인이 배울 만한 내용은 상대적으로 적었을 것이다. 베이징의 자금성, 방콕의 궁전들, 발리의 춤―일본에서 볼 수 있는 그 어떤 것보다 훨씬 더 화려한 볼거리가 아시아의 다른 곳에도 가득하다. 하지만 '공과의 조우' 덕분에 일본은 극도의 단순함을 보여주는 예술을 만들어내 전 세계에 중요한 영향을 끼치게 되었다.

이제 병풍의 미스터리로 돌아가보자. 병풍의 그림은 셋슈 본인보다 더 셋슈 스타일이었지만, 만들어진 때는 셋슈가 살던 시기가 아니었다. 따라서 이는 운코쿠파雲谷派의 작품으로 볼 수 있었다. 셋슈는 일본 서해의 하기萩에 운코쿠안雲谷庵이라는 화실을 지었고 그의 후예는 운코쿠파로 알려졌다. 그러나 세월이 지나면서 운코쿠파 화가들은 셋슈의 정신으로부터 서서히 멀어져 완전히 다른 그림 스타일을 창조해냈다. 운코쿠파 작품 중에서는 내 병풍과 비슷한 것을 하나도 찾을 수 없었다.

바로 그때쯤 호소미 미노루를 만났다. 호소미의 아버지는 오사카의 사업가로, 옛 항구 사카이 근처의 도시 남쪽에서 담요 생산을 했다. 제2차 세계대전 직후에 미술품 수집을 시작했고 그의 단도직입적 오사카식 행동에 대한 수많은 이야기가 전해 내려온다. 한번은 나고야의 한 거래상이 고급 병풍을 1000만 엔에 내놓았다는 사실을 알게 되었다. 그는 나고야까지 차를 몰고 가서 거래상에게 800만 엔의 현금 다발을 건넸다. 거래상은 눈앞에 현금이 잔뜩 놓여 있는 광경에 깜짝 놀라 병풍을 그 자리에서 넘겼다. 호소미의 아버지는 무슨 일이 벌어진 것인지 어리둥절해하는 거래상을 남겨둔 채 병풍을 갖고 운전해 돌아왔다.

호소미 미노루는 아버지의 일을 이어받아 하고 있다. 지금의 호소미 컬렉션은 나라 시대의 불교 미술부터 에도의 린파琳派 그림까지 망라하고 있고 그중에는 다수의 지정 문화유산도 있다. 박물관을 세우려는 계획도 있지만 현재로서 호소미 미노루는 일본에 마지막으로 남은 거물급 개인 컬렉터다. 컬렉터들이 종종 박물관 큐레이터보다 지식이 더 풍부하다는 것을 알고 있던 나는 호소미에게 조언을 구했다. 호소미는 운코쿠파의 최고 권위자인 학자를 알고 있었다. 그 학자는 병풍이 에도 초기의 화가 운코쿠 도테쓰雲谷等哲(1631~1683)의 작품이라고 했다. 나는 또한 하보쿠가 거의 예외 없이 작은 크기의 작품에만 적용되는 스타일이었다는 사실도 알게 되었다. 내 병풍 한 쌍은 현존하는 유일한 셋슈 스타일 하보쿠 병풍인 듯했다.

하지만 병풍의 미스터리는 완전히 해결되지 않았다. 문제가 또 하나 있었다. 운코쿠 도테쓰는 무로마치 시대가 이미 막을 내리고 주류 문화가 에도의 상업주의로 옮겨가던 시절의 사람이었다. 히가시야마 시대가 이미 과거가 되어버린 시절, 도테쓰는 어떻게 히가시야마 문화의 걸작을 만들어낼 수 있었던 걸까? 나는 에도 초기를 자세히 들여다보게 되었고, 그때가 과거의 영광을 집대성하는 시기였다는 사실을 알게 되었다. 무언가를 상실했다는 감정이 있었고, 그런 감정과 함께 무로마치의 정신을 재현하고자 하는 욕구가 나타났던 것이다. 그 결과로 탄생한 것이 초기 다도와 가쓰라 이궁이다. 이들은 에도 초기에 만들어졌지만 가부키와 목판화의 활발한 세계와는 매우 동떨어져 있다. 에도보다 무로마치에 가깝다.

사실은 무로마치보다 더 뛰어났다. 무로마치 문화가 건재하던 시절에도 가쓰라 이궁 같은 완벽한 건축물은 지어진 적이 없다. 무로마치 스타일은 힘들이지 않고 자연스럽다. 사원을 둘러싸고 있는 바위가 완벽하게 정렬되어 있지 않아도 상관없었다. 하지만 에도시대가 되면서 무로마치의 이런 힘을 뺀 감수성은 사라지고 향수를 불러일으키는 꿈이 되었다. 데이비드 키드의 표현을 조금 바꾸자면, 이 시대는 '영광 직후의 순간'이었다. 무로마치를 재현하기 위해 에도의 예술가들은 숙련도를 무한히 높여야 했다. 가쓰라 이궁에서는 다도가들이 돌을 하나 놓을 때마다 몇 년씩 명상을 했을 정도다. 도테쓰의 작품은 이런 맥락에서 탄생했다.

도테쓰에 대해 알아야 할 사실이 또 하나 있다. 그는 집안의 셋째 아들이었다. 형들은 운코쿠파의 적통을 이어받았지만 도테쓰는 쫓겨났다. 당시에 만들어진 하기의 지도를 보면 도테쓰의 형들은 성 안에 살았고 도테쓰의 집은 해자 바깥에 있는 것을 확인할 수 있다. 이로써 도테쓰가 왜 자신의 가문에서 만들어낸 후기 운코쿠 스타일을 따르지 않았는지가 설명된다. 거부당한 그는 가문의 전통을 훌쩍 건너뛰어 곧장 창시자인 셋슈에게로 향했다.

이것이 내 병풍에 관한 역사다. 이제 현대로 돌아오자. 꽃

꽃이의 대가 가와세 도시로를 만나기 전까지 나는 꽃에 별다른 관심이 없었다. 이케바나生花에는 엄격한 규칙이 있다. 가운데 줄기는 위로 뻗어야 하고 주변 꽃들은 오른쪽으로 어색하게 굽어 있거나 왼쪽으로 뒤틀려 있어야 한다. 철저하게 부자연스럽다. 여기에 현대적 요소를 가미하는데, 더욱 괴상하게 구부리고 뒤틀린 꽃을 무더기로 더하는 것이다. 가히 그로테스크하다고 할 수 있다. 이케바나의 구파와 신파 모두 현대 일본의 추함에 붙들려 있고, 이들이 사용하는 꽃병과 그걸 전시하는 장소 또한 보고 있기 고통스러울 정도다.

오모토의 세미나에 참석했던 한 일본 대학생이 나고야 긴테쓰 백화점에 이케바나를 설치하는 작업을 돕는 임시직으로 불려간 일이 있었다며 최근 내게 해준 얘기다. 먼저 홀을 치웁니다. 그러면 꽃꽂이 선생들이 긴 테이블들 위에 이케바나를 줄줄이 만들어놓지요. 거기서 한 부인이 다른 부인에게 이렇게 얘기하는 걸 들었어요. "그쪽 가지가 내 쪽 공간으로 넘어왔어요. 어떻게 좀 해주실래요?" 그 말을 들은 부인은 "미안합니다"라고 대답하고는 아무 생각 없이 가지 전체를 뚝 잘라버렸어요. 그 가지를 그렇게 간단하게 잘라낼 수 있는 거라면 애초에 왜 거기다 배치했던 걸까요? 선생이란 사람들이 아무런 원칙이 없었던 게 분명해요. 이케바나의 배치가 전부 끝나고 우리는 한쪽에 서서 생각했죠. "이 홀에 아무것도 없을 때가 훨씬 더 좋아 보였잖아!"

그러나 가와세의 이케바나는 다르다. 보고 있으면 글자 그대로 눈물이 난다. 고전적 이케바나의 품위를 지녔지만 가지를 인위적으로 좌우로 휘거나 꼬지 않는다. 우아하게 뻗어 있는 가지들의 곡선은 마치 '우리는 이렇게 존재하고 싶어요'라고 말하고 있는 듯하다. 가와세의 목표는 과거로 돌아가 무로마치와 에도시대의 꽃꽂이 정신을 재현하는 것이다. 그가 사용하는 도구들은 옛 물건이든 현대의 것이든 모두 예술품에 가깝고, 꽃을 전시할 장소를 고를 때도 최대한 고민한다. 그 결과 가와세의 꽃꽂이는 마치 딴 세상에서 온 듯한 아름다움을 뿜어낸다.

가부키 무용에서와 마찬가지로 꽃꽂이를 전시하거나 선보이는 자리를 가이會라고 부른다. 가와세는 최근에 교토에서 가이를 열었다. 교토에 마지막 남은 문인 학교인 고택을 빌려서 모습을 완전히 탈바꿈시켰다. 화선지로 만든 상자로 에어컨을 덮고, 후스마 미닫이문을 새로 만들었다. 예전 미닫이문에 달려 있던 손잡이는 제대로 된 문인 스타일이 아니었기 때문이다. 그다음은 친구들로부터 두루마리와 홋수와 서예 도구를 빌려왔고, 방을 은색 병풍과 푸른 나베시마 양탄자로 꾸몄다. 마지막으로 꽃꽂이를 배치하고는 손님들을 초대했다.

　이 전시의 가장 놀라웠던 점은 교토 사람들의 얼굴에 드러
난 경이의 표정이었다. 교토 사람들은 모든 아름다움을 약속
하지만 번번이 실망시키고 마는 도시에 산다. 아름다움에 굶
주린 사람들이다. 가쓰라 이궁만큼이나 섬세하게 꾸며진 가
와세의 세계에는 단 하나라도 거슬리는 음이 없다. 사람들은
갈망해왔으나 실재하리라고는 믿을 수 없었던 교토를 발견
하고 충격을 받았다.

　가와세는 예술가일 뿐 아니라 철학자다. 그가 다테바나
(그에 따르면 남성 성기의 성격)나 나게이레(여성 성기의 성
격)에 대해 이야기하는 것을 듣고 있으면 꽃꽂이처럼 순수해
보이는 일에 대해서도 완전히 새로운 시각을 갖게 된다. 나
고야의 이케바나 선생들과는 달리 가와세는 자기 작업에 대
해 매우 뚜렷한 생각을 갖고 있다. 한번은 내가 다년간 해오
던 붓글씨 가이를 그가 도와준 일이 있다. 꽃꽂이를 다시 손
봐주겠다고 했고, 나는 그가 잎과 가지를 능숙한 솜씨로 돌
려서 형언할 수 없이 매력적인 형태로 탈바꿈시키는 것을 지
켜보았다. 가와세는 이렇게 말했다. "여기 잎을 바깥쪽으로
돌려서 보는 사람들을 마주하도록 하는 것이죠. 일본의 모든
것에는 면面('얼굴' 또는 '앞')이 있어요." 단순한 한마디였지
만 일본 예술에 대한 지대한 영향을 품은 말이다. 정원에서
찻잔까지 모든 사물은 특정한 하나의 시점에서 바라보도록

설계되어 있다. 나는 서양식 꽃꽂이가 놓인 식탁을 볼 때마다 이 말을 떠올린다. 어느 각도에서 봐도 똑같기 때문에 극적인 효과는 하나도 없다. 내 눈에는 가지와 잎과 꽃이 엉망으로 뒤엉킨 덩어리로만 보인다.

교토의 가이에서 가와세는 내게 이런 말을 했다. "자연의 사물을 자연 그대로의 상태로 보여주는 것은 예술이 아닙니다. 인위에 인위를 쌓아 자연의 환각을 보여주는 것 — 그것이 예술입니다. 사람들을 당신의 꿈 안으로 끌어들이려면 완벽하게 그럴듯한 것을 만들어야 해요. 꿈이 완벽하지 않으면 자연스럽게 보이지 않습니다. 가장 완벽한 꿈만이 현실과 통합니다." 가와세의 가이에 온 교토 손님들이 그토록 충격을 받은 것은, 교토 문화가 사실상 어떤 희망도 포기해야 할 정도로 타락했던 시절에 그가 교토의 '꿈'을 완벽한 형태로 보여주었기 때문이다.

일본에는 풍부한 자금을 갖고 전통 예술을 보존하는 일에만 전념하는 기관이 많기 때문에 겉모습을 유지하는 데는 아무런 문제가 없다. 긴테쓰 백화점은 계속해서 전시 홀을 이케바나 선생들에게 빌려줄 것이고, 그러면 표면적으로 이케바나는 탄탄하게 번성하고 있는 것처럼 보인다. 그런 점에서 일본은 동아시아의 다른 국가들보다 나은 편이다. 하지만 환경의 급격한 질적 하락(전선과 콘크리트로 덮어버린 산과 강,

알루미늄과 플라스틱으로 대체되어버린 옛 목조주택)은 일본에 타격을 입히고 있다. 화석화된 겉모습은 남아 있으나 그 뒤에 있는 목적을 잊고 마는 것이다.

최근에 어느 가부키 배우의 무용 공연 리허설에 참석했다. 그가 추는 춤 '오로치大蛇'는 사실은 모습을 감추고 있는 커다란 뱀인 공주에 관한 이야기다. 공주가 쓰즈미鼓라고 불리는 어깨에 거는 장구 하나의 장단에 맞춰 춤을 추는 장면이 있다. 장구는 어떻게 두들기냐에 따라 두 가지 소리를 낸다. '퐁' 하는 깊은 소리와 '타' 하는 가벼운 소리다. 공주는 산속 폭포의 소리를 듣고 있다. 부채를 한쪽 귀에 가져다 댔다가(퐁) 다른 쪽 귀에 대고(퐁), 잠시 후 빠른 부채의 움직임과 함께 물 흐르는 듯한 춤으로 돌입한다(타, 타, 타, 타, 타).

일본 음악의 특별한 매력은 거의 온전히 그 리듬에서 나온다. 리듬이 미묘하게 변하고 음과 음 사이에 마間(틈)라고 불리는 멈춤이 있다. 마가 모든 것을 좌우한다. 예전에는 악보가 존재하지 않았다. 배우와 악사가 함께 작업하며 즉석에서 마를 맞춰나간다. 하지만 요새는 악보가 있고 녹음과 동영상도 있기 때문에 마가 미리 정해져 있다. 따라서 악사는 마가 어째서 특정한 길이로 존재해야 하는지 생각할 필요가 없다.

배우가 악사에게 이렇게 말했다. "부채가 내 어깨에 닿으면 아주 잠깐만 기다렸다가 '퐁' 하고 장구를 쳐줄래요? 그때가 내가 귀를 기울이는 순간이에요. 그리고 두 번째 '퐁'을 하기 전에 잠깐 멈춰요. 그러고는 갈망으로 거의 참을 수 없을 때까지 조금 길게 멈췄다가 타, 타, 타, 타, 타 하고 가는 겁니다." 하지만 악사는 어떻게 해야 할지 도무지 알 수 없었다. 패턴 뒤에 숨은 목적을 이해하지 못한 채 패턴 속에 갇혀버렸기 때문이다. 나중에 그 배우는 나에게 이렇게 말했다. "산속에서 뻐꾸기 소리를 들어본 적 있습니까? 쿠쿠, 쿠쿠 하고 마디 사이에 살짝 틈을 두고 울지요. 메트로놈처럼 쿠쿠쿠쿠 하고 울지 않아요."

자연과의 가까움, 참을 수 없는 갈망의 순간―이것이야말로 공연을 하는 의미다. 단지 역사적이고 학문적인 목적을 위해 장구의 예술을 보존하는 일에는 별다른 가치가 없다. 그것이 바로 대중이 전통 예술로부터 등을 돌린 이유다. 학자와 전문가들이 뭐라고 하든, 대중은 그런 '죽은' 예술이 지루하다는 사실을 본능적으로 안다. 이러한 예술에 종사하는 이들은 길을 잃었고, 겉모습의 화려함에 기대어 다시 이목을 끌려고 한다. 그래서 가부키에서 곡예 스턴트를 보여주는 게렌外連이 인기를 끌고 이케바나의 기괴하게 뒤틀린 꽃 무더기가 등장한다. 시라스 마사코의 서재에는 붓글씨로 이렇게 쓰인 단자쿠가 있다. '개와 말은 어렵고 도깨비와 요괴는 쉽다犬馬難 鬼魅易.' 무슨 뜻이냐 하면 개와 말은 너무 평범하기 때문에 그리기 어려운 반면, 도깨비와 기괴한 것들은 쉽게 그릴 수 있다는 말이다. 꽃에도 같은 이치가 적용된다. 꽃을 무더기로 꽂는 현대의 이케바나보다 꽃병에 단 한 송이의 동백을 제대로 꽂는 일이 한없이 더 어렵다.

도시계획도 마찬가지다. 일본은 기념물의 나라가 되어가고 있다. 그런 풍조는 1960년대의 교토타워와 오사카 엑스포의 태양의 탑으로부터 시작되었다. 최근 들어서는 모든 도시와 모든 마을에 박물관이나 '다목적 문화홀'이 하나씩 있어야만 한다. 박물관에 전시할 만큼 중요한 물건이 전혀 없고 홀을 사용할 일이 별로 없는데도 그렇다. 그런 기념물을 짓는 데 수백억 달러의 예산이 책정되었고, 매주 서너 개씩 새로 오픈을 한다고 한다. 내가 살고 있는 가메오카시에도 시립병원조차 하나 없지만 다목적 문화홀을 지으려는 계획은 있다.

다마사부로는 이렇게 말한다. "다목적 홀이란 말은 곧 아무 목적이 없다는 뜻이지." 하지만 이런 건물에는 사실 목적이 있다. 그것은 뭔가를 해야 한다고 생각은 하지만 무엇을 해야 할지 모르는 행정 공무원들의 양심을 달래는 일이다. '개와 말', 즉 도시계획의 조용하고 눈에 띄지 않는 부분은 구획을 정하고, 간판을 규제하고, 전화선을 매설하고, 호수와 강의 생태계를 복원하는 일이다. 하지만 그러는 대신 막대한 액수의 예산이 유명 건축가가 설계한 박물관과 홀 같은 '도 깨비와 요괴'에 낭비되고 있다. 문화를 상징하지만 실제 사 용에 대한 수요는 없는 건축물들이다.

파친코가 가장 큰 산업이라는 사실에서 짐작할 수 있듯 이 일본은 커다란 곤경에 빠진 나라다. 지난 50년 동안 독점 과 관료주의가 지배하면서 일본의 음악이나 도시계획이 겪 었던 문제가 기술 영역에도 존재한다. 예를 들어 일본은 초 고속 정보통신망을 들여오는 데 심각하게 뒤처져 있다. 이유 는 인위적으로 비싸게 책정된 통화료와 정부 기관이나 대학 으로부터 실제 정보를 얻기 매우 어렵게 되어 있는 비밀주의 의 전통 때문이다. 하지만 이런 근본적인 '개와 말' 문제를 해 결하는 대신 정부는 수천만 달러의 예산을 들여 지역 마을에 '실험 정보 센터'를 짓고 있다.

'도깨비와 요괴'식 접근법의 결과 일본은 한때 자신들이 선도할 것이라 기대하던 분야에서 경쟁력을 잃고 있다. 컴 퓨터 소프트웨어, 오락, 고등교육, 관광업, 금융 서비스, 통신 과 의약 ― 말하자면 21세기에 성장이 예측되는 거의 모든 분 야에서 뒤처지고 있다. 그러는 동안 전통문화도 위기 상황에 놓였다. 호소미 미노루, 다마사부로, 시라스 마사코는 각각 자기 분야에서 마지막으로 남은 사람들이다. 내가 이 책에서 서술한 많은 경험은 이미 죽었거나 죽어가고 있는 세계로부터 왔다. 일본에서 오랜 세월을 살아온 이들조차 그러한 세계를 알아보지 못할지도 모른다. 마치 달나라로의 여행을 설명하는 것이나 마찬가지다.

그렇다면 이렇게 질문하지 않을 수 없다. 이다음은 무엇인가? 천명天命이 한 왕조에서 다음 왕조로 이어졌던 과거 중국에서 새 왕조가 가장 먼저 했던 일은 지난 왕조의 역사를 기록하는 작업이었다. 송나라의 학자들은 당나라에 대해 썼고, 원나라의 학자들은 송나라에 대해 썼다. 한 시대의 문화는 그게 새것으로 교체된 다음에야 집대성할 수 있다. 에도 초기가 바로 그런 시절이었다. 도테쓰와 같은 예술가들이 무로마치 문화의 정수를 집대성하는 작품을 만들어낼 수 있었다. 지금 또한 그러한 집대성의 시간이다. 일본 문화가 마지막 숨을 가쁘게 내쉬고 있다는 사실이 비할 데 없는 천재적 재능을 가진 예술가들을 대거 등장시켰다.

바로 다마사부로 같은 이들이다. 다마사부로가 연기하는 온나가타의 아름다움은 아마 과거에는 절대 존재하지 않았을 것이다. 과거 배우들의 사진을 찾아보고 옛날 사람들의 회상을 들어보면 온나가타는 절대 다마사부로처럼 매력적이지 않았다. 그럴 필요가 없었다. 당시의 가부키는 살아 있었다. 관객이 아름다움의 이미지를 스스로 투사할 수 있었기 때문에 두 눈으로 직접 아름다움을 볼 필요가 없었다. 그러나 지금의 가부키 무대는 관객들의 일상생활과 너무나 동떨어져 있는 '꿈의 세계'다. 가와세가 말했던 것처럼 '가장 완벽한 꿈만이 현실과 통한다'. 그래서 요즘의 온나가타는 꿈같은 아름다움을 보여주어야 한다. 그렇기 때문에 다마사부로가 높은 인기를 누린다.

지금 각 분야에서는 적어도 한 명의 비범한 사람이 활동하고 있다. 디자인에는 잇세이 미야케가 있고 건축에는 안도 다다오가 있다. 가부키에는 다마사부로가 있고 꽃꽂이에는 가와세가 있다. 이들은 모두 40대나 50대의 나이고, 일본 문화와 자연환경이 대체로 잘 보존된 환경에서 젊은 시절을 보냈다는 공통점을 갖고 있다. 오늘날의 젊은이들이 결코 알지 못할 세계를 봤다. 하지만 단지 잘 보존된 문화 속에서 자랐다는 사실만으로는 부족하다. 자유로워야 한다는 점도 중요하다. 이들이 성숙해가던 1960년대와 1970년대에는 현대적 형식을 실험하고, 숨 막히는 과거의 규칙과 규제로부터 벗어날 자유가 있었다. 모두 국제적인 안목을 갖고 있으며, 미야케나 안도는 확고한 모더니스트다. 이러한 자유로움에 힘입어 이들은 20세기 초의 선배들을 뛰어넘을 수 있었고 그 결과로 오늘날 재능이 폭발했다. 우리가 지금 보고 있는 것은 화려한 대단원이다. 이 예술가들은 일본에서 다시는 나오지 못할 최고의 작품을 만들어내고 있다.

전통의 일부이면서 동시에 그로부터 자유롭다는 면에서 이들은 도테쓰를 닮았다. 운코쿠 가문에서 태어난 도테쓰는 아마 외부인들은 절대로 볼 기회가 없었을 셋슈 본인의 작품을 포함해서 많은 그림을 접할 수 있었다. 그러면서도 공식적인 주류에서 밀려나 해자 바깥에서 살았다. 가와세도 이와 마찬가지다. 유명한 꽃꽂이 학파의 본부인 이케보노 바로 옆의 꽃가게에서 태어나 자란 그는 젊은 시절 이케보노의 대가로부터 배웠다. 그러나 지금의 가와세는 그 어느 기성 학파에도 엮여 있지 않고 자신의 학파를 시작할 생각도 없는 독립 예술가의 신분이다.

'집대성'을 이룬 위대한 예술가 중 어느 누구도 후계자가 없다. 파친코의 시대에 자라난 다음 세대에게는 자양분을 삼을 문화적 배경이 존재하지 않는다. 산업을 이유로 단일 품종의 소나무만 심어놓은 산에서는 쿠쿠, 쿠쿠 하고 우는 뻐꾸기 소리를 영원히 듣지 못한다. 이들에게는 다마사부로와 가와세와 미야케가 누렸던 자유도 없다. 1960년대와 1970년대에는 아직 공고하지 않았던 관료주의와 사회 시스템이 오늘날 젊은이들의 삶을 장악하고 있다.

도테쓰가 활동하던 시절의 예술가들은 자신들이 과거를 집대성한다고 생각했지만 사실 미래를 위한 초석을 놓고 있었다. 다도와 서예와 건축을 비롯한 수많은 예술의 가타型(특유의 형식)가 무로마치 말기와 에도 초기에 형성되었다. 새로운 가타를 창조할 기회는 300~400년에 겨우 한 번 찾아온다. 지금이 바로 그런 때다. 문제는 전통 예술에 내포된 과거의 지혜를 어떻게 현대 세계에 접목시키느냐 하는 것이다. 그것이 바로 앞서 말한 예술가들이 지금 하고 있는 일이고, 이들이 창조하는 가타가 아마 앞으로 300년간 지속될 것이다.

다마사부로는 이렇게 말한다. "사람들이 눈먼 당나귀가 되고 마는 이유는 천재의 뒤를 이으려고 하기 때문이지. 절대 그렇게는 할 수 없어. 그들의 작품에서 힌트를 얻어 자기 힘으로 완전히 새로운 것을 만들어내는 수밖에 없다네." 가와세 같은 이들에게 후계자가 없다는 사실이 그리 중요하지 않은 것은 그래서다. 이들은 미래를 위한 재료로 가타를 남기고 있다. 뒤 세대의 예술가들이 일본의 전통을 되돌아보면 지금 시대의 작품을 참고할 수밖에 없을 것이다.

얼마 전 누군가가 내게 물었다. "일본에서 왜 그렇게 오랜 세월을 보냈습니까? 특히 요즘에는 다른 재미있는 곳도 많지 않나요?" 나는 가부키 무용 가사네娘의 이야기를 하는 것으로 그에 대한 답을 할 수밖에 없었다. 가사네와 그녀의 연인 요에몬이 밤중에 강둑을 걷고 있다. 거기서 이상한 변화가 일어나 가사네가 요에몬이 전생에 살해했던 여인의 끔찍할 정도로 훼손된 모습으로 변해버린다. 요에몬은 낫을 꺼내서 다시 한번 여인을 살해하려고 한다. 실랑이를 벌이다 요에몬이 낫을 휘두르고 가사네는 쓰러져 죽는다. 요에몬은 객석으로 놓인 하나미치를 통해 서둘러 무대를 빠져나가고 이내 불이 꺼진다.

하지만 극은 끝나지 않았다. 무대의 창백한 조명 아래 가사네의 손이 올라오는 것이 보인다. 마치 붙잡아 당기기라도 하려는 듯 귀신같은 손가락을 하나미치 쪽으로 뻗는다. 마법 같은 힘에 끌려 요에몬이 곧 하나미치를 통해 다시 나타나 무대에 오른다. 거기서 요에몬과 가사네는 다시 한번 만난다.

내게는 일본이 이와 같았다. 다른 곳으로 떠날 준비가 되었을 때마다 귀신의 손가락이 뻗쳐와 나를 다시 잡아끌었다. 대학 시절 일본이 정말 내가 평생 살고 싶은 곳인지 의심이 들었을 무렵 나는 이야 계곡을 발견했다. 이야에서의 삶이 위협받는다고 느꼈을 때 가부키로 가는 비밀의 문과 우연히 마주쳤다. 옥스퍼드에서의 학업이 나를 일본 대신 중국으로 이끌자 데이비드 키드가 나를 다시 오모토의 예술 세미나로 잡아당겼다. 나중에 뉴욕 미술계에서 자리를 잡을까 고려하고 있을 때 트래멀 크로 씨를 만났다. 그가 나를 사업의 세계로 선회시켜 월급을 줘가며 일본에 머무르게 했다.

일본이 자연경관에서나 문화에서나 매력의 대부분을 잃어버린 지금 이 순간, 다마사부로와 가와세 같은 예술가들과 그들을 둘러싸고 있는 흥미진진한 창의성이 나를 다시 끌어당긴다. 알고 보면 지금이야말로 일본에 있기에 가장 좋은 시간이다. 문화계에서 벌어지고 있는 변화들, 관료사회와 비즈니스 세계에서 들리는 혁명의 조짐 ― 이 모든 것이 흥미롭다. 지난 수십 년 동안 일본이 이런 식으로 흥미로웠던 적은 없었다.

　'없다고 생각하면 있고, 있다고 생각하면 없지.' 일본의 전통문화가 사라지고 있는 지금 이 순간, 전통문화는 가장 화려하게 꽃피고 있다.

용어 해설

가라요唐様 '중국식' 서체 → 와요和様 참조.

가부키歌舞伎 　일본 전통 극예술. 정교한 의상과 정형화된 연기 이외에 모든 배역을 남자 배우가 연기하는 특징이 있음.

가소過疎 　농어촌 지역의 인구 감소 현상.

가쓰喝(할) 　선종에서 충격을 주거나 놀라게 할 때 외치는 의미 없는 외침으로 깨우침을 얻고자 할 때 사용됨.

가야茅 　→ 스스키 참조.

가오미세顔見世 　(글자의 뜻은 얼굴 보여주기.) 12월 교토에서 열리는 가부키 공연으로 주요 가부키 배우들이 나옴.

가이會 　특별하게 조직된 문화 모임(예를 들어 이케바나 전시회) 혹은 상업 모임(예를 들어 경매회).

가타型 　가부키에서 등장인물의 정형화된 동작 혹은 전통 예술에서 보이는 독특한 양식.

간지漢字(한자)　일본 글에 사용되는 중국 문자.

게다下駄　나무로 만든 일본 전통 나막신.

게렌外連　관객에게 즐거움을 주기 위해 가부키에서 연출하는 곡예스러운 기법.

게야키欅　느티나무, 귀한 목재.

게이샤芸者　(글자의 뜻은 예능인.) 전통 음악 연주, 무용, 시 짓기와 같은 예능에 종사하는 전문 여성 혹은 기생.

겐칸玄關(현관)　(글자의 뜻은 숨은 장벽.) 집의 입구, 현관. 집에 들어갈 때 이곳에 신발을 벗어둠.

고마護摩　밀교 의례에서 쓰이는 제구 중 하나로 높은 제단 앞에 놓인 기하학적 상징들이 표면에 새겨져 있음.

고안考案(선문답)　선종禪宗 불교에서 사용하는 논리적이지 않은 문답 형식의 대화. 깨달음을 얻기 위한 참선의 한 방법으로 사용됨.

고토琴　13현으로 된 악기(가야금과 비슷. 13현, 17현, 21현 등으로 나뉨).

구게公家　헤이안 시대 후지와라 가문의 후손으로 교토의 옛 궁정 귀족. 문화적 소양이 매우 높고, 천황과 비슷한 지위를 가진 것으로 여겨졌음.

구라蔵　창고. 가구나 장식품을 보관하는 전통 건물.

구로코黒子　검은 옷을 입고 가부키 무대에서 무대 배경물이나 장치를 움직이는 스태프. 청중은 무대 위의 구로코가 보이지 않는 것으로 여김.

구루와曲輪   도시 속에 벽이나 해자 등으로 나뉜 구역을 뜻했으나, 유녀들이 거주하는 곳을 의미하기도 함.

기리-닌조(의리義理-인정人情)   애정과 의무 사이의 갈등. 많은 가부키 극의 주제.

기세루キセル   긴 은제 담뱃대. 가부키의 소품으로 자주 사용됨.

나게이레投げ入れ   일본식 꽃꽂이 이케바나에서 바구니나 화병에 꽃을 '던지듯 꽂는' 기법.

나쓰메棗   다도에서 사용하는 작은 칠기 차통.

다다미疊   짚 등으로 엮은 바닥 깔개. 방의 크기를 나타내는 단위로도 사용.

다테바나立花   일본식 꽃꽂이 이케바나에서 꽃을 '세우듯 꽂는' 기법.

단마리黙り   가부키의 '판토마임'. 등장인물들이 마치 어둠 속에서 더듬듯이 서서히 움직이는 동작. 눈앞에 있는 서로의 존재가 없는 것처럼 연기함.

단자쿠短冊   직사각형의 서예 명판.

도리이鳥居   신사 입구에 세우는 문.

도코노마床の間   대부분의 일본 가옥에 있는 벽면을 우묵하게 들어가게 만든 공간으로 이곳에 이케바나 혹은 족자 같은 예술작품을 둠.

마間 일본 전통 음악에 존재하는 독특한 간격, 멈춤의 리듬. 음과 음 사이의 쉼.

마치야町屋 타운하우스. 도시에 늘어선 단독주택.

맛차抹茶 일본의 다도에서 사용되는 분말 녹차.

멘面 (글자의 뜻은 얼굴.) 사물의 정면.

무無 선禪의 핵심을 이루는 개념으로 '존재하지 않음, 없음'.

본케이盆景(분경) 모래가 깔린 접시에 특이하게 생긴 돌과 분재 식물을 배치해서 풍경의 축소판을 만드는 예술 분야.

사니와砂庭 모래를 갈퀴로 긁어 깔끔하게 정돈한 공간. 고대에는 이곳에서 무녀가 신탁을 받는 의식을 거행하거나 죄인을 심판했음. 선종禪宗 정원의 모태.

샤미센三味線 3현으로 된 악기.

세이단淸談 14세기 도교 모임에서 유래한 용어. 세속을 떠난 '순수한 대화'의 예술.

세이자正座 공식적인 자리 혹은 다도나 서예와 같은 전통 예술에서 흔히 볼 수 있는 무릎을 꿇고 앉는 정자세.

센차煎茶 중국 스타일의 다도.

쇼지障子 종이를 댄 미닫이문으로, 나무 틀의 한쪽 면에만 종이를 바름→후스마 참조.

수다레簾 대나무 발.

스스키薄 억새풀. 칼날같이 생긴 잎사귀를 가진 긴 풀. 이를 농가의 지붕용으로 잘라서 묶으면 가야茅라고 부름. '가을 풀'로 수많은 병풍과 족자 그림에 등장.

스키数寄 디테일을 강조하는 유희적인 건축 양식. 다도의 영향을 많이 받았음.

시노篠 줄기에서 잎사귀가 모두 떨어진 봄철에 베는 짚.

시키시色紙 정사각형의 색지 혹은 그 위에 쓰인 서예 명판.

신도神道 다신을 믿는 일본의 토착 종교.

쓰보坪 일본에서 땅을 측정할 때 쓰는 전통적인 표준 단위. 1쓰보는 1평방칸 또는 다다미 두 장의 넓이에 해당(3.3평방미터).

쓰즈미鼓 어깨에 메는 작은 북(한국의 장구와 흡사).

쓰카塚 무더미. 교토의 후시미 이나리 다이샤에서는 작은 사당 혹은 상징을 담은 석당이 무리 지어 있는 광경을 가리킴.

야고屋号 가부키 배우 가문의 이름. 가부키 공연 중 극적인 순간에 배우를 향해 관중이 외치는 응원의 소리.

오쿠노인奥の院 사원 내에 있는 내부 성역소.

온나가타女方 가부키에서 여성 역할을 하는 남자 배우.

와비詫び (글자의 뜻은 낡다 혹은 소박하다.) 소박하고 단순하고 소박한 자연 소재를 강조하는 것으로 다도를 통해 처음 소개되었음. 와비는 이후 전통 예술에서 순수함을 추구하는 것을 상징하게 됨.

와요和樣   헤이안 시대에 구게가 발전시킨 부드럽고 흐르는 듯
한 형태의 서체. 승려와 문인들이 선호하던 좀더 엄격하고
개인주의적인 중국식 서체 가라요唐樣와 대비되는 용어.

와카和歌   31음절의 시가. 하이쿠와 함께 일본을 대표하는 전통
정형시.

요바이夜這い   (글자의 뜻은 밤에 숨어든다.) 시골 마을의 젊은 남
성들이 젊은 처녀들에게 구애하던, 지금은 거의 없어진 방식.
남자가 여자의 방에 숨어 들어가고, 여자가 거절하지 않으면
둘이 잠자리를 함께함. 일이 잘 풀리면 결혼하게 됨.

우부生   (글자의 뜻은 젖먹이 아기.) 몇십 년 이상 구라藏에 보관
되어오다 처음 경매에 나온 물건들.

유카타浴衣   면직물로 만든 여름용 기모노.

이케바나生花   일본 전통 꽃꽂이 예술.

젠禪(선)   12세기 중국을 통해 들어온 불교의 종파. 참선 수행
을 통해 깨달음을 얻는 것을 중시함.

캉炕   커다란 중국식 소파.

파이로우牌樓   중국의 겹겹이 놓인 장식적인 대문. 일본에서는
교토의 만푸쿠사와 같이 중국의 영향을 많이 받은 사원에서
만 볼 수 있음.

파친코   수직 핀볼 기계에서 하는 도박성 게임.

하나미치花道   (글자의 뜻은 꽃길.) 가부키의 메인 무대에서 따로 연결되는 통로로 무대 장치로 사용.

하보쿠破墨   수묵화의 기법으로, 뿌리기 기법으로 알려져 있음. 먹을 적게 사용하고 매우 추상적인 구도가 특징.

하이쿠俳句   5-7-5, 17음절으로 이루어진 일본의 정형시.

하카마袴   기모노 위에 입는 통 넓은 바지.

호가이方外   공적 시스템 바깥에서 일하는 학자나 예술가.

홋수拂子   파리를 쫓는 데 사용하는 털이 달린 채. 예로부터 근심의 파리를 날려 보내는 행위로 여겨져 세이단淸談(순수한 대화)을 상징.

후스마襖   종이를 댄 미닫이문으로 넓은 공간을 방과 복도로 나누기 위해 사용함. 나무 틀의 양면을 여러 겹의 두꺼운 종이로 발라 쇼지障子보다 무거움.

후쿠사服紗   다도에서 다구를 닦거나 받칠 때 사용하는 비단 천.

히부쓰祕佛   (글자의 뜻은 숨겨진 부처.) 일반 공개가 되지 않거나 제한하는 중요한 불상이나 불화.

사라진 일본
아름다운 것들은 돌아오지 않는다

초판인쇄	2024년 1월 5일
초판발행	2024년 1월 12일

지은이	알렉스 커
옮긴이	윤영수 박경환
펴낸이	강성민
편집장	이은혜
마케팅	정민호 박치우 한민아 이민경 박진희 정경주 정유선 김수인
브랜딩	함유지 함근아 박민재 김희숙 고보미 정승민 배진성
제작	강신은 김동욱 이순호

펴낸곳	(주)글항아리
출판등록	2009년 1월 19일 제406-2009-000002호
주소	10881 경기도 파주시 심학산로 10 3층
전자우편	bookpot@hanmail.net
전화번호	031-955-8869(마케팅) 031-941-5161(편집부)

ISBN	979-11-6909-184-8 03910

잘못된 책은 구입하신 서점에서 교환해드립니다.
기타 교환 문의 031-955-2661, 3580

www.geulhangari.com